Uwe Backes/Patrick Moreau

Die extreme Rechte in Deutschland

Wir bedanken uns bei Herrn Joseph H. Domberger, Weltvizepräsident des B´nai B´rith, der die Anregung für dieses Buch gab und bei dessen Realisierung vielfältige Unterstützung gewährte.

Die extreme Rechte in Deutschland

Geschichte - gegenwärtige Gefahren - Ursachen - Gegenmaßnahmen

Uwe Backes
Patrick Moreau

Im Auftrag des B´NAI B´RITH - München

AKADEMISCHER VERLAG MÜNCHEN

Die Deutsche Bibliothek – CIP-Einheitsaufnahme

Backes, Uwe:
Die extreme Rechte in Deutschland : Geschichte - gegenwärtige Gefahren - Ursachen - Gegenmaßnahmen / von Uwe Backes und Patrick Moreau.
Im Auftr. des B'nai B'rith, München. - München : Akad.-Verl., 1993
ISBN 3-929115-30-1
NE: Moreau, Patrick:

2. erweiterte Auflage 1994

Theresienstr. 40
80333 München
Tel. 089/280 21 95
Fax. 089/280 20 97

ISBN 3-929115-30-1

Gesamtherstellung: dm druckmedien, München, Tel. 089/280 20 99

Inhalt

1. Einführung

Wer sich mit der extremen Rechten befassen will, muß möglichst exakte Grenzlinien ziehen, die seinen Themenbereich umschließen. Denn die in der politischen Sprache nahezu unvermeidliche Begriffskonfusion erreicht bei pejorativ besetzten Ordnungstermini ihren Höhepunkt. Unterschiedliche politische Richtungen und politikwissenschaftliche Schulen setzen in vielerlei Facetten schillernde Bedeutungsvariationen in die Welt, so daß ein und dieselbe Vokabel nicht selten Gegensätzliches zum Ausdruck bringt. Dies gilt etwa für das paradoxe Wortspiel vom „Extremismus der Mitte", das mal den „Extremismus des Mittelstandes" (sprich: Faschismus) meint, mal die Ursachen für Extremismuskonjunkturen in der Mitte der demokratischen Gesellschaft verortet, mal die eher banale Wahrheit zum Ausdruck bringt, daß extremistische Vereinigungen sich nicht nur aus sozialen Außenseitergruppen rekrutieren.[1] Im Feuilleton mag die Wendung inspirierend wirken, im Rahmen wissenschaftlicher Begriffssystematik erscheint sie fehl am Platze.

Wenn im Folgenden vom „Extremismus" die Rede ist, handelt es sich um einen normativen Typusbegriff mit genau bestimmtem Definitionsbereich. Er umfaßt politische Strömungen unterschiedlicher ideologiegeschichtlicher Herkunft und Stoßrichtung, denen die explizite oder implizite Ablehnung grundlegender Werte (Menschenrechte), Verfahrensregeln und Institutionen (freie Wahlen; Meinungsfreiheit, Parteienkonkurrenz, Pluralismus, Parlamentarismus, Rechtsstaat, Gewaltenteilung) demokratischer Verfassungsstaaten gemeinsam ist. In der einen oder anderen Form erheben sie alle einen Absolutheitsanspruch auf das Wahre und Richtige in der Sphäre des Politischen und betonen Einheit und Geschlossenheit zu Lasten der naturgegebenen Vielfalt politischer Interessen, Bedürfnisse, Meinungen und Anschauungen. Auf extremistisches Denken deuten somit hin:

• scharfe Kritik am „Parteiengezänk" oder am „Gerangel" der Interessengruppen, verbunden mit der Betonung des „wahren Volkswillens" (Antipluralismus); die Forderung nach Konzentration und Monopolisierung der staatlichen Gewalten und politischen Kräfte;

• politisches Sendungsbewußtsein und die Überzeugung von der absoluten Richtigkeit der eigenen Positionen; infolgedessen Intoleranz, Fanatismus, mangelnder Respekt vor Andersdenkenden;

• Unfähigkeit und Unwilligkeit zu – generell als faul geltenden – Kompromissen; Vorliebe für die Tabula rasa;

• der Glaube an die endgültige Überwindung aller gesellschaftlichen Konflikte (ob in der „Volksgemeinschaft" oder in der „herrschafts-" bzw. „klassenlosen Gesellschaft");

• die Diffamierung des Parlaments als „Schwatzbude"; die Herabwürdigung des Wahlaktes; pauschaler Korruptionsvorwurf gegen die „Parteienherrschaft" schlechthin;

• die Neigung zu Verschwörungstheorien (Jesuiten, Juden, Freimaurer, Monopolkapital als „Drahtzieher" weltweiter Intrigen und Machtkartelle);

• das Liebäugeln mit – angeblich vorübergehenden – „diktatorischen Maßnahmen" zur Überwindung einer existenzgefährdenden Krise.

Auffassungen dieser Art finden sich bei extremistischen Gruppierungen ganz unterschiedlicher Couleur. Freilich trennt vor allem Rechts- und Linksextremisten ein ideologischer Graben, auch wenn Übergangsphänomene und wechselseitige Einflußnahmen nicht in Abrede zu stellen sind. Ein einigermaßen trennscharfes Kriterium zur Unterscheidung der extremen Rechten von der extremen Linken liefert die Haltung gegenüber dem Ethos menschlicher Fundamentalgleichheit. Die für den demokratischen Verfassungsstaat essentielle Auffassung, wonach die Menschen kraft ihres Menschseins als Freie und Gleiche zu gelten haben und es auch im politischen Verband bleiben sollen, wird von der extremen Linken in der Theorie (nicht in der Praxis) bejaht, von der extremen Rechten dagegen zurückgewiesen. An die Stelle eines auf das Prinzip gleicher politischer Rechte aller Mitglieder gegründeten Gemeinwesens soll eine politische

Ordnung treten, in der die auf Herkunft, Leistung, nationaler, ethnischer oder rassischer Zugehörigkeit basierende fundamentale Ungleichheit der Menschen institutionalisiert ist.[2]

Die direkte oder indirekte Abwehrhaltung gegenüber dem Ethos fundamentaler Menschengleichheit bildet gewissermaßen den Generalnenner aller rechtsextremen Kräfte. In der Gegenwart ist ihnen der Nationalismus oder Ethnozentrismus gemeinsam und damit die Subordination des Einzelnen unter die Belange einer – mal stärker kulturell, mal stärker biologisch definierten – „Gemeinschaft". Die daraus hervorgehende Abwehrhaltung gegenüber allem Gemeinschaftsfremden kann sich allerdings in ganz unterschiedlicher Weise artikulieren, je nachdem ob und in welchem Maße das Existenzrecht anderer Gruppen und „Gemeinschaften" anerkannt wird. Der für den Nationalsozialismus typische Rassen-Antisemitismus mit seiner biologistisch-sozialdarwinistischen Akzentuierung wird keineswegs von allen Richtungen des heutigen rechtsextremen Spektrums geteilt. In Deutschland lassen sich seit der Weimarer Republik völkische (biologisch-rassistische), deutsch-nationalistische (Zusammenschluß aller „Deutschen" in einem Staatsverband) und konservativ-revolutionäre („volksgemeinschaftlich"-egalitäre, kapitalismuskritische) Strömungen voneinander unterscheiden.[3]

Merkmale wie die folgenden sind für rechtsextreme Orientierungen und Weltbilder in der Gegenwart charakteristisch:

• Die Verabsolutierung der eigenen Nation oder „Ethnie" und die aggressive Abgrenzung gegenüber fremden Nationen oder „Ethnien".

• Vorurteile und Abneigung gegenüber dem Andersartigen (Heterophobie[4]), seien es Andersdenkende (z.B. politische Gegner, kulturelle Minderheiten), Andersfühlende (z.B. Homosexuelle), Andersaussehende (z.B. Farbige) oder anderen Völkern Angehörende (Xenophobie); tritt Heterophobie als biologistisch und/oder sozialdarwinistisch begründete Doktrin auf, spricht man von Rassismus.

• Als Spielart der Heterophobie und/oder des Rassismus findet sich häufig die Judenfeindschaft (auch Antisemitismus genannt, obwohl sich die Abneigung selten gegen „Semiten" allgemein wendet).

Juden (nicht als Individuen, sondern als Gruppe) wurden und werden für vielerlei „Übel“ verantwortlich gemacht: kapitalistische Ausbeutung, Herbeiführung revolutionärer Umwälzungen, Herabminderung der „rassischen Substanz“ des Volkes etc.

• Eintreten für einen „starken Staat“, verbunden mit der Neigung, Sicherheitsinteressen nach innen und nach außen weit höher zu bewerten als rechtsstaatlich verbürgte individuelle Freiheitsrechte.

• Einseitige Betonung von Befehl und Gehorsam, Führertum, Über- und Unterordnung, Disziplin, Recht des Stärkeren als Gestaltungsprinzipien des politischen und gesellschaftlichen Lebens.

Von der extremen zur gemäßigten (demokratischen) Rechten gibt es fließende Übergänge. Dennoch ist die demokratische Rechte aufgrund der Bejahung der fundamentalen Werte und Spielregeln demokratischer Verfassungsstaaten der gemäßigten Linken im Grunde viel näher als der extremen Rechten. Trotz der genannten ideologischen Merkmale kann es im Einzelfall schwierig sein, zwischen noch demokratischen und schon extremistischen Anschauungen zu unterscheiden. In Wahlkampfauseinandersetzungen gebrauchen auch Vertreter unleugbar demokratischer Parteien schon einmal Vokabeln (z.B. „Überfremdung“), die eigentlich zum Argumentationshaushalt von Extremisten gehören. Dabei können geistige Affinitäten ebenso eine Rolle spielen wie die Sorge um den rechten Rand der eigenen Klientel, den man nicht an die Rechtsaußenparteien verlieren möchte. Treffend stellt Wolfgang Benz fest: „Verbalradikalismus und ultra-nationalistisches Phrasengeschmetter im Eifer der Debatte oder kalkuliert beim Stimmenfang dürfen noch nicht mit rechtsextremer Gesinnung und Zielsetzung gleichgesetzt werden; das ist bei der Analyse und Standortbestimmung des Rechtsextremismus wohl zu beachten. Denn das Verrücken der Grenzlinie zwischen Konservativen und Rechtsradikalen bzw. zwischen ‚Rechtskonservativen’ (dieser ebenfalls unscharfe Begriff, der als Hilfsmittel zur Auslotung des eher trüben Gewässers in dieser Randzone dient, weist auf das Dilemma hin) und ‚Rechtsextremisten’ kann ebenso gefährlich für die Demokratie werden wie extreme Bestrebungen jenseits demokratisch-liberaler Übereinstimmung."[5]

Die Autoren konzentrieren sich in ihrer Darstellung zum organisierten Rechtsextremismus auf solche Vereinigungen, die sie zweifelsfrei diesem Spektrum zuordnen zu können glauben. Abweichungen von dieser Vorgehensweise ergeben sich im Zusammenhang mit Publikationsorganen wie der – redaktionell heterogen strukturierten – „Jungen Freiheit" oder mit Vereinigungen wie der Partei der „Republikaner" (REP), die als ein Übergangsphänomen eingestuft wird – bildlich gesprochen: mit einem Bein am rechten Rand der demokratischen Mehrheitskultur, mit dem anderen im rechtsextremen Lager. Die Verfasser halten diese Einordnung im Interesse einer klaren Terminologie für erforderlich, lassen sich doch sehr wohl deutliche Unterschiede zwischen REP einerseits, NPD und DVU (oder gar der militanten neonationalsozialistischen „Szene") andererseits feststellen. Eine aus kämpferischem Engagement resultierende Inflationierung der Extremismusvokabel würde diesen für das konstitutionell-demokratische Selbstverständnis bedeutsamen Ordnungsbegriff seiner analytischen wie politisch-ethischen Funktion entkleiden – mit fatalen Folgen für die politische Kultur in Deutschland.

Die Darstellung konzentriert sich auf den organisierten Rechtsextremismus. Das weite Feld rechtsextremer Einstellungen und Orientierungsmuster, wie sie in (rechtsextrem organisierten, nicht organisierten und demokratisch organisierten) Teilen der Bevölkerung verbreitet sind, wird ausgeblendet. Es würde eine eigene eingehende Darstellung erfordern, die auch das komplizierte Verhältnis zwischen Einstellungen und Handlungen behandeln müßte.

Der Bericht setzt mit einem historischen Überblick zur Geschichte des Rechtsextremismus im (westlichen) Nachkriegsdeutschland ein. Anschließend wird die Lage nach der am 3. Oktober 1990 staatsrechtlich vollzogenen Vereinigung der beiden deutschen Staaten analysiert. Eine detaillierte Betrachtung zum organisierten Spektrum des Rechtsextremismus in Deutschland schließt sich an. Dabei wird im wesentlichen zwischen zwei Bereichen unterschieden:

1. die legalistisch operierenden, deutsch-nationalistischen Sammlungsparteien,

2. die militanten, überwiegend neonationalsozialistisch ausgerichteten Vereinigungen und ihr Umfeld (u.a. Skinheads).

Eine ergänzende Rubrik erfaßt zahlreiche Organisationen, die sich nicht in dieses Schema fügen oder nur von geringer Bedeutung sind. Es folgen Kurzcharakteristiken zu den wichtigsten Verlagen, Vertriebsdiensten, Zeitschriften und Theoriezirkeln und eine aktuelle Betrachtung zum zeitgeschichtlichen „Revisionismus". Eigene Kapitel sind der Frage nach den wichtigsten Ursachen und möglichen Gegenmaßnahmen gewidmet. Wegen der sehr unterschiedlichen Problemlage wird dabei wiederum zwischen legalistischen Sammlungsparteien und der rechtsextremen Militanz unterschieden, ohne daß immer eine säuberliche Trennung zwischen beiden Bereichen möglich wäre.

2. Geschichte der extremen Rechten

Das Ende des Zweiten Weltkrieges und der Untergang des „Dritten Reiches“ markierten einen historischen Bruch in der Kontinuität der bis dahin stark ausgeprägten Traditionen der antidemokratischen Rechten in Deutschland. Entgegen verbreiteten Befürchtungen erholte sich die extreme Rechte, wenn überhaupt, dann nur allmählich von dem Schlag, der das Scheitern des politischen Experimentes von 1933 für sie bedeutet hatte. Dennoch bildeten sich schon bald nach 1945 kleinere rechtsextreme Gruppierungen, die an die verschiedenen Traditionslinien der deutschen Vorkriegsrechten anknüpften.[6] In den ersten Besatzungsjahren bis zur Gründung der Bundesrepublik traten zunächst vornehmlich Gruppierungen des „gemäßigteren“ deutsch-nationalen und teilweise monarchistischen Typs hervor. Manche Vertreter dieser „Linie“ konnten darauf verweisen, daß sie in der nationalsozialistischen Zeit nicht aktiv geworden waren oder sich gar oppositionell betätigt hatten. Offen neonazistische Regungen blieben aufgrund der tiefen Diskreditierung des Nationalsozialismus in der Öffentlichkeit und der Wachsamkeit der Besatzungsmächte zunächst aus. Manche ehemals aktive Nationalsozialisten zogen es vor, sich dem neuen Zeitgeist anzupassen und/oder in Gruppierungen mitzuwirken, deren demokratiefeindliche Züge sich eher latent äußerten. Schließlich ist zu bedenken, daß eine große Zahl ehemaliger Parteigenossen („Pgs“) entweder noch in Kriegsgefangenschaft war oder sich im Zuge der Entnazifizierung in Internierungslagern befand.[7]

So kandidierte bei der Wahl zum Ersten Deutschen Bundestag ein mehrheitlich deutsch-national ausgerichtetes Wahlbündnis aus verschiedenen regionalen rechtsextremen Organisationen unter der Bezeichnung: „Deutsche Konservative Partei – Deutsche Rechtspartei“ (DKP-DRP).[8] Das Ergebnis fiel bescheiden aus: Mit 1,8 % der Stimmen hätte die DKP-DRP unter den heutigen wahlrechtlichen Bedingungen kein Mandat erhalten. Da jedoch bei der Wahl von 1949 die Fünfprozenthürde lediglich in einem Bundesland überwunden werden mußte, konnte die DKP-DRP aufgrund ihres relativ guten Abschneidens in Niedersachsen fünf Abgeordnete in das Parlament entsenden. Die im Bundestag gebildete Gruppe der „Nationalen Rechten" geriet freilich schon bald aufgrund von Fraktionswechslern in Bewegung. Der aus dem westfälischen Brilon stammende promovierte Historiker Fritz Dorls verließ die Fraktion bereits Anfang Oktober 1949, war er doch maßgeblich an der Gründung einer neuen rechtsextremen Partei beteiligt: der „Sozialistischen Reichspartei" (SRP). Da Dorls Mitglied des Bundestages blieb – zunächst als fraktionsloser Abgeordneter –, verfügte die SRP auf diese Weise indirekt über eine parlamentarische Vertretung, ehe sie an einer Wahl teilgenommen hatte.

In ihrer Programmatik trat die SRP als eine bedingungslose Verfechterin des Reichsgedankens auf. „Der durch Geschichte und Kultur, Menschen- und Völkerrecht sich ergebende deutsche Anspruch auf die Gesamtheit des Reichsraumes ist unveräußerlich"[9], hieß es im Aktionsprogramm von 1949. Mit der angestrebten Synthese von Nationalismus und „Volkssozialismus", der Ablehnung der Systeme des Westens wie des Ostens, dem Streben nach Autarkie und der ausgeprägten Besorgnis um die „Erhaltung der volklichen Lebenssubstanz" traten deutliche Anklänge an die NS-Programmatik hervor, wenngleich sich die Partei einer vorsichtigen Diktion befleißigte und – natürlich – ihre „freiheitliche" Ausrichtung betonte. Was in den folgenden Monaten von der Partei nach außen drang, bestärkte den Eindruck, die SRP verstehe sich gleichsam als Sachwalterin einer „geläuterten" NSDAP: Die Mehrzahl der führenden Aktivisten hatte bereits ausgiebige politische Erfahrungen in der NSDAP gesammelt. Der „Starredner" der Partei war eben jener Major Otto Ernst Remer, der bei der Niederschlagung des Putschversuchs vom 20. Juli 1944 eine bedeutsame Rolle gespielt hatte.[10] In der Generation der Frontkämpfer fand der Kriegsheld Remer einigen Zuspruch. Offen warb die SRP um die Mitarbeit ehemaliger

NSDAP-Aktivisten. Auf diese Klientel war auch die Forderung nach einer Beendigung der Entnazifizierung gemünzt.[11]

Die SRP kandidierte in den Jahren 1950 bis 1952 bei Landtagswahlen und erreichte zwischen 0,2 % (Nordrhein-Westfalen) und 11,0 % (Niedersachsen) der Stimmen. Diese Spannweite erklärt sich insbesondere aus der unterschiedlichen organisatorischen Präsenz der Partei. Wo die SRP am stärksten verankert war, in Niedersachsen, erzielte sie ihr bestes Ergebnis. Betrachtet man die Hochburgen, so handelte es sich vor allem um protestantisch geprägte Regionen, in denen bereits die NSDAP überdurchschnittlich hohe Ergebnisse erzielt hatte. Hier wiederum stimmten vor allem solche Wähler für die Partei, die etwa durch Arbeitslosigkeit, Vertreibung und sozialen Abstieg besonders hart von den Folgen der Kriegsniederlage betroffen waren.[12] Über zehn Millionen Vertriebene und Flüchtlinge, etwa zwei Millionen nicht wieder eingestellte ehemalige Beamte, NSDAP-Angestellte und Berufssoldaten, 2,5 Millionen Kriegshinterbliebene, 1,5 Millionen Schwerkriegsbeschädigte mit ihren Angehörigen, zwei Millionen Spätheimkehrer, vier bis sechs Millionen Ausgebombte und 1,5 Millionen Arbeitslose (1950) bildeten ein gewaltiges Rekrutierungspotential für rechtsextreme Organisationen.[13]

Noch vor der Wahl in Niedersachsen hatte die Bundesregierung im Mai 1951 angekündigt, sie werde einen Verbotsantrag nach Art. 21 Abs. 2 GG stellen. Nachdem dies geschehen war, ordnete das dafür zuständige Bundesverfassungsgericht eine Beschlagnahmeaktion an, bei der umfangreiche interne Aktenmaterialien sichergestellt wurden. Bei der Sichtung dieser Bestände verfestigte sich der Eindruck, die SRP habe die Nachfolge der NSDAP antreten wollen. Hatten sich die SRP-Agitatoren in der Öffentlichkeit vom „Rassen- und Religionskampf" des NS-Regimes distanziert, so äußerte sich in internen Schriftwechseln ein penetranter Antisemitismus. Errichtung einer „völkischen Gemeinschaft" mit „führungsdemokratischer" Struktur[14] wurde als politisches Ziel angegeben. Die Formel von der „Führungsdemokratie" war dabei nur die euphemistische Umschreibung für das die innerparteilichen Verhältnisse prägende Prinzip von Führer und Gefolgschaft.

Nach dem Verbot der SRP erzielten rechtsextreme Organisationen lange Zeit nur magere Wahlergebnisse. In den folgenden Legislaturperioden zogen keine Vertreter rechtsextremer Gruppierungen mehr in den Bundestag ein. Zu dieser Entwicklung trug vor allem die politische Konsolidierung des 1949 gegründeten Weststaates im Verlaufe der fünfziger Jahre bei, die von einer rasanten wirtschaftlichen Aufwärtsentwicklung unterstützt wurde.[15] Die großen Parteien betrieben zudem, mithilfe des von den Verfassungsvätern geschaffenen Instrumentariums der „streitbaren Demokratie"[16], eine Politik der Stigmatisierung und – partiellen – Tabuisierung rechtsextremer Anschauungen. Eine breitere öffentliche Auseinandersetzung mit dem Nationalsozialismus setzte erst in den sechziger Jahren ein. Die sich nach 1945 entfaltende rechtsextreme „Szene" bildete daher alle Züge einer „Subkultur" aus, die sich trotz ihrer Stigmatisierung und Abschottung von der „Mehrheitskultur" in der Art eines politischen Mikrokosmos organisierte.[17]

Dieser Mikrokosmos konnte von Anfang an durch das Etikett des „Neonazismus" nicht angemessen erfaßt werden; vielmehr fanden sich die verschiedenen Traditionslinien des Vorkriegsrechtsextremismus nach 1945 in modifizierter Form wieder. Idealtypisch lassen sich insbesondere drei Strömungen[18] unterscheiden:

1. der Deutsch-Nationalismus, außenpolitisch großdeutsch orientiert, innenpolitisch autoritär-etatistisch, in sozialer und ökonomischer Hinsicht konservativ bis reaktionär und besitzbürgerlich;

2. die Völkischen, gekennzeichnet insbesondere durch die Ausarbeitung von Rassentheorien und ein biologistisches Politikverständnis, außen- und innenpolitisch daher geprägt von einem revolutionären Utopismus, der sowohl die Grenzen großdeutscher Ideen als auch diejenigen besitzbürgerlicher und sozial-harmonisierender Konzepte sprengt;

3. schließlich der Neue Nationalismus, nach 1914/18 entstanden als Produkt der klassensprengenden Wirkung des totalen Krieges, einig in der Forderung nach einer „1789" rückgängig machenden und eine „Umwertung aller Werte" (Nietzsche) herbeiführenden Konterrevolution, die zur Etablierung

eines echten, auf ein einheitliches Ethos gegründeten „Volksstaates“ führen solle.

Die (außerdem polemische) Bezeichnung „Neonazismus“ erscheint für die ideologische Einordnung rechtsextremer Gruppierungen wenig geeignet, läßt sie doch keine Differenzierung zwischen den verschiedenen Strömungen zu. Der Nationalsozialismus nämlich war eine Sammlungsbewegung, in der sich Elemente aller drei Strömungen wiederfanden – wenngleich in unterschiedlicher Dosierung. Obwohl die idealtypische Unterscheidung weder für die Zeit vor noch nach 1945 eine säuberliche Klassifizierung diverser Gruppierungen erlaubt, können die verschiedenen Organisationen den drei Strömungen doch jeweils näherungsweise zugeordnet werden. So war das Wahlbündnis der DKP-DRP durch die Dominanz des deutsch-nationalen Elementes geprägt. Eine Fortsetzung fand diese Richtung in der 1950 gegründeten „Deutschen Reichspartei“ (DRP). Die SRP dagegen wies – wie schon die historische NSDAP – in weit stärkerem Maße „völkische“ und revolutionär-konservative Züge auf. In der rechtsextremen „Szene“ der fünfziger Jahre lassen sich jedoch auch Beispiele für die eindeutige Dominanz des „völkischen“ oder des revolutionär-konservativen Elements finden. So setzte die bereits vor 1933 aktive völkische Sekte der Mathilde Ludendorff ihre Tätigkeit nach 1945 fort, bis sie in den sechziger Jahren aufgrund ihres aggressiven Rassismus und Antisemitismus verboten wurde.[19] Ein Beispiel für das Überwiegen revolutionär-konservativer Merkmale war die im süddeutschen Raum beheimatete „Deutsche Gemeinschaft“ (DG) August Haußleiters.[20] In ihrer politischen Konzeption sollte ein wiedervereinigtes Deutschland sowohl innen- als auch außenpolitisch einen „dritten Weg“ zwischen Ost und West, Kapitalismus und Kommunismus einschlagen. Ein neutrales, „blockfreies“ Deutsches Reich würde in seinem Innern alle Klassengegensätze in einer plebiszitär legitimierten und basisdemokratisch organisierten „Volksgemeinschaft“ überwinden.

Die Beispiele zeigen, daß sich in den fünfziger Jahren ein ideologisch weitgefächertes rechtsextremes Spektrum reetablierte – wenngleich als politisches Randphänomen. Auch in organisatorischer und strategischer Hinsicht war die „Szene“

durch Formenvielfalt gekennzeichnet:[21] Jugendorganisationen wie der seit 1954 zusammentretende „Kameradschaftsring Nationaler Jugendverbände“ entstanden neben soldatischen Veteranenvereinen vom Schlage des „Stahlhelm“ oder der „Hilfsgemeinschaften auf Gegenseitigkeit“ (HIAG) der ehemaligen Angehörigen der Waffen-SS. Auf Wahlerfolge zielende Parteigründungen wie DRP und DG wurden publizistisch begleitet von Theorie- und Zeitschriften-Zirkeln wie „Nation Europa“ (Coburg; erster Jahrgang 1951) oder dem „Deutschen Kulturwerk Europäischen Geistes“ (DKEG; gegründet 1950). Daneben entstanden Verlage mit rechtsextremer Tendenz wie der Anfang der fünfziger Jahre von dem ehemaligen stellvertretenden Reichspressechef Helmut Sündermann gegründete Druffel-Verlag oder der Hausverlag der Ludendorffer, „Hohe Warte“. Auf diese Weise gelangten erste apologetische Schriften über das „Dritte Reich“ auf den Markt.[22]

Trotz mannigfacher Aktivitäten innerhalb der rechtsextremen Subkultur konnten viele Gruppierungen einen fossilienhaften Charakter kaum verbergen. Erschienen nicht manche Parolen bereits wenige Jahre nach dem Zweiten Weltkrieg wie Klänge aus einer längst vergangenen Zeit? Waren rechtsextreme Gruppierungen in einer modernen Industriegesellschaft nicht von vornherein zum Mißerfolg verdammt? Wer so dachte, wurde bald eines Besseren belehrt. Eine Nachfolgeorganisation der in den fünfziger Jahren erfolglosen DRP, die 1964 gegründete „Nationaldemokratische Partei Deutschlands“ (NPD), sorgte in der zweiten Hälfte der sechziger Jahre mit spektakulären Wahlerfolgen für Aufsehen in der Öffentlichkeit. Es begann in Bayern und Hessen im November 1966, wo die Partei 7,4 und 7,9 % der Stimmen erzielte. Auch im folgenden Jahr überwand die NPD bei Landtagswahlen in Rheinland-Pfalz (6,9 %), Schleswig-Holstein (5,8 %), Niedersachsen (7,0 %) und Bremen (8,8 %) die Fünfprozenthürde. Und 1968 erreichte sie mit 9,8 % der Stimmen bei der baden-württembergischen Landtagswahl ihr höchstes Resultat.[23] Seit den Tagen der SRP waren von einer rechtsextremen Organisation keine Wahlergebnisse dieser Größenordnung mehr erzielt worden.

Eine intensive öffentliche Diskussion setzte ein, die zum

Teil erregt geführt wurde. Manche Kommentatoren sahen bereits das Ende der Demokratie nahen. Die NPD wurde vielfach mit der NSDAP auf eine Stufe gestellt.[24] Besorgte Stimmen des Auslandes heizten die Stimmung zusätzlich an. Zu alledem mochte beitragen, daß die Partei auf dem Höhepunkt ihrer Erfolge ein Sammelbecken unterschiedlicher rechter Gruppierungen bildete – von national-konservativen und national-liberalen Strömungen bis hin zu Verfechtern nationalrevolutionärer Militanz. Dominierend wirkten in der Partei jedoch weder das völkisch-rassistische Element noch die anti-kapitalistischen Impulse; weit eher wurde ihr Habitus von einem besitzbürgerlichen Deutsch-Nationalismus bestimmt.[25] Die Führungsgruppe der Partei bestand in wesentlichen Teilen aus ehemaligen DRP-Aktivisten um Adolf von Thadden. Wenn auch zahlreiche ehemalige NSDAP-Kader zum Teil in führenden Positionen agierten[26], so kann doch nicht übersehen werden, daß die NPD ihre Erfolge nicht aufgrund ihrer angeblichen Nähe zum Nationalsozialismus erzielte, sondern durch ihr Bemühen um ein „moderates" Auftreten und das unablässige Beteuern demokratischer Zuverlässigkeit.

Die Ursachen für den Aufstieg der NPD in den sechziger Jahren sind vielfältiger Natur. Zum einen war es der Partei und ihrer Führung gelungen, disparate Strömungen des rechtsextremen „Lagers" unter einem gemeinsamen Dach zu vereinen. Zum anderen kamen der NPD verschiedene exogene Faktoren zugute: das Ende der Ära Adenauer, begleitet von Nachfolgekrisen und Umstrukturierungen in den Unionsparteien; die von vielen Konservativen heftig kritisierte Große Koalition der CDU/CSU mit den Sozialdemokraten; verstärkte gesellschaftliche Reformtendenzen und die Entstehung einer linksorientierten Protestbewegung (APO); ein verbreitetes Bedürfnis nach Ausdrucksformen nationaler Selbstbestätigung; und schließlich auch der erste spürbare wirtschaftliche Einbruch nach Jahren einer bald als selbstverständlich hingenommenen Wohlstandsmehrung.

Manche Beobachter rechneten damit, die NPD werde sich auf Jahre hinweg in den Parlamenten der Bundesrepublik etablieren. Im Gegensatz zu dieser Annahme vollzog sich der Niedergang der Partei so schnell wie ihr unerwarteter Aufstieg. Nachdem die NPD mit 4,3 % der Stimmen bei der Bundestagswahl von 1969 die Fünfprozenthürde knapp verfehlt hatte, erhielt ihre Erfolgskurve einen Knick. Bei den folgenden Landtagswahlen sank der Stimmenanteil kontinuierlich ab – bis in die Region von Zehntelprozentpunkten. Nun bestätigten sich die Erkenntnisse von Wahlforschern, die in der Wählerschaft der NPD einen erheblichen Anteil von Protestwählern ganz unterschiedlicher politischer und sozialer Herkunft festgestellt hatten.[27] Im nachhinein erwies sich die Erfolgsperiode der rechtsextremen Organisation als politisches Strohfeuer.

Seit der Niederlage von 1969 orientierten sich jedoch nicht nur die ehemaligen NPD-Wähler um. Auch Scharen von Mitgliedern verließen die Partei. War die Mitgliederschaft der NPD für das Jahr 1969 auf ca. 27.000 geschätzt worden, so sank dieses Potential im Verlaufe der folgenden zehn Jahre auf etwa 8.000 ab.[28] Die innerparteilichen Spannungen nahmen Anfang der siebziger Jahre zu. Aktionistisch gesonnene Kräfte ließen sich auch nicht durch Verbalradikalismen – etwa gegen die neue Ostpolitik der sozial-liberalen Regierung – zufriedenstellen. Sie verließen nach und nach die Partei. Die 1972 unter der Regie des ehemaligen bayerischen NPD-Vorsitzenden Dr. Siegfried Pöhlmann gebildete „Aktion Neue Rechte" (ANR) wurde zum Ausgangspunkt strategischer und ideologischer Neuorientierung. Hier fanden sich auch „nationalrevolutionäre" und „solidaristische" Gruppierungen ein, die, anknüpfend an die Konzepte „konservativer Revolutionäre" der Weimarer Republik, für eine umfassende Modernisierung und Revitalisierung der „rechten" Ideen eintraten.[29] Versuche dieser Art blieben in organisatorischer Hinsicht erfolglos; jedoch haben die theoretischen Bemühungen der „Neuen Rechten" – teilweise auch durch Anleihen bei ausländischen Vorbildern, etwa der französischen „Nouvelle Droite"[30] – im Verlaufe der siebziger und achtziger Jahre zu programmatischen Innovationen bei Teilen der organisierten rechtsextremen „Szene" geführt.

Ein bedeutender Teil des schwindenden Mitgliederpotentials der NPD wurde von der „Deutschen Volksunion" (DVU) des Münchener Verlegers Dr. Gerhard Frey, die am 100. Jahrestag der Bismarckschen Reichsgründung ins Leben gerufen worden war, im Laufe der siebziger Jahre aufgesogen. Während die

Mitgliederzahl der NPD Anfang der achtziger Jahre auf ca. 6.000 sank, konnte der Verleger durch eine geschickte Organisationspolitik und die Zugkraft der von ihm gelenkten rechtsextremen Medien („Deutscher Anzeiger", „Deutsche National-Zeitung", „Deutsche Wochen-Zeitung"; geschätzte Gesamtauflage 1987: 110.000) die Mitgliederschaft der DVU auf über 12.000 im Jahre 1987 erhöhen.[31] Das lange Zeit durch Rivalität und gegenseitiges Ignorieren geprägte Verhältnis zwischen NPD und DVU entspannte sich Mitte der achtziger Jahre. Beide Organisationen kamen 1986 überein, künftig bei Wahlen zu kooperieren. Die neue Einigkeit wurde bereits bei der bayerischen Landtagswahl von 1986 und der Bundestagswahl von 1987 sichtbar, als in den Blättern Freys entgegen langjähriger Gepflogenheit zur Stimmabgabe für die NPD aufgerufen wurde. Seit 1987 ist die DVU auch als Wahlorganisation („Liste D") tätig. Mit Unterstützung der „Nationaldemokraten" gelang es ihr, bei den Wahlen zur Bremer Bürgerschaft im September 1987 3,7 % der Stimmen auf sich zu vereinen. Aufgrund einer Sonderregelung wurde der Erfolg durch den Einzug eines Abgeordneten in das Bremer Landesparlament noch unterstrichen.

Der Niedergang der NPD in den siebziger Jahren stimulierte eine weitere Entwicklungstendenz in der rechtsextremen „Szene": die Entstehung militanter Gruppen zumeist jugendlicher Rechtsextremisten mit zum Teil neonationalsozialistischer Ausrichtung.[32] Dies ist nicht so zu verstehen, als habe die NPD derartige Gruppierungen bewußt gefördert. Schließlich hat sich die Partei bei vielen Gelegenheiten von neonazistischen Umtrieben distanziert, und das Argument von seiten der „Nationaldemokraten", derartige Aktivitäten schadeten den politischen Zielen der am Legalitätsprinzip orientierten „Rechten", ist nicht von der Hand zu weisen. Nicht wenige Akteure militanter Gruppierungen (um „prominente" Beispiele zu nennen: Friedhelm Busse, Michael Kühnen) sammelten erste politische Erfahrungen bei der NPD oder deren Nebenorganisationen, bevor sie sich, frustriert durch die politische Folgenlosigkeit der Legalitätsstrategie, einem aggressiven Aktionismus verschrieben. Die Jugendorganisation „Junge Nationaldemokraten" (JN) diente zudem in vielen Fällen als „Durchlauferhitzer", denn die dort vermittelte prinzipielle Systemverneinung läßt die Antwort auf die Frage der Mittelwahl ausschließlich von einem strategischen Kalkül abhängig erscheinen. Insofern tragen legal operierende rechtsextreme Organisationen wie die NPD politische Mitverantwortung für die Aktivitäten militanter rechtsextremer Gruppierungen.

Eine Reihe rechtsextremer Aktionsgruppen wurde in den siebziger Jahren gegründet. Drei davon hat der Bundesminister des Innern bereits Anfang der achtziger Jahre verboten: die „Wehrsportgruppe Hoffmann" 1980, die „Volkssozialistische Bewegung Deutschlands/Partei der Arbeit" (VSBD/PdA) 1982 und die „Aktionsfront Nationaler Sozialisten/Nationale Aktivisten" (ANS/NA) 1983. Alle drei Gruppierungen waren in den siebziger Jahren entstanden und durchliefen einen Prozeß der Radikalisierung, der zumindest bei Teilen ihrer Mitglieder bis hin zum Terrorismus führte.

Daß diese Gruppierungen keineswegs pauschal unter dem Begriff des „Neonazismus" zu rubrizieren sind, zeigte die paramilitärische Organisation des Nürnberger Grafikers Karl Heinz Hoffmann (geb. 1937). Die von ihm 1974 ins Leben gerufene „Wehrsportgruppe" (WSG) war militärisch organisiert, kultivierte soldatische Tugenden und hielt Manöver ab, bei denen Mitglieder der Gruppe bewaffnet und in Uniform zum Einsatz kamen. Im Falle innerer Unruhen, etwa durch einen kommunistischen Aufstand, sollte die paramilitärische Truppe – gleichsam nach dem Muster der alten Freikorps – zum Einsatz kommen. Auch im zivilen Bereich könnten militärische Prinzipien erfolgreich angewandt werden, meinte der Waffenexperte und -liebhaber Hoffmann.[33] Illegaler Waffenbesitz war dann auch eines der Delikte, die zum Verbot der zuletzt einige Dutzend Aktive umfassenden Organisation führten. Die danach gegründete „WSG Ausland" führte in einem Palästinenserlager ein rauhes Soldatenleben, während dessen es in einzelnen Fällen zu Folterungen an widerspenstigen Mitgliedern der Gruppe kam. Hoffmann wurde 1981 verhaftet und 1986 zu einer langjährigen Freiheitsstrafe verurteilt. Ein Mitglied der WSG hatte wenige Monate zuvor den jüdischen Verleger Shlomo Lewin und dessen Lebensgefährtin in Erlangen ermordet. Eine Beteiligung konnte Hoffmann jedoch nicht nachgewiesen werden. Eines der ehemaligen WSG-Mitglieder mit neonazistischer Überzeugung, Odfried Hepp, gründete nach seiner Flucht aus dem Palästinensercamp und zeitweiliger Inhaftierung eine terroristische Vereinigung, die im Jahre 1982 eine Reihe von Sprengstoff- und Brandanschlägen durchführte. Er wurde 1987 zu einer langjährigen Freiheitsstrafe verurteilt.

Von neonationalsozialistischen Ideen inspiriert war die VSBD/PdA des gelernten Schriftsetzers Friedhelm Busse (geb. 1929). Nach seinem Austritt aus der NPD hatte Busse bereits 1971 in Krefeld die Vorläuferorganisation „Partei der Arbeit" (PdA) gegründet, die sich ideologisch an den Konzeptionen des Straßer-Flügels der NSDAP orientierte.[34] Allerdings blieb das Werben der PdA um ihre primäre Zielgruppe, die Arbeiterschaft, erfolglos. Nachdem es gelungen war, in Bayern eine Organisationszelle aufzubauen, wurde die PdA 1975 in VSBD/PdA umbenannt. Jahrelang erfuhr man in der Öffentlichkeit kaum etwas von der rechtsextremen Kleingruppe. Erst Ende der siebziger Jahre, als neonazistische Vereinigungen von sich reden machten, konnte auch die VSBD/PdA eine Anzahl von Zugängen junger Aktivisten verbuchen. Nun radikalisierte sich die Gruppe zusehends. Im Dezember 1980 kam es zu einem schweren Zwischenfall an der deutsch-schweizerischen Grenze, als ein Mitglied der VSBD/PdA beim Waffenschmuggel von Grenzpolizisten gestellt wurde. Bei dem Schußwechsel wurden zwei Beamte getötet und zwei weitere verletzt; der Täter beging Selbstmord. Im folgenden Jahr kam es zu einem weiteren Zusammenstoß von VSBD-Mitgliedern mit der Polizei. Als einer der Aktivisten eine Handgranate zündete, erschossen die Polizisten zwei von ihnen. Kurze Zeit später wurde auch Friedhelm Busse verhaftet, in dessen Garage sich erhebliche Sprengstoff-Bestände fanden.

Das dritte Verbot betraf die ANS/NA des Hamburger Neo-Nationalsozialisten Michael Kühnen. Er verfügte bereits über einige Erfahrungen in militanten rechtsextremen Organisationen und hatte eben eine Haftstrafe von vier Jahren verbüßt, als er Anfang 1983 die ANS/NA gründete.[35] Die nach militärischen Prinzipien aufgebaute Organisation entwickelte sich schnell zu einem Anziehungspunkt jugendlicher „Neonazis", deren Aktivitäten jedoch durch das Verbot ihrer Vereinigung nur kurze Zeit unterbunden wurden. In der Folgezeit wurden mit Erfolg bestehende Organisationen unterwandert. Kühnen, der seit dem Verbot die meiste Zeit im Gefängnis zubrachte, verfügte über beachtliche intellektuelle Fähigkeiten. Nach dem Vorbild Adolf Hitlers verfaßte er in der Haft eine umfangreiche programmatische Schrift („Die Zweite Revolution. Glaube und Kampf"), die er dem ehemaligen Stabschef der SA, Ernst Röhm, widmete. In einer Bilanz seiner zehnjährigen Aktivitäten, in der die Handschrift des strategischen Lehrmeisters Lenin erkennbar wird, heißt es selbstbewußt: „Wir sind die Speerspitze des nationalen Freiheitskampfes geworden, die politische Vorhut auf dem Marsch in das IV. Reich und in die Neue Ordnung!" Für die neunziger Jahre faßte Kühnen folgende Ziele ins Auge: „Mit unseren Vorfeldorganisationen und unserer Bündnispolitik werden wir nicht mehr nur hunderte, sondern tausende und zehntausende Volksgenossen bewegen; unsere Wahlkandidaturen werden wieder bekennende Nationalsozialisten in die Parlamente bringen; die nationalsozialistische Partei wird neu erstehen; die internationale Zusammenarbeit mit allen weltweiten Kräften der Revolution, soweit sie der Freiheit und Selbstbestimmung der Rassen und Völker dienen, wird sich vertiefen und konkrete Früchte tragen. In den nächsten zehn Jahren werden wir zum politischen Machtfaktor werden!"[36] Hat der im April 1991 an AIDS verstorbene Kühnen Recht behalten, vergegenwärtigt man sich den steilen Anstieg rechtsextremer Ausschreitungen seit 1990? Um diese Frage zu beantworten, erscheint zunächst ein Blick auf die Lage seit der unverhofften Vereinigung der beiden deutschen Staaten angebracht.

Der Untergang des SED-Regimes vom Herbst 1989 führte zu tiefgreifenden Veränderungen der politischen Verhältnisse in Deutschland – auf der extremen Linken und Rechten. Mit dem Niedergang des „real existierenden Sozialismus", dem Machtverlust der SED und dem damit verbundenen Einflußschwund der westlichen Satelliten DKP und SEW wurde die extreme Rechte bis zu einem gewissen Grad ihres ideologischen Gegenpols beraubt. Zwar bedeutete dies den – zumindest zeitweiligen – Ausfall des Antikommunismus als Mobilisationsfaktor, gleichzeitig aber ergaben sich beträchtliche Chancen. Das entstandene ideologische Vakuum verlangte nach Kompensation und bot nationalistischen Ideen und Gruppierungen günstige Entfaltungsmöglichkeiten. Zudem hatte das „nationale Lager" stets unnachgiebig am Ziel der Wiedervereinigung festgehalten und hoffte nun, von den durch die deutsche Vereinigung erzeugten Auftriebskräften nach oben getragen zu werden.

Die Öffnung der innerdeutschen Grenze am 9. November 1989 war das Startsignal für die Ausdehnung nationalistischer Wahlorganisationen auf das Territorium der Noch-DDR. Politische Organisationen wie die NPD und die 1983 als rechte Abspaltung von der Union entstandenen „Republikaner" (REP)[37] entwickelten schon bald erste Aktivitäten im östlichen Deutschland. Parteiaktivisten verteilten in Städten wie Dresden, Halle, Leipzig, Plauen, Rostock Flugblätter und Broschüren am Rande der allwöchentlichen Protestdemonstrationen der „Bürgerbewegungen". Bereits im Januar 1990 sprachen die REP von regem Zuspruch aus Ostberlin und der DDR und forderten die Zulassung der Partei im östlichen Deutschland.[38] Doch die alte Ostberliner Volkskammer machte den REP einen Strich durch die Rechnung und verfügte im Vorfeld der für den März geplanten Wahl ein Betätigungsverbot. Die REP konnten daher nicht an der ersten demokratischen Wahl in der DDR teilnehmen. Erst im Sommer 1990 wurden ihre Aktivitäten infolge des Vertrags über die künftige gesamtdeutsche Wahl legalisiert.

Die NPD versuchte ihrerseits, sich mit einer Kampagne für eine Volksabstimmung zur Wiedervereinigung an die Spitze des Einigungsprozesses zu stellen. NPD-Ableger bestanden in der DDR seit dem 18. Januar 1990: die in Leipzig gegründete „Mitteldeutsche Nationaldemokratische Partei" (MNP) mit ihrer Jugendorganisation „Junge Nationaldemokraten" (JN).[39] Die Aktivitäten der Partei im östlichen Deutschland verdichteten sich freilich erst im Vorfeld der gesamtdeutschen Wahlen vom 2. Dezember 1990. Gegen den Widerstand der Erfurter Stadtverordnetenversammlung erstritt sich die NPD Anfang Oktober das Recht, in dieser Stadt ihren Parteitag zu veranstalten.

Die Wahlen des Jahres 1990 brachten den Rechtsaußenparteien eine Serie bitterer Niederlagen. Wie durch eine Ironie der Geschichte war es gerade die sich am Horizont abzeichnende Vereinigung der beiden deutschen Staaten, die den Plänen von NPD und REP den Boden entzog. Nicht die Gralshüter nationalistischer Ideen, sondern die Repräsentanten des demokratischen Staates gaben bei der deutschen Vereinigung den Ton an. Die „große Politik" drängte in der epochemachenden Periode seit dem Herbst 1989 überdies die werbewirksamen Themen der extremen Rechten in den Hintergrund. Das an Wahlen reiche Jahr 1990[40] begann im Januar mit der Landtagswahl im Saarland, wo die REP mit 3,3 % Stimmen die Fünfprozentmarke deutlich verfehlten. Die NPD schnitt mit 0,2 % noch erheblich schlechter ab als vier Jahre zuvor. Im Mai folgten dann Landtagswahlen in Nordrhein-Westfalen und Niedersachsen. Auch hier gelang es den REP mit 1,5 % der Stimmen in Niedersachsen und 1,8 % in Nordrhein-Westfalen nicht, ihre Erfolgsserie von 1989 fortzusetzen. Die NPD blieb weit abgeschlagen. Dieser Trend setzte sich bei den Landtagswahlen in den neuen Bundesländern am 14. Oktober fort. Auch die REP blieben dort weit hinter ihren Erwartungen zurück. Einen Erfolg verbuchte die Partei lediglich in Bayern, wo am gleichen Tag Landtagswahlen stattfanden. Allerdings verfehlte sie mit 4,9 % der Stimmen knapp den Einzug ins Maximilianeum. Auch bei der ersten gesamtdeutschen Wahl am 2. Dezember blieben aufsehenerregende Erfolge der Rechtsparteien aus: Die REP erreichten gerade 2,1 % der Stimmen, und die NPD halbierte ihr bescheidenes Ergebnis von 1987 auf 0,3 %. Dies hatte gravierende Konsequenzen, erreichte die Partei doch nicht die für die Erstattung der Wahlkampfkosten notwendige Mindeststimmenzahl von 0,5 %. Die nun erforderliche Rückzahlung der bereits erstatteten Wahlkampfpauschale in Höhe von ca. 820.000 DM brachten die NPD an den Rand des Ruins.[41] So fiel die Bilanz des Wahljahres 1990 für die extreme Rechte ernüchternd aus: Die Wogen der nationalen Begeisterung waren offenbar völlig an ihr vorbeigerauscht.

Das enttäuschende Abschneiden in schicksalsbestimmender Zeit konnte nicht ohne Folgewirkungen für die innerparteilichen Verhältnisse bleiben. Flügelkämpfe brachen bei den REP aus und führten beinahe zur Entmachtung des Parteigründers Schönhuber. Nach längerem Hin und Her setzte er sich auf dem

Parteitag im niederbayerischen Ruhstorf (Juli 1990) gegen seine innerparteilichen Gegenspieler durch, die in den folgenden Wochen die Partei verließen oder aus ihr hinausgedrängt wurden. In manchen Bezirksverbänden kehrten mehr als 50 % der Mitglieder ihrer Partei den Rücken. Führende Vertreter der gegen Schönhuber Unterlegenen nahmen in der zweiten Jahreshälfte 1990 Verhandlungen mit Repräsentanten der NPD auf. An den Gesprächen beteiligten sich unter anderen die (ehemaligen) REP-Funktionäre Harald Neubauer und Franz Glasauer auf der einen Seite, NPD-Bundesvorsitzender Martin Mußgnug und NPD-Landesvorsitzender Jürgen Schützinger (Baden-Württemberg) auf der anderen. Ein erster konkreter Schritt war die Gründung der Monatszeitung „Deutsche Rundschau" als publizistisches Forum der einigungswilligen Rechten. Das Blatt, das von 1990 bis 1993 im RVG-Verlag/Landshut erschien und seit Januar 1994 vom Nation Europa Verlag in Coburg verlegerisch betreut und vertrieben wird, präsentierte sich den Lesern als „parteiunabhängiges Sprachrohr aller derjenigen, die die Zersplitterung am 'rechten Rand' des politischen Spektrums leid sind und die Einheit aller deutschen Patrioten wollen".[42] Gleichzeitig wurde der „Arbeitskreis Vereinigte Rechte" ins Leben gerufen, eine vorläufige Auffangorganisation für abtrünnige REP-Aktivisten.

Im Vorfeld der gesamtdeutschen Wahlen verhielt sich die NPD-Führung zunächst noch zurückhaltend. Erst nachdem der Stimmenanteil wider Erwarten nicht deutlich zu-, sondern sogar abgenommen hatte und die Partei in eine verzweifelte finanzielle Situation geraten war, wurden Konsequenzen gezogen. Der seit 1971 amtierende Parteivorsitzende Martin Mußgnug erklärte angesichts mangelnder Zukunftsaussichten am 16. Dezember 1990 seinen Rücktritt. Am 18. Januar 1991, dem 120. Jahrestag der Bismarckschen Reichsgründung, beteiligte er sich gemeinsam mit dem baden-württembergischen NPD-Landesvorsitzenden Schützinger, dem früheren NPD-Generalsekretär Walter Seetzen, dem Rechtsanwalt Dr. Johannes Pauli und dem früheren bayerischen Landesvorsitzenden und Generalsekretär der REP, Harald Neubauer, an der Konstituierung des Vereins „Deutsche Allianz – Vereinigte Rechte". Wichtigster Programmpunkt: die Ablehnung des „völkerrechtswidrigen" Verzichts auf die ehemaligen deutschen Ostgebiete. Die Vereinigung definierte sich als pressure group für die Formierung einer neuen rechten Sammlungspartei und rief die übrigen Organisationen des „nationalen Lagers“ zur Einigkeit auf. Die NPD-Vertreter in der „Deutschen Allianz“ konnten sich in ihrer Partei nicht mit der Forderung durchsetzen, die NPD-Organisation in die neue Bewegung zu überführen.

Aufgrund der Klage eines Versicherungsunternehmens mußte sich die „Allianz“ bald umbenennen. Sie konstituierte sich am 3. Oktober 1991 als „Deutsche Liga für Volk und Heimat“ (DL). Der erhoffte Mitgliederzustrom blieb freilich aus, und das Hauptziel der DL, eine Einigung der Rechten herbeizuführen, wurde nicht erreicht. Bis Ende 1992 kam die DL über einen Mitgliederbestand von 800 nicht hinaus. Ihre Aussichten bei Wahlen erschienen gering, zumal die Organisation mit besonders aggressiven Parolen aufwartete und auch die Kooperation mit Gruppierungen des neonationalsozialistischen Spektrums nicht verschmähte. Die durch Überläufer entstandenen DL-Vertretungen in den Landesparlamenten von Schleswig-Holstein und Bremen sowie in einigen kommunalen Repräsentativkörperschaften vermochten die Lage nicht wesentlich zu verbessern.

Die NPD wurde durch die neue DL-Konkurrenz nicht sehr geschwächt, obgleich ihr Mitgliederstand deutlich unter die langjährig behauptete Marke 6.000 sank. Sie konnte aber das politische Tief nach der Vereinigung nicht überwinden. Dagegen erholten sich die REP nach den innerparteilichen Turbulenzen des Jahres 1990 wieder deutlich. Infolge einer gewissen Normalisierung der politischen Agenda konnten die REP an ihre Erfolge von 1989 anknüpfen, wie sich bei den Wahlen in Baden-Württemberg im April 1992 zeigte. Dort erhielten sie 10,9 % der Stimmen und zogen mit 15 Abgeordneten in den Landtag ein. Das ganze Jahr 1992 hindurch sahen die Demoskopen die REP über der Fünfprozentmarke. Die Gewaltwelle von rechts, die auch der Demagogie der REP angelastet wurde, schien der Partei nicht zu schaden. Die Führung um Schönhuber bemühte sich durch moderate Äußerungen und Programmkosmetik, das Image der rechten „Scharfmacher“ abzuschütteln. Damit gerieten die REP jedoch auch zeitweilig aus den Schlagzeilen, so daß ihre demoskopischen Zustimmungswerte 1993 wieder absanken. Hierzu hatte gewiß auch die Ankündigung des Bundesministeriums des Innern beigetragen, die REP unter nachrichtendienstliche Beobachtung zu stellen. Teile der Parteibasis lieferten überdies unentwegt Stoff für Skandalgeschichten, sei es aufgrund dubioser Finanzpraktiken, sei es wegen rüde geführter Machtkämpfe und rechtsextremer Umtriebe.[43]

Als stärkste Konkurrenz der REP trat die DVU des Münchener Verlegers Dr. Gerhard Frey in Erscheinung. Mit 26.000 Mitgliedern übertraf sie 1993 selbst die REP (unter 23.000). Zudem konnte sie – im Gegensatz zur erfolglosen NPD – erstaunlich hohe Wahlergebnisse erzielen. Im September 1991 erreichte sie in Bremen 6,2 % der Stimmen, und in Schleswig-Holstein konnte sie sich im April 1992 mit 6,3 % im Landtag etablieren. Freilich ist der Apparat der DVU unterentwickelt; eine Parteibasis existiert faktisch nicht. Das DVU-Phänomen erklärt sich überwiegend aus einer hohen Protestwahlbereitschaft und dem Einfluß der nationalistischen Frey-Presse samt ihrer Leserschaft.

Angesichts der sich überstürzenden Ereignisse im östlichen Deutschland seit dem Herbst 1989 witterten nicht nur legal operierende rechtsextreme Parteien Expansionsmöglichkeiten, sondern auch die vielfach militant auftretenden neonationalsozialistischen Vereinigungen. Sie profitierten dabei von der labilen sozialen, ökonomischen und psychologischen Lage in der Noch- und Ex-DDR ebenso wie vom Zusammenbruch der Ordnungsstrukturen des alten Regimes, an deren Stelle nur allmählich neue Institutionen traten. Noch unter der SED-Herrschaft hatten sich seit Anfang der achtziger Jahre rechtsextreme Zirkel gebildet, deren Existenz lange Zeit wie ein Staatsgeheimnis gehütet wurde, widerlegten sie doch die offizielle Lesart vom Staat der „Arbeiter und Bauern“, der dem „Faschismus das Wasser abgegraben“ habe. Die Häufung fremdenfeindlicher Ausschreitungen und neonationalsozialistischer Propagandadelikte brachte nach der Öffnung der Mauer ans Tageslicht, was zuvor weitgehend im Verborgenen geblieben war.[44] Überdies ließ der Untergang des „realen Sozialismus“ mit dem Verlust alter Gewißheiten, den existentiellen Problemen des Zusammen-

Die extreme Rechte (1975-1993)

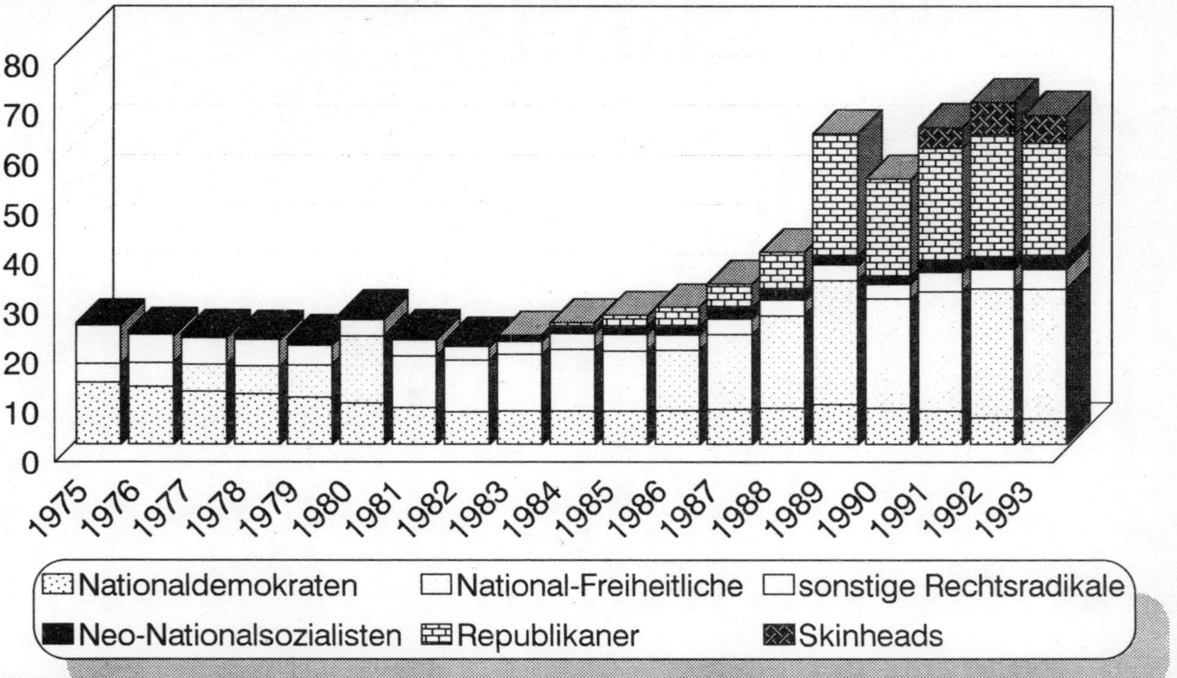

bruchs der politischen, sozialen und ökonomischen Ordnung (Gefährdung oder Verlust des Arbeitsplatzes, fehlende berufliche Perspektiven, Lehrstellenmangel) eine Atmosphäre entstehen, die sozial abweichendes Verhalten von Jugendlichen begünstigte und eine Minderheit in die Arme radikaler Kräfte trieb.

Als Rekrutierungsreservoir fremdenfeindlicher und neonationalsozialistischer Gruppierungen erwies sich die „Szene" der „Skinheads", die sich in der DDR seit Anfang der achtziger Jahre parallel zur Entwicklung im westlichen Deutschland gebildet hatte. Der betroffene Personenkreis wurde für die neuen Bundesländer Anfang 1991 auf ca. 2.000 bis 3.000 Jugendliche im Alter zwischen 18 und 30 Jahren geschätzt.[45] Zu diesem Zeitpunkt bezifferten die Sicherheitsbehörden die neonationalsozialistisch beeinflußte Skinhead-„Szene" im Westen auf ca. 3.000 Personen. Zahlreiche Gewaltakte gingen auf das Konto jugendlicher Täter. So überfielen mit Beilen, Totschlägern und Messern bewaffnete junge Gewalttäter am 9. März 1990 ein Ausländerwohnheim in Essen-Freisenburg. In Nordhausen/DDR kam es zu schweren Ausschreitungen beiderseits der innerdeutschen Grenze, als die Volkspolizei am 28. April ein Rockkonzert abbrach. Die in die Bundesrepublik abziehenden Skinheads randalierten daraufhin in benachbarten Ortschaften. Am 3. November 1990 wurden in Leipzig Polizisten von Skinheads angegriffen. Die Beamten machten von der Schußwaffe Gebrauch, eine junge Frau wurde dabei getötet. Zahlreiche weitere Beispiele ließen sich anführen.

Am zielsichersten gingen die Anhänger des Hamburger Neonationalsozialisten Michael Kühnen im östlichen Deutschland vor. Kühnen, der im April 1991 an AIDS starb, nutzte in erprobter Manier die Sensationslust vieler Medien, um für seine „Bewegung" zu werben. Die 1989 gegründete „Deutsche Alternative" (DA) dehnte sich in die neuen Bundesländer aus. Demonstrativ wurde der 2. Parteitag in Kiekebusch bei Cottbus abgehalten. Unter den Teilnehmern befand sich auch Gary Rex Lauck, Propagandaleiter der NSDAP-AO aus Lincoln/Nebraska. Ca. 200 DA-Anhänger trafen sich am 1. Dezember 1990 im brandenburgischen Guben zu einer Protestkundgebung gegen den deutsch-polnischen Grenzvertrag und den Verzicht auf die ehemals deutschen Ostgebiete.[46] Die Aktivisten waren vor allem aus Dresden, Cottbus und Ostberlin angereist.

Kühnen sicherte sich seinen Einfluß auf ostdeutsche DA-Verbände zunächst durch Heimkehrer, die in den Jahren zuvor in den Westen gegangen waren. Die neu entstehenden östlichen Gliederungen entfalteten bald ein reges Eigenleben. Darüber hinaus hielten sich originäre ostdeutsche Vereinigungen. Hierzu zählte etwa die Ostberliner „Nationale Alternative" (NA), eine neonationalsozialistische Gruppierung der Berlin-Lichtenberger Skinhead-„Szene".[47] Die Führungsgruppe residierte zeitweilig in einem besetzten Haus in der Weitlingstraße und pochte gegenüber den Vereinnahmungsversuchen der DA-Führung auf ihre Eigenständigkeit. Eine breite Öffentlichkeit nahm von der Gruppe erst Notiz, nachdem eine Anti-Terror-Einheit der Polizei die besetzten Häuser in der Weitlingstraße gestürmt und eine Reihe rechtsextremer Aktivisten festgenommen hatte. Obwohl die NA zeitweilig Zulauf verzeichnete, wurde sie in die Struktur der Kühnen-Bewegung als Berliner Regionalpartei eingegliedert und gab bald ihr Eigenleben auf.

Die Zahl der fremdenfeindlichen Gewalttaten nahm seit 1991 rapide zu. Allein 1992 registrierten die Sicherheitsbehörden 2.584 schwere Gesetzesverletzungen mit rechtsextremem Hintergrund. Wie eine an der Universität Trier durchgeführte Analyse zeigte, stammte allerdings nur ein Viertel der fremdenfeindlichen Gewalttäter aus fest organisierten rechtsextremen Gruppierungen. Der größte Anteil (37,9 %) entfiel auf Personen aus der Skinhead-„Szene", und ein hoher Prozentsatz war weder den neonationalsozialistischen Gruppen noch den Skinheads zuzurechnen.[48] Mit einer Serie von Verbotsmaßnahmen gingen die Behörden gegen neonationalsozialistische Gruppierungen vor, um ihre Mobilisierungskraft zu brechen und ein Signal gegenüber der aufs Höchste beunruhigten Öffentlichkeit zu setzen. Vereinigungsverbote richteten sich gegen die „Nationalistische Front" (27. November 1992), die „Deutsche Alternative" (10. Dezember 1992), den „Deutschen Kameradschaftsbund Wilhelmshaven" (18. Dezember 1992), die „Nationale Offensive" (22. Dezember 1992), den „Nationalen Block" (7. Juni 1993), die „Heimattreue Vereinigung Deutschlands" (14. Juli

1993) und den „Freundeskreis Freiheit für Deutschland“ (2. September 1993). Gegen die Parteien „Nationale Liste“ (Hamburg) und „Freiheitliche Deutsche Arbeiterpartei“ (FAP) wurde ein Verbotsverfahren beim Bundesverfassungsgericht eingeleitet.

In der „Szene“ erzwangen die Verbote organisatorische Umgruppierungen. Sie haben die Tendenz zur Bildung „autonomer“ Zirkel auf lokaler und regionaler Ebene verstärkt. Gewachsener Verfolgungsdruck und weitere Verbotsdrohungen veranlassen die „Szene“ zu größerer Zurückhaltung in der Öffentlichkeit, fördern klandestine Aktionsformen und könnten im Extremfall zu terroristischer Gruppenbildung im Untergrund verleiten. Insofern sind die Auswirkungen der Verbote ambivalent zu beurteilen. Die Gefährlichkeit der „Szene“ dürfte kaum abgenommen haben. Unter Einsatz moderner Technologien werden öffentliche Kommunikationsbarrieren überwunden. Dies zeigen die vielerorts installierten Infotelefone und Mailboxen. „Nationale Infotelefone“ existier(t)en u.a. in Mainz, Wiesbaden und Hamburg. Mailboxen ermöglichen den schnellen Zugriff auf Informationen mittels Computer-Kommunikation. Im Frühjahr 1994 kursierte in der „Szene“ ein 50seitiges „Thule-Journal“ mit einer Gebrauchsanweisung für einen Mailbox-Verbund, das „Thule-Netz“. Neben propagandistischen Zwecken dient es vor allem zur Koordinierung von „Szene“-Aktivitäten.

Alles in allem führt kein Weg an der Feststellung vorbei, daß die Rahmenbedingungen für die Entfaltung rechtsextremer Gruppierungen im vereinten Deutschland eher besser als schlechter geworden sind. Der zumindest zeitweilige Bedeutungsverlust der Linken bedeutet einen relativen Einflußgewinn der (extremen) Rechten – auch und gerade dort, wo der „reale Sozialismus“ seine unübersehbaren Spuren hinterlassen hat. Ein genaues Bild der Lage erfordert eine detaillierte Betrachtung zur Vielfalt rechtsextremer Organisationen.

3. Organisierter Rechtsextremismus im vereinten Deutschland

3.1. Deutsch-nationalistische und national-populistische Wahlbewegungen

3.1.1. Nationaldemokratische Partei Deutschlands

Trotz neuer Mitglieder im östlichen Deutschland (1992: 534) verzeichnet die NPD – ebenso wie ihre Jugendorganisation „Junge Nationaldemokraten" (JN; 1991: 500 Mitglieder) – stagnierende bis sinkende Mitgliederzahlen.[49] Auffallend erscheint allerdings das jugendliche Profil der Mitgliederbasis (40 % unter 25 Jahre), das keineswegs auf eine im Absterben begriffene Organisation schließen läßt. Deutlich überproportional vertreten sind Arbeiter (45 %), wohingegen Beamte (0 %) und Angestellte (10 %) unterrepräsentiert sind. Der Anteil weiblicher Mitglieder (7,5 %) ist gering, weist jedoch in den alten Bundesländern eine steigende Tendenz auf (15 % der Neuzugänge).[50]

Gegenüber DVU und REP verlor die NPD weiter an Terrain. Die finanzielle Situation erscheint unverändert prekär, auch wenn die Parteiführung den Eingang von 350.000 DM an zusätzlichen Spenden im Laufe des Jahres 1992 als Erfolgsmeldung ausgab. Der baden-württembergische Landtag pfändete im Januar 1993 die Konten des NPD-Landesverbandes, da dieser mit Abschlagszahlungen auf die Wahlkampfkostenerstattung 1992 säumig geworden war. Die Schulden des Landesverbandes betrugen Anfang 1993 noch rund 433.000 DM.[51] Aufgrund eines von dem ehemaligen Bundesvorsitzenden Mußgnug eingeleiteten Zwangsvollstreckungsverfahrens mußte der Landesverband sein Vermögen offenbaren. Der Stand vom Januar 1994: „Im Safe bei der Volksbank Bruchsal sind 3.086,40 Mark, die Barschaft in der Parteikasse wird auf 53 Mark beziffert."[52]

Trotz der gravierenden finanziellen Probleme verfügt die NPD als älteste der nationalistischen Wahlbewegungen über einen noch weithin intakten Parteiapparat. Im Vergleich zu REP und DVU konnte die NPD in ihrem Finanzbericht (siehe ergänzende Organisationsdaten) für das Jahr 1992 das mit einigem Abstand günstigste Verhältnis zwischen Gesamteinnahmen und Mitgliedsbeiträgen ausweisen. Die Mitgliedsbeiträge („und ähnliche regelmäßige Beiträge") beliefen sich auf rund 31 % der Gesamteinnahmen (REP: 7,4 %, DVU: 4,8 %). Die relative Stärke des Apparates steht allerdings in grellem Kontrast zur wahlpolitischen Schwäche. Für 1992 konnte die Partei keinerlei Einnahmen aus Wahlkampfkostenerstattung und „Chancenausgleich" mehr verbuchen. Dies sind Posten, die bei REP und DVU ganz erheblich zu Buche schlagen.

Unter dem im Juni 1991 neu gewählten Parteivorsitzenden Günter Deckert versagte sich die Partei der Initiative der baden-württembergischen Spitzenfunktionäre und Lokalmatadore Martin Mußgnug und Jürgen Schützinger, die sich in der „Deutschen Allianz" engagierten. Mit dem Eintreten für den Fortbestand der Partei erreichte Deckert die Mehrheit der „Basis" und der Delegierten. Günter Deckert wurde am 9. Januar 1940 in Heidelberg als Sohn des Schuhmachermeisters Albert Deckert geboren. In Heidelberg und Montpellier studierte er die Fächer Anglistik und Romanistik. 1966 trat er der NPD bei. Soeben Studienassessor an einem Mannheimer Gymnasium geworden, übernahm er 1969 das Amt des NPD-Kreisvorsitzenden in Mannheim und kandidierte bei der Bundestagswahl von 1969 auf Platz 9 auf der Landesliste Baden-Württemberg. Seit 1972 Mitglied des Landesvorstandes Baden-Württemberg, fungierte er gleichzeitig (bis 1975) als Landes- und Bundesvorsitzender (1973 bis 1975) der Jugendorganisation „Junge Nationaldemokraten" (JN). In der NPD-Jugend profilierte er sich als Befürworter einer stärker nationalrevolutionären Orientierung. 1974 bewarb sich Deckert in seinem Wohnort Weinheim um das Amt des Bürgermeisters und erzielte 25,3 % der Stimmen. 1975 setzte er sich auf dem NPD-Parteitag in Ketsch gegen den Herausgeber der „Deutschen National-Zeitung", Dr. Gerhard Frey, durch und wurde zum stellvertretenden Bundesvorsitzenden gewählt.[53] Deckert, der gut französisch spricht, übersetzte für den Druffel-Verlag, Berg am See, sowie den Tübinger Grabert-Verlag eine Reihe von Büchern ins Deutsche, darunter auch eine Schrift des „Nouvelle droite"-Ideologen Alain de Benoist. In einem Anfang der achtziger Jahre erschienenen „Handbuch gegen Überfremdung" forderte er zur Gründung von Bürgerinitiativen auf, um einen „Ausländerstop" zu erreichen.[54] Mehrmals versuchte Deckert vergeblich, den amtierenden NPD-Vorsitzenden Mußgnug abzulösen. Aus Protest gegen dessen als zu „weich" empfundene Linie und weil ihm die Partei angesichts der praktischen Umsetzung des Extremistenbeschlusses durch die baden-württembergische Landesregierung keine finanzielle Absicherung für sich und seine Familie bieten konnte, verließ er 1982 die Partei.

Tabelle 1: Mitglieder der NPD, 1965-1993

1965	13.700
1966	25.000
1967	28.000
1968	27.000
1969	28.000
1970	21.000
1971	18.300
1972	14.500
1973	12.000
1974	11.500
1975	10.800
1976	9.700
1977	9.000
1978	8.500
1979	8.000
1980	7.200
1981	6.500
1982	6.000
1983	6.000
1984	6.100
1985	6.100
1986	6.100
1987	6.200
1988	6.400
1989	7.000
1990	6.701 (beitragspflichtige Mitglieder)
1991	6.412 (beitragspflichtige Mitglieder)

1992	5.226 (beitragspflichtige Mitglieder) (5.000)
1993	5.500 (5.000)

Quelle: Verfassungsschutzberichte des Bundes; Günter Deckert.

Tabelle 2: Mitglieder der NPD in den neuen Bundesländern, 1990-1993

1990	Neue Bundesländer	340
1991		480
1992		534
1993		600
1990	Brandenburg	30
1991		45
1992		56
1993		76
1990	Meckl.-Vorpommern	25
1991		30
1992		41
1993		62
1990	Sachsen-Anhalt	45
1991		85
1992		112
1993		104
1990	Sachsen	150
1991		210
1992		290
1993		260
1990	Thüringen	90
1991		110
1992		85
1993		98

Quelle: Günter Deckert, April 1994.

Das Kultusministerium und das zuständige Oberschulamt bemühten sich seit Mitte der siebziger Jahre um eine Entlassung des Lehrers – inzwischen Oberstudienrat – aus dem Schuldienst. Diese Anstrengungen führten erst 1988 nach langwierigen Prozessen zum Erfolg. Als die NPD aufgrund des mageren Wahlergebnisses bei der Bundestagswahl von 1990 in eine finanzielle Krise geriet und die baden-württembergischen Spitzenfunktionäre Mußgnug und Schützinger sich bei der DA/DL engagierten, erwarb Deckert im Januar 1991 wieder eine Mitgliedschaft und wurde auf dem Parteitag in Herzogenaurach (7./8. Juni 1991) zum neuen Bundesvorsitzenden gewählt. Im November 1991 kandidierte er erfolglos bei der Oberbürgermeisterwahl in Ulm.

Deckert sieht in der „Bedrohung der völkischen Substanz unseres Volkes" „eine echte politische Marktnische"[55], die der NPD künftig größere Resonanz verschaffen solle. Überdies hat er den zeitgeschichtlichen „Revisionismus" zu einem programmatischen Schwerpunkt der NPD gemacht. Wegen der Übersetzung eines Vortrags von Fred Leuchter („Gaskammer-Experte" aus den Vereinigten Staaten) und Verbreitung eines entsprechenden Videos wurde Deckert am 13. November 1992 wegen Volksverhetzung, Beleidigung und übler Nachrede zu einer Freiheitsstrafe von einem Jahr auf Bewährung und einer Geldbuße von 10.000 DM verurteilt. Der Bundesgerichtshof hob das Urteil Mitte März 1994 wegen unzureichender Urteilsbegründung auf und verwies den Fall an das Landgericht zur erneuten Entscheidung zurück. Ob Deckert gegenüber den Konkurrenzparteien mit „revisionistischen" Kampagnen verlorenen Boden wiedergewinnen kann[56], erscheint fraglich. Als Verfechter einer „national-revolutionären" Linie plädiert er dafür, das politische Engagement nicht auf die etablierten Kanäle parlamentarischer Politik zu beschränken. Das Aktionsrepertoire der NPD würde sich demnach dem der „neuen sozialen Bewegungen" annähern. Auf eine Radikalisierung im Aktionsstil deutet die Tatsache hin, daß der Nationalsozialist Ewald Bela Althans auf Platz 2 der NPD-Liste zur Münchener Stadtratswahl im Juni 1994 kandidierte. Althans unterhält engen Kontakt zu Ernst Zündel und war in der Öffentlichkeit immer wieder (u.a. in dem Neonazi-Film des Regisseurs Bonengel) mit provokativen Parolen an die Öffentlichkeit getreten. Die Nominierung von Althans läßt sich nicht mit der früher demonstrativen Abgrenzung der Partei gegenüber neonationalsozialistischen Gruppierungen vereinbaren und könnte aus dem Bemühen resultieren, einen Teil dieses Potentials in die gelichteten Reihen der NPD-Mitgliederschaft zu integrieren. Im Schaufenster seines Münchener „Büros" präsentierte Althans seit Mai 1994 u.a. NPD-Schriften.

Am 15. Januar 1994 veranstaltete die NPD ihren Europa-Parteitag in Ehringshausen, wo sie bei der hessischen Kommunalwahl vom März 1993 das drittbeste Ergebnis auf Gemeindeebene erzielt hatte (13,6 %). Der Parteitag nominierte eine Liste von 25 Kandidaten für die Europawahl (auf den ersten Plätzen: Günter Deckert, Doris Zutt, Frank Golkowski, Ellen-Doris Scherer und Udo Voigt). Der zu der Veranstaltung geladene Russe Wladimir Schirinowskij war der Einladung nicht gefolgt.

<u>Ergänzende Organisationsdaten</u>

Bundesgeschäftsstelle: Stuttgart[57]
Der Parteivorstand der NPD (1994)
Vorsitzender: Günter Deckert, Weinheim (Baden-Württemberg)
Stellvertreter: Walter Bachmann, Regensburg (Bayern)
Udo Holtmann, Oberhausen (NRW)
Thomas Salomon, Berlin
Generalsekretär: Ulrich Eigenfeld, Oldenburg (Niedersachsen)
Schatzmeister: Dieter Fuhrmann, Maintal (Hessen)
Andere Mitglieder des PV:
Wolfgang Frenz, Solingen (NRW), Umwelt/Landwirtschaft
Martha Kruse, Herzogenaurach (Bayern), Familie/Soziales
Erwin Kemna, Ladbergen (NRW), Wirtschaft
Winfried Krauß, Frankfurt a. M. (Hessen), Programmausschuß/Verbindungsmann zu anderen Verbänden
Hartmut Hildebrandt, Bruchsal (Baden-Württemberg),
Peter Marx, Saarbrücken (Saarland), Rechtsabteilung

Frank Golkowski, Gotha (Thüringen), Mitteldeutscher Rat
Hans Schmidt, Wiesbaden (Hessen), Organisation
Ellen-Doris Scherer, Riegelsberg (Saarland),
Doris Zutt, Ehringshausen (Hessen), Frauen
Karl-Heinz Sendbühler, München (Bayern), Presse
Udo Voigt, Moosburg (Bayern), OD/Sicherheit

Referate der NPD (Stand März 1994)
Ausland: Ulrich Bauer, (Mönchengladbach (NRW); Klaus Hoffmann, Bad Bevensen (Niedersachsen); EU/Wohnungsbau: Per Lennert Aae, Taufkirchen (Bayern); Neue Medien und Techniken: Herbert G. Welch, Schwaig (Bayern); Öffentlichkeitsarbeit: Günter Deckert, Weinheim (Baden-Württemberg); Äußere Sicherheit: Udo Voigt, Moosburg (Bayern); Identität und Geschichte: Günter Deckert; Strategie/Taktik: Thomas Salomon, Berlin (Berlin-Brandenburg); Politische Bildung/Schulung: Ulrich Eigenfeld, Oldenburg (Niedersachsen).

Landesverband Baden-Württemberg (Stand März 1994)
Landesvorsitzender: Hartmut Hildebrandt; Stellvertreter: Dave Schiek (Schondorf), Siegfried Stieglmeier (Stuttgart), Michael Wendland (Leonberg); sieben weitere Beisitzer.

Landesverband Bayern (Stand März 1994)
Landesvorsitzender: Udo Voigt (Moosburg); Stellvertreter: Helmut Dietl (Lichtenfels), Ralf Ollert (Nürnberg) und Christian Ehrenstrasser (Ebersberg); fünfzehn weitere Beisitzer.

Landesverband Berlin-Brandenburg (Stand März 1994)
Landesvorsitzender: Thilo Kabus (Berlin); Stellvertreter: Thomas Salomon (Berlin), Lutz Reichel (Berlin); sieben weitere Beisitzer.

Landesverband Bremen (Stand März 1994)
Landesvorsitzender: Matthias Jörger; Stellvertreter: Gero Hawranke (Bremen), Wilhelm Schmidt (Bremerhaven); sieben weitere Beisitzer.

Landesverband Hamburg (Stand März 1994)
Landesvorsitzender: Ulrich Harder; Stellvertreter: Lothar Baseler, Günther Winkler; sieben weitere Beisitzer.

Landesverband Hessen (Stand März 1994)
Landesvorsitzender: Hans Schmidt (Wiesbaden); Stellvertreter:

Dieter Fuhrmann (Maintal), Doris Zutt (Ehringshausen), Gerhard Bucka (Gelnhausen); neun weitere Beisitzer.

Landesverband Mecklenburg-Vorpommern (Stand März 1994)
Landesvorsitzender: Harry Piel (Rostock); Stellvertreter: Swen Uterhardt (Boizenburg), Gerhard Franke (Schwerin); fünf weitere Beisitzer.

Landesverband Niedersachsen (Stand März 1994)
Landesvorsitzender: Ulrich Eigenfeld (Oldenburg); Stellvertreter: Klaus Hoffmann (Bad Bevensen), Adolf Dammann (Stade), Fritz-Ulrich Bundt (Harsefeld); neun weitere Beisitzer.

Landesverband Nordrhein-Westfalen (Stand März 1994)
Landesvorsitzender: Udo Holtmann (Oberhausen); Stellvertreter: Wolfgang Frenz (Solingen), Wolfgang Henning (Bochum), Erwin Kemna (Ladbergen); elf weitere Beisitzer.

Landesverband Rheinland-Pfalz (Stand März 1994)
Landesvorsitzender: Wilhelm Herbi (Neustadt); Stellvertreter: Volker Beiser (Bad Kreuznach), Heinz Heck, (Ludwigshafen), Werner Buhles (Neustadt); neun weitere Beisitzer.

Landesverband Saarland (Stand März 1994)
Landesvorsitzende: Ellen-Doris Scherer (Riegelsberg); Stellvertreter: Otto Becker (Saarbrücken), Jürgen Wirtz (Merzig); sieben weitere Beisitzer.

Landesverband Sachsen (Stand März 1994)
Landesvorsitzender: Torsten Keil (Rochlitz); Stellvertreter: Uwe Grasemann (Leipzig), Wolfgang Dallmer (Annaberg-Buchholz); neun weitere Beisitzer.

Landesverband Sachsen-Anhalt (Stand März 1994)
Landesvorsitzender: Waldemar Maier (Heiligenstadt); Stellvertreter: Meinhardt Möckel (Bad Kösen), Hans Roloff (Birkholz); sieben weitere Beisitzer.

Landesverband Schleswig-Holstein (Stand März 1994)
Landesvorsitzender: Uwe Schäfer (Plön); Stellvertreter: Heino Förster (Mölln); Reimar Diercks (Flensburg); sieben weitere Beisitzer.

Landesverband Thüringen (Stand März 1994)
Landesvorsitzender: Frank Golkowski (Gotha); Stellvertreter: Frank Fischer (Erfurt), Silvia Hey (Mühlhausen); sieben weitere Beisitzer.

Strukturdaten der NPD-Mitglieder im Januar 1993:

Sozialgruppe	
* Arbeiter	45 %
* Handwerker	15 %
* Angestellte	10 %
* Selbständige	6,5 %
davon Landwirte	1,5 %
* Beamte und Bundeswehr	0 %
* Schüler/Lehrlinge	7,5 %
* Rentner	15 %
* Hausfrauen	1,5 %
Weibliche NPD-Mitglieder:	7,5 %

Strukturdaten der von Oktober 1991 bis Dezember 1992 eingetretenen NPD-Mitglieder:

Sozialgruppe	Alte Bundesländer	Neue Bundesländer
* Arbeiter	33 %	22 %
* arbeitslos		15 %
* Handwerker	25 %	31 %
* Angestellte	15 %	8 %
* Selbständige	9 %	6 %
* Beamte	2 %	
* Bundeswehr		3 %
* Schüler/Lehrlinge		15 %
* Rentner	20 %	8 %

Alter	Alte Bundesländer	Neue Bundesländer
bis 25 Jahre	38 %	51 %
bis 40 Jahre	25 %	25 %
bis 55 Jahre	22 %	16 %
älter als 55 Jahre	19 %	8 %

Weibliche Neumitglieder in den alten Bundesländern: 15 %
Weibliche Neumitglieder in den neuen Bundesländern: 3 %

Publikationen

Zentralorgan: Deutsche Stimme

Erscheinungsweise:	monatlich, 1993 zeitweilig zweimonatlich
Auflage (Januar 1993):	Mitgliederausgabe 7500, darunter knapp 1.000 Bezieher Werbe-Stimme (vierseitig) 50.000; bei/vor Wahlen bis zu einer Million
Schriftleitung	Günter Deckert; Stellvertreter: Karl-Heinz Sendbühler

Regionalblätter und Auflagen (Stand Juni 1993)[58]:

Bayern Stimme	LV Bayern/München	150
Mittelfranken-Spiegel	Nürnberg	100
Hessen-Stimme	Frankfurt a. M.	250
Thüringer Beobachter	Gotha	50
NRW-Org-Spiegel	Wattenscheid	350
Niedersachsen-Stimme	Lüneburg	200
Bremen-Kurier	Bremen	100
HH-Stimme	Hamburg	100
Zündstoff	Berlin-Brandenburg	500

Parteieigener Verlag/Verlag im Mitgliederbesitz

NPD-Video- und -Bücherdienst, Postfach 103528, Stuttgart
DAGD/Germania Verlag, Postfach 100245, Weinheim
Deutsche Stimme-Verlags-GmbH, Stuttgart
Deutsche Stimme-Versicherungsvermittlung (Juli 1992)

Kommunikationsmittel

NPD in BTX/Bildschirmtext unter †NPD#

Die Kommunalvertretungen der NPD

Tabelle 3: Die Kommunalvertretungen der NPD, 1971-1993

1971	426
1972	124
1973	126
1974	60
1975	54

1976	42
1977	31
1978	22
1979	13
1980	10
1981	13
1982	12
1983	12
1984	14
1985	16
1986	11
1987	unbekannt
1988	unbekannt
1989	48
1990	42
1991	41
1992/93	110, davon 46 in Hessen (Stand: Januar 1994)

Quelle: Verfassungsschutzberichte des Bundes; Günter Deckert.

Wahlergebnisse (1989-1994)

Kommunalwahlen in Hessen (12. März 1989):

Die NPD stellte für vier Kreistage und neun Gemeinde- bzw. Stadtparlamente Kandidaten. Sie wurde aktiv von der Deutschen Volksunion – Liste D unterstützt. In Frankfurt am Main erhielt die NPD 6,6 % der Stimmen und besetzte 7 Sitze in der Stadtverordnetenversammlung. Spitzenkandidatin war die NPD-Kreisvorsitzende Ursula Gerhold. In den übrigen Gemeinden, in denen die NPD kandidiert hatte, erhielt sie zwischen 2,6 und 17,5 % (Gemeinde Wölfersheim; + 6,1 % im Vergleich mit der vorhergehenden Wahlperiode) der Stimmen. Bei den Wahlen zu den Kreistagen erhielt die NPD zwischen 1,6 % und 5,2 % der Stimmen. Nur im Main-Kinzig-Kreis gelang ihr der Sprung über die Fünfprozenthürde (5 Abgeordnete im Kreistag).

Kommunalwahlen in Rheinland-Pfalz (12. Juni 1989):

Die NPD stellte sich zur Wahl des Kreistages Südliche Weinstraße und erzielte 4,0 % der Stimmen (2 Mandate).

Kommunalwahlen im Saarland (12. Juni 1989):
Die NPD erzielte ihr bestes Ergebnis mit 6,2 % bei der Ortsratswahl in der Gemeinde Wadgassen. Über 4 % der Stimmen entfielen außerdem auf die NPD bei der Wahl des Stadtrates und des Ortsrates in Völklingen. Für die Wahl des Stadtverbandstages Saarbrücken und des Kreistages Saarlouis kandidierten trotz Absprache NPD und DVU – Liste D gegeneinander. Sie erhielten nur sehr schwache Ergebnisse.
Kommunalwahlen in Nordrhein-Westfalen (1. Oktober 1989):
Die NPD trat in sieben Wahlkreisen an. Sie erreichte 10.816 Stimmen (0,1 %). In ihrem Wahlkampf hatte sich die NPD besonders auf Wuppertal konzentriert. Dort konnte sie mit 3,2 % der Stimmen ihr bestes Ergebnis erzielen. In den kreisfreien Städten, in denen neben der NPD auch die REP antraten, erzielte die NPD, ihr jeweils schlechtestes Ergebnis (z. B. in Dortmund: REP 6,3 %; NPD 0,1 %).
Kommunalwahlen in Baden-Württemberg (22. Oktober 1989):
Die NPD konnte die Zahl ihrer Mandate von drei auf elf steigern. In Tuttlingen (Spitzenkandidat war der NPD-Parteivorsitzende Martin Mußgnug) erreichte sie 9,3 % der Stimmen und 3 Sitze im Gemeindeparlament (1984: 2,6 %). In Stuttgart blieb sie, obwohl die NPD die Stadt zum Wahlkampfschwerpunkt erklärt hatte, auf ihrem früheren Niveau (1984 und 1989: 0,8 %). Dort, wo die NPD und die REP gegeneinander kandidierten, unterlag die NPD in der Regel. Eine Ausnahme bildete lediglich Villingen-Schwenningen, der Wohnort des NPD-Landesvorsitzenden Jürgen Schützinger. Dort errang die NPD 4,8 % (3 Mandate im Gemeinderat), die REP dagegen nur 3,5 % der Stimmen (2 Mandate im Gemeinderat).
Landtagswahl im Saarland (28. Januar 1990):
Die NPD erzielte als einzige zu der Wahl angetretene rechtsextremistische Partei 1.628 Stimmen (0,2 %). Die DVU hatte von einer Wahlteilnahme abgesehen, war jedoch mit drei ihrer Mitglieder auf der Liste der NPD vertreten.
Kommunalwahlen in Bayern (18. März 1990):
Die NPD erzielte in den kreisfreien Städten und Landkreisen 3.687 Stimmen (0,1 %), außerdem über Listenverbindungen 3.339 Stimmen (0,1 %). Den höchsten Stimmenanteil erreich-

te die NPD bei den Landratswahlen im Landkreis Erlangen-Hoechstadt/Mittelfranken mit 1.299 Stimmen (0,2 %). Im Landkreis Neumarkt/Oberpfalz, wo die REP nicht kandidierten, konnte die Listenverbindung NPD/freie Wähler/Bürgerinitiative Ausländerstopp 1.124 Stimmen (1,7 %) erreichen.

Kommunalwahlen in Schleswig-Holstein (25. März 1990):

Die NPD erzielte in den kreisfreien Städten und Landkreisen 469 Stimmen (0,0 %). Sie war, mit der Unterstützung der DVU, in 5 von 23 Wahlkreisen in Neumünster (356 Stimmen, 0,4 %) und in 14 von 27 Wahlkreisen im Kreis Herzogtum Lauenburg (113 Stimmen, 0,3 %) zur Wahl angetreten.

Landtagswahl in Nordrhein-Westfalen (13. März 1990):

Die NPD erzielte als einzige rechtsextreme Partei 3.382 Stimmen (0,0 %). In diesem Bundesland war die NPD in 28 von 151 Wahlkreisen angetreten.

Landtagswahl in Niedersachsen (13. März 1990):

Die NPD erzielte 8.219 Stimmen (0,2 %). In diesem Bundesland war die NPD in 36 von 100 Wahlkreisen angetreten.

Landtagswahlen in den fünf neuen Bundesländern (14. Oktober 1990):

Tabelle 4: Endgültiges Ergebnis für die rechtsextremen Parteien bei den Landtagswahlen in den neuen Ländern am 14. Oktober 1990 (Zweitstimmen)

Land	NPD		REP	
Mecklenburg-Vorpommern	0,17 %	(1.499)	0,85 %	(7.640)
Brandenburg	0,13 %	(1.666)	1,15 %	(14.631)
Sachsen-Anhalt	0,14 %	(1.924)	0,64 %	(8.992)
Thüringen	0,22 %	(3.096)	0,83 %	(11.712)
Sachsen	0,67 %	(17.227)		
Summe	**0,33 %**	**(25.412)**	**0,56 %**	**(42.975)**

Quelle: Wahlen zu den Landtagen der Länder Mecklenburg-Vorpommern, Brandenburg, Sachsen-Anhalt, Thüringen, Sachsen am 14. Oktober 1990, Berlin 1990. In Sachsen wurden die REP nicht zur Landtagswahl zugelassen.

Bundestagswahl (2. Dezember 1990):
Die NPD kandidierte in 281 von 328 Wahlkreisen sowie mit 16 Landeslisten. Sie erhielt 145.895 Stimmen (0,3 %). Der Parteivorsitzende Martin Mußgnug erhielt in seinem Wahlkreis Rottweil-Tuttlingen 4.375 Erststimmen (3,1 %). Der Stellvertretende Parteivorsitzende Jürgen Schützinger erzielte in seinem Wahlkreis Schwarzwald-Baar 2.873 Erststimmen (2,7 %).

Tabelle 5: Endgültiges Ergebnis für die rechtsextremen Parteien im Wahlgebiet West bei den Bundestagswahlen am 2. Dezember 1990 (Zweitstimmen)

Land	REP		NPD	
Schleswig-Holstein	1,2 %	(18.823)	0,3 %	(4.206)
Hamburg	1,7 %	(16.911)	0,3 %	(27.679)
Niedersachsen	1,0 %	(46.934)	0,3 %	(12.779)
Bremen	2,1 %	(8.225)	0,4 %	(1.164)
Nordrhein-Westfalen	1,3 %	(132.830)	0,2 %	(24.637)
Hessen	2,1 %	(71.628)	0,6 %	(19.082)
Rheinland-Pfalz	1,7 %	(40.910)	0,3 %	(7.973)
Baden-Württemberg	3,2 %	(174.272)	0,6 %	(31.738)
Bayern	5,0 %	(316.659)	0,2 %	(14.218)
Saarland	0,9 %	(6.248)	0,3 %	(2.130)
Berlin (West & Ost)	2,5 %	(49.408)	0,1 %	(2.170)
Wahlst. West zus.	**2,1 %**	**(987.269)**	**0,3 %**	**(145.776)**

Quelle: Statistisches Bundesamt: Bevölkerung und Erwerbstätigkeit. Wahl zum 12. Deutschen Bundestag am 2. Dezember 1990. Fachserie 1, Sonderheft 3: Endgültige Ergebnisse nach Wahlkreisen, Stuttgart 1990.

Die NPD konnte in vier der fünf neuen Bundesländer im Vergleich zu den dortigen Landtagswahlen am 14. Oktober 1990 zum Teil deutliche Stimmengewinne erzielen. In 33 von insgesamt 72 Wahlkreisen (Wahlgebiet Ost) hatte sie Kandidaten aufgestellt.

Tabelle 6: Endgültiges Ergebnis für die rechtsextremen Parteien im Wahlgebiet Ost bei den Bundestagswahlen am 2. Dezember 1990 (Zweitstimmen)

Land	REP	NPD	BDD
Berlin/Ost	1,6 % (11.075)	0,1 % (768)	0,0 % (337)
Mecklenburg-Vorpommern	1,4 % (14.146)	0,3 % (3.164)	
Brandenburg	1,7 % (23.504)	0,2 % (3.089)	
Sachsen-Anhalt	1,0 % (15.197)	0,2 % (2.704)	
Thüringen	1,2 % (17.969)	0,3 % (3.973)	
Sachsen	1,2 % (33.605)	0,3 % (9.514)	
Wahlst. Ost zusammen	**1,5 % (115.496)**	**0,2 % (23.212)**	**0,0 % (337)**

Quelle: Statistisches Bundesamt: Bevölkerung und Erwerbstätigkeit. Wahl zum 12. Deutschen Bundestag am 2. Dezember 1990. Fachserie 1, Sonderheft 3: Endgültige Ergebnisse nach Wahlkreisen, Stuttgart 1990. In den 72 Wahlkreisen des Wahlgebietes Ost hatten die REP nur in sieben und die NPD in 33 Wahlkreisen Kandidaten aufgestellt.
* Bund der Deutschen Demokraten (BDD)

Kommunalwahlen in Niedersachsen (6. November 1991):
Die NPD erreichte 11 Mandate: ein Mandat in der Gemeinde Edewecht (Kreisverband Uelzen); je ein Mandat in dem Samtgemeinderat Bevensen und im Stadtrat Bad Bevensen (Kreisverband Uelzen); je ein Mandat im Stadtrat Helmstedt und Ortsrat Emmerstedt; ein Mandat im Gemeinderat Scholen (Kreisverband Diepholz); ein Mandat im Gemeinderat Harsefeld (Kreisverband Diepholz); je ein Mandat im Kreistag Lüneburg und im Stadtrat Lüneburg (Landkreis Lüneburg).
Landtagswahl in Baden-Württemberg (5. April 1992):
Die NPD erreichte 44.399 Stimmen (0,9 %). Günter Deckert, Landes- und Bundesparteivorsitzender der NPD, erhielt im Wahlkreis Weinheim a. d. Bergstraße 1.940 Stimmen (2,6 %). Überdurchschnittliche Ergebnisse der NPD gab es in Göppingen (1,7 %), Bruchsal (1,7 %) und Bretten (1,6 %). Die NPD war in 64 von 70 Wahlkreisen angetreten.

Kommunalwahlen in Hessen (7. März 1993):
Die NPD kandidierte in sechs der 21 Wahlkreise. Sie erreichte ihre höchsten Stimmenergebnisse dort, wo die REP nicht antraten, so etwa 5,9 % im Kreis Darmstadt-Dieburg, wo sie mit 5 Abgeordneten in den Kreistag einzog. Im Wetteraukreis erreichte die Partei 3,4 % – trotz der 8,5 % für die REP. Dagegen fiel sie in der Stadt Frankfurt am Main von 6,6 % (1989) auf 0,9 % zurück (REP 9,3 %). Bei den Gemeindewahlen erhielt die NPD insgesamt 35, bei den Wahlen zu den Ortsbeiräten 3 Sitze. Spitzenergebnisse auf Gemeindeebene: Wölfersheim 20,9 %, Leun 17,9 %, Ehringshausen 13,6 %, Aßlar 11,1 %.
Landtagswahl in Niedersachsen (13. März 1994):
Die NPD erhielt 8.176 Stimmen (0,2 %) und bestätigte damit ihr Ergebnis von 1990.

Die Jungen Nationaldemokraten (JN)
Die 1969 gegründete Jugendorganisation der NPD veranstaltete am 27. Februar 1993 in Langendiebach-Erlensee (Hessen) ihren 22. Bundeskongreß. Andreas Storch, der bereits im Sommer 1992 den bis dahin amtierenden Bundesvorsitzenden Erhard Hübschen abgelöst hatte, wurde in seinem Amt bestätigt. Storch erklärte in einem Grundsatzreferat: „Wir kämpfen also nicht gegen das bestehende System, das keine Überlebenschance hat, sondern für ein neues soziales und politisches System, für die Errichtung eines nationalistischen Volksstaates, der die Existenz und die Würde des deutschen Volkes dadurch sichert, daß er nationale Solidarität und Gerechtigkeit mit dem Gedanken einer einigen Nation nach innen stiftet und nach außen die Identität und die Stärke der Nation verteidigt und stärkt. [...] Wir jungen Nationalisten, insbesondere wir Nationalisten in den Reihen der NPD, sind die Vorhut des anderen Deutschland, des neuen Reiches."[59]

Die JN hat in den vergangenen Jahren häufig Abgrenzungsbeschlüsse der Mutterpartei unterlaufen und mit neonationalsozialistischen Gruppierungen kooperiert. So nehmen regelmäßig auch JN-Mitglieder an den „Rudolf-Heß-Gedenkmärschen" im August teil.

Nationaldemokratische Partei Deutschlands (NPD)
Rechenschaftsbericht 1992 - Einnahmen in DM

A = Mitgliedsbeiträge und ähnliche regelmäßige Beiträge
B = Einnahmen aus Vermögen
C = Einnahmen aus Veranstaltungen, Vertrieb von Druckschriften und Veröffentlichungen und sonstiger mit Einnahmen verbundener Tätigkeit der Partei
D = Einnahmen aus Spenden
E = Einnahmen aus Chancenausgleich
F = Einnahmen aus der Wahlkampfkostenerstattung für die Bundestagswahl
G = Einnahmen aus der Wahlkampfkostenerstattung für die Europawahl
H = Einnahmen aus der Wahlkampfkostenerstattung für Landtagswahlen
I = Zuschüsse von Gliederungen
J = Sonstige Einnahmen
K = Gesamteinnahmen

	A	B	C	D	E	F	G	H	I	J	K
Parteivorstand	425.267,40	2.269,29	5.984,17	183.439,27					70.521,33		687.481,46
Landesverbände											
Schleswig-Holstein	3.704,00	0,08	3.607,46	5.548,79					1.204,00		14.064,33
Kreisverbände	2.254,50	0,54	108,00	25.381,71							27.744,75
Gesamt	5.958,50	0,62	3.715,46	30.930,50					1.204,00		41.809,08
Hamburg	1.724,00		380,00	3.752,80							5.856,80
Kreisverbände	2.783,00		1.653,65	3.529,60							7.966,25
Gesamt	4.507,00		2.033,65	7.282,40							13.823,05
Niedersachsen	10.721,00	750,17	4.179,89	46.903,54					500,50		63.055,10
Kreisverbände	10.257,50	164,19	941,00	133.976,48					1.645,13		146.984,30
Gesamt	20.978,50	914,36	5.120,89	180.880,02					2.145,63		210.039,40
Bremen	1.479,00		171,52	3.721,90					2.150,00		7.522,42
Kreisverbände	2.477,50	5,23	30,00	4.062,14							6.574,87
Gesamt	3.956,50	5,23	201,52	7.784,04					2.150,00		14.097,29
Nordrhein-Westfalen	14.912,00	9,11	7.936,20	73.947,70					350,00		97.155,01
Kreisverbände	9.458,00	63,85	6.454,77	132.549,70							148.526,32
Gesamt	24.370,00	72,96	14.390,97	206.497,40					350,00		245.681,33
Hessen	11.261,54	2.284,36		27.412,10							40.958,00
Kreisverbände	8.974,50	2.557,01	179,00	108.680,04					1.000,00		121.390,55
Gesamt	20.236,04	4.841,37	179,00	136.092,14					1.000,00		162.348,55
Rheinland-Pfalz	4.899,00	862,24	365,00	8.032,17							14.158,41
Kreisverbände	2.951,00	210,39		17.620,41							20.781,80
Gesamt	7.850,00	1.072,63	365,00	25.652,58							34.940,21
Baden-Württemberg	20.070,10	309,91	29.263,54	105.183,21							154.826,76
Kreisverbände	12.032,53	209,56	605,20	91.340,42					239,11		104.426,82
Gesamt	32.102,63	519,47	29.868,74	196.523,63					239,11		259.253,58
Bayern	10.768,50	28,72	2.899,55	12.296,38					14.602,38		40.595,53
Bezirks- und Kreisverbände	26.016,00	2.852,14	12.582,79	134.514,61					2.129,27		178.094,81
Gesamt	36.784,50	2.880,86	15.482,34	146.810,99					16.731,65		218.690,34
Saar	902,00		1.300,00	2.460,00							4.662,00
Kreisverbände	1.538,00		2.200,00	2.358,60							6.096,60
Gesamt	2.440,00		3.500,00	4.818,60							10.758,60
Berlin/Brandenburg	8.985,10		6.973,63	3.000,00							18.958,73
Kreisverbände	402,00		228,00	14.275,77							14.905,77
Gesamt	9.387,10		7.201,63	17.275,77							33.864,50
Mecklenburg-Vorpommern	1.527,06			325,00							1.852,06
Kreisverbände											
Gesamt	1.527,06			325,00							1.852,06
Sachsen	3.208,25		65,02								3.273,27
Kreisverbände	195,00	17,56	60,00	50,00							322,56
Gesamt	3.403,25	17,56	125,02	50,00							3.595,83
Sachsen-Anhalt											752,00
Kreisverbände	1.944,00	2,14	3.451,00	1.912,77							7.309,91
Gesamt	1.944,00	2,14	3.451,00	2.664,77							8.061,91
Thüringen	1.109,00	5,02	1.261,00	904,30							3.279,32
Kreisverbände											
Gesamt	1.109,00	5,02	1.261,00	904,30							3.279,32
Landesverbände Gesamt	176.554,08	10.332,22	86.896,22	964.492,14					23.820,39		1.262.095,05
Gesamt-Partei	601.821,48	12.601,51	92.880,39	1.147.931,41					94.341,72		1.949.576,51

Erläuterungen: 5.226 beitragspflichtige Mitglieder (1991: 6.412 Mitglieder).

Nationaldemokratische Partei Deutschlands (NPD)
Rechenschaftsbericht 1992 - Ausgaben in DM

A = Personalausgaben
B = Ausgaben des laufenden Geschäftsbetriebes
C = Ausgaben für innerparteiliche Gremienarbeit und Information
D = Ausgaben für Öffentlichkeitsarbeit und Wahlen
E = Zuschüsse an Gliederungen
F = Zinsen
G = Sonstige Ausgaben
H = Gesamtausgaben

	A	B	C	D	E	F	G	H
Parteivorstand	131.052,56	335.964,74	946,50	160.732,95	19.212,34	39.474,31		687.383,40
Landesverbände								
Schleswig-Holstein		5.124,60		3.406,32	850,00		626,41	10.007,33
Kreisverbände		2.819,94		21.727,52	1.631,75	3,06	154,16	26.336,43
Gesamt		7.944,54		25.133,84	2.481,75	3,06	780,57	36.343,76
Hamburg				836,25			462,50	1.298,75
Kreisverbände		326,90		2.376,00	300,00		894,69	3.897,59
Gesamt		326,90		3.212,25	300,00		1.357,19	5.196,34
Niedersachsen		51.994,26	599,50	4.626,41	7.702,50		250,00	65.172,67
Kreisverbände	3.214,47	43.559,18	5.828,04	63.107,92	9.158,00	102,20	12.091,21	137.061,02
Gesamt	3.214,47	95.553,44	6.427,54	67.734,33	16.860,50	102,20	12.341,21	202.233,69
Bremen		2.494,00		3.142,03	1.000,00		1.993,52	8.629,55
Kreisverbände		3.259,62		2.668,00	2.000,00		200,00	8.127,62
Gesamt		5.753,62		5.810,03	3.000,00		2.193,52	16.757,17
Nordrhein-Westfalen	2.000,00	82.829,01		5.863,50				90.692,51
Kreisverbände	1.374,00	75.875,42	864,00	53.171,26	6.001,00		7.031,36	144.317,04
Gesamt	3.374,00	158.704,43	864,00	59.034,76	6.001,00		7.031,36	235.009,55
Hessen		31.372,97						31.372,97
Kreisverbände	12.530,22	43.005,78	7.005,65	57.121,44	29.575,18		4.550,08	153.788,35
Gesamt	12.530,22	74.378,75	7.005,65	57.121,44	29.575,18		4.550,08	185.161,32
Rheinland-Pfalz		12.224,06		1.132,50				13.356,56
Kreisverbände		12.913,33	113,20	293.070,70	1.100,00		1.757,95	18.815,18
Gesamt		25.137,39	113,20	4.036,20	1.100,00		1.757,95	32.171,74
Baden-Württemberg		27.052,56		126.965,73		707,40		154.725,69
Kreisverbände	3.926,00	44.501,18	5.569,25	54.616,69	6.260,50	16,48	718,90	115.609,00
Gesamt	3.926,00	71.553,74	5.569,25	181.582,42	6.260,50	723,88	718,90	270.334,69
Bayern	7.886,75	18.506,36	7.328,97	4.294,67	1.657,05		253,42	39.927,22
Kreisverbände	4.119,37	63.656,25	12.165,70	58.206,29	7.863,40	16,61	9.344,12	155.371,74
Gesamt	12.006,12	82.162,61	19.494,67	62.500,96	9.520,45	16,61	9.597,54	195.298,96
Saar		1.520,48	201,70	2.221,80			559,25	4.503,23
Kreisverbände		1.801,83	353,95	749,50			795,77	3.701,05
Gesamt		3.322,31	555,65	2.971,30			1.355,02	8.204,28
Berlin/Brandenburg		11.108,22		5.271,89			892,90	17.273,01
Kreisverbände		12.516,39		5.430,00			79,14	18.025,53
Gesamt		23.624,61		10.701,89			972,04	35.298,54
Mecklenburg-Vorpommern		966,61		889,00			20,00	1.875,61
Kreisverbände								
Gesamt		966,61		889,00			20,00	1.875,61
Sachsen	200,00	2.664,27	210,00	2.000,00			36,00	5.110,27
Kreisverbände		100,00		200,00	30,00			330,00
Gesamt	200,00	2.764,27	210,00	2.200,00	30,00		36,00	5.440,27
Sachsen-Anhalt								
Kreisverbände		5.799,56	500,00	64,00				6.363,56
Gesamt		5.799,56	500,00	64,00				6.363,56
Thüringen		1.401,98	1.252,79	857,74				3.512,51
Kreisverbände								
Gesamt		1.401,98	1.252,79	857,74				3.512,51
Landesverbände Gesamt	35.250,81	559.394,76	41.992,75	483.877,16	75.129,38	845,75	42.711,38	1.239.201,99
Gesamt-Partei	166.303,37	895.359,50	42.939,25	644.610,11	94.341,72	40.320,06	42.711,38	1.926.585,39

Nationaldemokratische Partei Deutschlands (NPD)
Rechenschaftsbericht 1992 - Besitzposten in DM

* Anlagevermögen
A = Haus- und Grundvermögen
B = Geschäftsstellenausstattung
C = Finanzanlagen

* Umlaufvermögen
D = Beitragsforderungen
E = Forderungen auf Erstattung von Wahlkosten
E = Forderungen auf Chancenausgleich
F = Geldbestände
G = Sonstige Vermögensgegenstände
H = Gesamte Besitzposten

	A	B	C	D	E	F	G	H	I
Parteivorstand		27.200,00	64.000,00	60.503,50			22.547,45	2.703,04	176.953,99
Landesverbände									
Schleswig-Holstein				380,40			6.417,22		6.797,62
Kreisverbände				3.920,80			11.586,78		15.507,58
Gesamt				4.301,20			18.004,00		22.305,20
Hamburg		1,00		185,00			3.482,10	435,00	4.103,10
Kreisverbände				1.800,00			15.029,86		16.829,86
Gesamt		1,00		1.985,00			18.511,96	435,00	20.932,96
Niedersachsen		12.852,00	700,00	5.197,00			13.209,23	170,00	32.128,23
Kreisverbände		5.647,00		11.481,00			35.862,78	1.131,71	54.122,49
Gesamt		18.499,00	700,00	16.678,00			49.072,01	1.301,71	86.250,72
Bremen							5.795,56		5.795,56
Kreisverbände				770,00			4.204,71		4.974,71
Gesamt				770,00			10.000,27		10.770,27
Nordrhein-Westfalen		13.000,00		2.450,00			3.465,26		18.915,26
Kreisverbände		3.050,00		8.866,00			52.887,20	6.117,40	70.920,60
Gesamt		16.050,00		11.316,00			56.352,46	6.117,40	89.835,86
Hessen		2.450,00		375,00			41.458,99	10.000,00	54.283,99
Kreisverbände		13.570,59		4.156,00			96.821,35	1.610,00	116.157,94
Gesamt		16.020,59		4.531,00			138.280,34	11.610,00	170.441,93
Rheinland-Pfalz				403,00			4.792,85	10.000,00	15.195,85
Kreisverbände		200,00		3.205,00			14.133,56		17.538,56
Gesamt		200,00		3.608,00			18.926,41	10.000,00	32.734,41
Baden-Württemberg		21.714,00					12.048,46		33.762,46
Kreisverbände		800,00	5.000,00	4.550,00			30.025,40		40.375,40
Gesamt		22.514,00	5.000,00	4.550,00			42.073,86		74.137,86
Bayern		1.100,00		1.359,15			10.051,80	3.308,75	15.819,70
Kreisverbände		9.032,12	15.000,00	8.115,10			87.926,15	25.371,35	145.444,72
Gesamt		10.132,12	15.000,00	9.474,25			97.977,95	28.680,10	161.264,42
Saar		2.500,00		1.800,00			266,37		4.566,37
Kreisverbände		439,95		4.160,00			1.650,53	138,00	6.388,48
Gesamt		2.939,95		5.960,00			1.916,90	138,00	10.954,85
Berlin/Brandenburg				775,00			5.094,30	1.040,00	6.909,30
Kreisverbände				11.899,00			15.989,75	3.235,50	31.124,25
Gesamt				12.674,00			21.084,05	4.275,50	38.033,55
Mecklenburg-Vorpommern				2.000,00			792,34		2.792,34
Kreisverbände									
Gesamt				2.000,00			792,34		2.792,34
Sachsen							2.325,76		2.325,76
Kreisverbände				126,00			586,56		712,56
Gesamt				126,00			2.912,32		3.038,32
Sachsen-Anhalt							1.391,68		1.391,68
Kreisverbände				798,00			1.652,96		2.450,96
Gesamt				798,00			3.044,64		3.842,64
Thüringen		333,00					266,08		599,08
Kreisverbände									
Gesamt		333,00					266,08		599,08
Landesverbände Gesamt		86.689,66	20.700,00	78.771,45			479.215,59	62.557,71	727.934,41
Gesamt-Partei		113.889,66	84.700,00	139.274,95			501.763,04	65.260,75	904.888,40

Nationaldemokratische Partei Deutschlands (NPD)
Rechenschaftsbericht 1992 - Schuldposten in DM

A = Rückstellungen
B = Beitragsverbindlichkeiten
C = Verbindlichkeiten gegenüber Kreditinstituten
D = Sonstige Verbindlichkeiten
E = Gesamte Schuldposten
F = Reinvermögen (positiv oder negativ)

	A	B	C	D	E	F
Parteivorstand	818.744,73			142.144,34	960.889,07	-783.935,08
Landesverbände						
Schleswig-Holstein			6.500,00		6.500,00	297,62
Kreisverbände		1.914,00	52,27		1.966,27	13.541,31
Gesamt		1.914,00	6.552,27		8.466,27	13.838,93
Hamburg				1.372,40	1.372,40	2.730,70
Kreisverbände		636,00		500,00	1.136,00	15.693,86
Gesamt		636,00		1.872,40	2.508,40	18.424,56
Niedersachsen						32.128,23
Kreisverbände		6.733,50		1.695,47	8.428,97	45.693,52
Gesamt		6.733,50		1.695,47	8.428,97	77.821,75
Bremen						5.795,56
Kreisverbände		569,00			569,00	4.405,71
Gesamt		569,00			569,00	10.201,27
Nordrhein-Westfalen				30.445,40	30.445,40	-11.530,14
Kreisverbände		248,50	1.300,00		3.778,50	67.142,10
Gesamt		2.478,50	1.300,00	30.445,40	34.223,90	55.611,96
Hessen				30.780,00	30.780,00	23.503,99
Kreisverbände		3.593,00	98,25		3.691,25	112.466,69
Gesamt		3.593,00	9.825,00	30.780,00	34.471,25	135.970,68
Rheinland-Pfalz		315,00			315,00	14.880,85
Kreisverbände		821,00			821,00	16.717,56
Gesamt		1.136,00			1.136,00	31.598,41
Baden-Württemberg	437.994,00				437.994,00	-404.231,54
Kreisverbände		3.601,50		40,00	3.641,50	36.733,90
Gesamt	437.994,00	3.601,50		40,00	441.635,50	367.497,64
Bayern				727,98	727,98	15.091,72
Bezirks- und Kreisverbände		8.115,25	2.665,35	2.958,44	13.739,04	131.705,68
Gesamt		8.115,25	2.665,35	3.686,42	14.467,02	146.797,40
Saar				2.200,00	2.200,00	2.366,37
Kreisverbände		3.028,00		240,00	3.268,00	3.120,48
Gesamt		3.028,00		2.440,00	5.468,00	5.486,85
Berlin/Brandenburg						6.909,30
Kreisverbände		6.790,00			6.790,00	24.334,25
Gesamt		6.790,00			6.790,00	31.243,55
Mecklenburg-Vorpommern						2.792,34
Kreisverbände						
Gesamt						2.792,34
Sachsen						2.325,76
Kreisverbände						712,56
Gesamt						3.038,32
Sachsen-Anhalt						1.391,68
Kreisverbände						2.450,96
Gesamt						3.842,64
Thüringen						599,08
Kreisverbände						
Gesamt						599,08
Landesverbände Gesamt	437.994,00	38.594,75	10.615,87	70.959,69	558.164,31	169770.10
Gesamt-Partei	1.256.738,73	38.594,75	10.615,87	213.104,03	1.519.053,38	-614.164,98

Nationaldemokratische Partei Deutschlands (NPD)
Rechenschaftsbericht 1992 - Anhang für Wahlen, Einnahmen in DM

A = Veranstaltungen, Vertrieb von Werbematerial
B = Spenden
C = Wahlkampfkostenerstattung
D = Zuschüsse von Verbänden
E = Sonstige Einnahmen
F = Durchlaufende Beträge
G = Gesamteinnahmen

	A	B	C	D	E	F	G
Landesverband							
Schleswig-Holstein		150,00					150,00
Kreisverbände		250,00					250,00
Gesamt		400,00					400,00
Baden-Württemberg	24520,20	105183,21			4743,34		134446,75
Kreisverbände	8944,00	51458,31			3535,46		63937,77
Gesamt	33464,20	156641,52			8278,8		198384,52
Bayern		365,00					
Kreisverbände							
Gesamt		365,00					
Landesverbände Gesamt	33464,20	157406,52			8278,80		199149,52
Gesamt-Partei	33464,20	157406,52			8278,80		199149,52

Rechenschaftsbericht 1991 - Anhang für Wahlen, Ausgaben in DM

A = Personal Ausgaben
B = Ausgaben des laufenden Geschäftsbetriebes
C = Werbematerial, Veranstaltungen
D = Zuschüsse an Verbänden
E = Zinsen für Darlehen
F = Sonstige Ausgaben
G = Gesamtausgaben

	A	B	C	D	E	F	G
Landesverband							
Schleswig-Holstein			850,00				850,00
Kreisverbände			555,45	250,00			805,45
Gesamt			1405,45	250,00			1655,45
Hamburg							
Kreisverbände				200,00			200,00
Gesamt				200,00			200,00
Niedersachsen							
Kreisverbände				150,00			150,00
Gesamt				150,00			150,00
Nordrhein-Westfalen							
Kreisverbände				400,00			400,00
Gesamt				400,00			400,00
Baden-Württemberg		7912,37	126965,75		707,40		135585,50
Kreisverbände	4066,00	15109,75	55044,46	4190,50	65,00	75,29	78551,00
Gesamt	4066,00	23022,12	182010,19	4190,50	772,4	75,29	214136,50
Bayern							
Kreisverbände	1249,24	7079,08	4633,88	386,40	21,71	601,84	13972,15
Gesamt	1249,24	7079,08	4633,88	386,40	21,71	601,84	13972,15
Landesverbände Gesamt	5315,24	30101,20	188049,52	5576,90	794,11	677,13	230514,10
Gesamt-Partei	5315,24	30101,20	188049,52	5576,90	794,11	677,13	230514,10

Als Zentralorgan der JN erscheint seit Januar 1994 „JN-Intern". Die in unregelmäßiger Folge erscheinende Zeitschrift „Einheit und Kampf" (Auflage 1990: 1.200/2.000, 1991: 2.000, 1992: 1.000, 1993: 1.500) ist nicht mehr offizielles JN-Organ, sondern im Vorfeld der JN angesiedelt.

Tabelle 7: Mitglieder der JN, 1978-1993

1978	1.500
1979	1.400
1980	1.000
1981	750
1982	500
1983	500
1984	550
1985	550
1986	600
1987	750
1988	800
1989	900
1990	750
1991	550
1992	450 (200)
1993	565 (190)

Quelle: Verfassungsschutzberichte des Bundes (); Günter Deckert.

Der Nationaldemokratische Hochschulbund (NHB)

Die Studentenorganisation der NPD wurde 1967 in Tübingen gegründet. Gegenwärtig hat sie ihren Sitz in Frankfurt am Main. Auf der 24. ordentlichen NHB-Versammlung am 13. Juli 1991 in Frankfurt wählten die Delegierten den Studenten Martin Laus aus Aachen zum Bundesvorsitzenden. Weitere Vorstandsmitglieder sind: Stefan Lux, Josef Graf, Andreas Storch und Heiko Kaiser. Der NHB gibt folgendes Organ heraus: „Vorderste Front. Zeitschrift für politische Theorie & Strategie".

Tabelle 8: Mitglieder des NHB, 1978-1992

1980	50
1981	50
1982	50
1983	40
1984	40
1985	30
1986	30
1987	30
1988	30
1989	65
1990	50
1991	50
1992	40

Quelle: Verfassungsschutzberichte; Günter Deckert.

Beeinflußte Organisationen

Deutscher Arbeitnehmer-Verband.

Freundschafts- und Hilfswerk Ost e.V.

3.1.2. Deutsche Volksunion

Im Gegensatz zur NPD hat die DVU in den vergangenen Jahren spektakuläre Wahlerfolge erzielen können. Im September 1991 gelang es ihr bei der Bürgerschaftswahl in Bremen überraschend, das Ergebnis von 1987 noch zu verbessern (6,18 %) und wieder in die Bürgerschaft einzuziehen. Ein ähnlicher Coup gelang in Schleswig-Holstein im April 1992, wo sie 6,3 % der Stimmen erreichte und sechs Abgeordnete in den Landtag entsandte. Ca. 650.000 DM flossen ihr im Rahmen der Wahlkampfkostenerstattung zu. Die Partei hatte trotz dürftiger Personaldekke in allen 45 Wahlkreisen Kandidaten gestellt, sich aber im Wahlkampf sehr zurückgehalten. In Postwurfsendungen und Fernsehspots verbreitete sie Slogans wie die folgenden: „Anatolien den Türken! Schleswig-Holstein den Deutschen! Unser Land soll deutsch bleiben! Die D-Mark darf nicht geopfert werden, Schluß mit dem EG-Fimmel auf deutsche Kosten!“[60] Die DVU sprach offenbar zahlreiche Protestwähler an. Bezeichnenderweise errang die Partei ihre höchsten Ergebnisse vielfach in ausgesprochenen SPD-Hochburgen.[61]

Tabelle 9: Mitglieder der „national-freiheitlichen“ Organisationen, 1975-1993

1975	3.800
1976	4.800
1977	5.400
1978	5.600
1979	6.400
1980	13.500
1981	10.400
1982	10.400
1983	11.400
1984	12.400
1985	12.000
1986	12.100
1987	15.100
1988	18.600
1989	25.000

1990	22.000
1991	24.000 (Beitragszahler, davon 2.500 in den neuen Bundesländern)
1992	26.734 (Beitragszahler, davon 3.000 in den neuen Bundesländern)
1993	26.000

Quelle: Zusammenstellung nach den Verfassungsschutzberichten; Interview.

Die DVU ist untrennbar mit der Person des Münchener Verlegers Dr. Gerhard Frey verbunden. Frey wurde 1933 im oberpfälzischen Cham als Sproß einer alteingesessenen national-konservativen Kaufmannsfamilie geboren.[62] Er studierte Rechts- und Staatswissenschaften und promovierte nach einem Referendariat bei der Regierung von Oberbayern zum Dr. rer. pol. In den fünfziger Jahren wirkte er journalistisch an der von Heinrich Damerau 1951 gegründeten „Deutschen Soldatenzeitung" mit. Frey, von Hause aus vermögend, erwarb 1958 eine 50-% -Beteiligung an der von finanziellen Schwierigkeiten geplagten Zeitung und gründete die „Deutsche Soldaten-Zeitung Verlags-GmbH". Seither fungierte er als Herausgeber und Chefredakteur des Blattes, das in den folgenden Jahren mehrfach redaktionell umgestaltet wurde. 1960 erwarb Frey auch die restlichen Anteile. Danach erschien die Zeitung unter dem Titel „Deutsche Soldaten-Zeitung und National-Zeitung", seit 1963 als „Deutsche National-Zeitung und Soldaten-Zeitung". Inzwischen war sie von einer monatlichen auf eine wöchentliche Erscheinungsweise umgestellt worden und hatte eine thematische Erweiterung erfahren. Reißerische Artikel und Prominenten-Interviews trugen zur finanziellen Konsolidierung bei. Bis Ende der sechziger Jahre konnte die Auflage auf nominell 100.000 Exemplare gesteigert werden.

Das Ceterum censeo der Zeitung bildete die Klage über die „Verfolgung und Entrechtung" des „nationalen Lagers" nach 1945. Sie zeichnete ein leuchtendes Bild vom „deutschen Soldaten", spielte die Bedeutung der NS-Verbrechen herunter, strich die „positiven Seiten" der NS-Herrschaft heraus und entwickelte sich auf diese Weise zu einem einflußreichen Sprachrohr der extremen Rechten. Frey erwarb Anteile von Vertriebenenblättern (sie erschienen seit 1964 als „Kopfblätter" der „National-Zeitung") und bei „Nation Europa" und vergrößerte sein Presse-Reich Stück für Stück. Wegen des in seinen Organen vorherrschenden, mit antisemitischen Tönen unterlegten Radau-Nationalismus sah sich Frey im Laufe der Jahre einer Vielzahl staatsanwaltlicher Ermittlungsverfahren ausgesetzt, die jedoch in keinem einzigen Fall mit einer rechtskräftigen Verurteilung endeten.[63]

Nach Erscheinen eines Artikels mit dem Titel „Verbrecherstaat Israel will uns Moral lehren" stellte die Bundesregierung 1969 beim Bundesverfassungsgericht einen Antrag, Frey die Grundrechte der freien Meinungsäußerung und der Pressefreiheit gemäß Art. 18 GG zu entziehen. Das Gericht ließ sich viel Zeit und reagierte 1974 ablehnend mit dem Hinweis auf die geringe Resonanz der „National-Zeitung". Vor dem Hintergrund der Ostpolitik der sozial-liberalen Regierung gründete am Reichsgründungstag 1971 die „Deutsche Volksunion" (DVU), eine nationalistische Sammelorganisation, der im folgenden Jahr der „Freiheitliche Rat" an die Seite trat, ein Koordinationsgremium für die diversen Gruppierungen der „national-freiheitlichen" Rechten. In den siebziger Jahren gesellten sich sogenannte „Aktionsgemeinschaften" hinzu, die einen Teil des schwindenden NPD-Mitgliederpotentials absorbierten. Das Presse-„Imperium" wurde 1971 um den „Deutschen Anzeiger" und 1986 um die „Deutsche Wochen-Zeitung" erweitert, die mit der „Deutschen National-Zeitung" allerdings teilweise inhaltsgleich erscheinen (seit 1991 nurmehr in einem Blatt: Deutsche Wochen-Zeitung/Deutscher Anzeiger).

Das Verhältnis Freys zur NPD war von Anfang an schwierig. Ihm wurde und wird vorgeworfen, mit dem „nationalen Empfinden" lediglich Geschäftemacherei zu betreiben. 1975 scheiterte eine Vereinbarung des NPD-Bundesvorsitzenden Mußgnug mit Frey am Widerstand der NPD-„Basis": Frey war der Partei beigetreten, wurde jedoch auf dem Parteitag in Ketsch nicht, wie vorgesehen, zum stellvertretenden Bundesvorsitzenden gewählt. Er verließ daraufhin wieder die NPD. Bei den Bundestagswahlen forderte er seine Leser meist dazu auf, die Stimme dem „kleineren Übel" CDU/CSU zu geben. Erst im politischen

Aufwind seit Mitte der achtziger Jahre führten strategische Erwägungen zu einer erneuten Annäherung zwischen den beiden Parteien. Hatte sich die 1971 gegründete DVU bis dahin eines wahlpolitischen Engagements enthalten, gründete Frey 1987 die Partei DVU - Liste D und schloß ein Unterstützungsabkommen mit der NPD. Wo die NPD antrat, kandidierte forthin die DVU nicht – und umgekehrt. Mit der Ausnahme der Länder Bremen und Schleswig-Holstein, wo der DVU überraschend der Einzug in das Parlament gelang, war die Kooperation aufgrund der Konkurrenz durch die REP nicht sonderlich erfolgreich. Unter dem neuen NPD-Bundesvorsitzenden Deckert wurde die lockere Zusammenarbeit mit Frey nicht fortgesetzt.

Frey verkörpert mit seinem besitzbürgerlichen Hintergrund und Habitus weit eher den Typus des Deutschnationalen als den des Nationalrevolutionärs. Klein von Gestalt, untersetzt und beleibt, als Vortragsredner eher behäbig wirkend, eignet er sich nicht zum Volkstribunen. Mit dem Verkauf seiner nationalistischen Presseprodukte, einem Buchdienst, dem Schallplatten- und Videokassettenvertrieb sowie dem Handel mit NS-Devotionalien (Medaillen, Münzen etc.) hat er ein beachtliches Vermögen angehäuft, das es der DVU ermöglichte, ihre Wahlkämpfe mit hohem finanziellen Aufwand zu betreiben. Frey verfügt über einen beträchtlichen Bestand an Immobilien. Im Mai 1992 gelangten Meldungen in die Presse, wonach Frey in seinen zahlreichen Eigentumswohnungen und Häusern in Berlin die Mieten „explodieren“ lasse und „Billigsanierung“ betreibe.[64]

Die DVU-Fraktionen in Bremen und Schleswig-Holstein werden von Frey aus München gleichsam ferngesteuert. In Bremen wurde der Chefredakteur der „Deutschen Wochen-Zeitung“, Sven Eggers, Fraktionsgeschäftsführer. Er reiste aus München zu den Plenarsitzungen an und achtete auf die Durchführung von Direktiven der Münchener Parteileitung.[65] Sowohl personell als auch inhaltlich wurde die Arbeit der Fraktion von München aus dirigiert. Vorformulierte Anträge gelangten mehrfach per Telefax von München nach Bremen. Reden von DVU-Abgeordneten vor der Bürgerschaft entpuppten sich als Zitatcollagen aus Artikeln der Frey-Blätter. Der Münchener Verleger sorgte bereits unmittelbar nach der Wahl zur Bürgerschaft für

Unruhe bei den neugewählten Abgeordneten, als er der politisch unerfahrenen, aber bedingungslos ergebenen Hausfrau Marion Blohm (Jahrgang 1953) den Vorzug vor dem seit 1987 als DVU-Vertreter in der Bürgerschaft tätigen Schiffsingenieur Hans Altermann (Jahrgang 1925) gab, der die DVU-Liste im Wahlkampf angeführt hatte. Altermann kehrte, gefolgt von einigen anderen DVU-Kollegen, im November 1991 Partei und Fraktion enttäuscht den Rücken. Er schloß sich der DL an. Als das auf der DVU-Liste in die Bürgerschaft gewählte NPD-Mitglied Karl-Heinz Vorsatz (Jahrgang 1928) im September 1992 infolge einer schweren Herzattacke, die ihn während der Haushaltsberatungen in der Bürgerschaft ereilt hatte, gestorben war, machte Altermann die DVU-Fraktion verantwortlich. Diese hatte Vorsatz ihre Mißbilligung ausgesprochen, weil er „an zahlreichen, von Etablierten organisierten Empfängen und Repräsentationsveranstaltungen teilnimmt und darüber hinaus in aller Öffentlichkeit das ‚gute Klima innerhalb der Bürgerschaft'“[66] hervorgehoben habe. Vorsatz, der bereits von 1967 bis 1971 als NPD-Abgeordneter Bürgerschaftsmitglied gewesen war und sich gegenüber der politischen Klientel „vor Ort“ verantwortlich fühlte, hatte die obstruktive Haltung der gewissermaßen „sozial freischwebenden“, weil an keiner „Basis“ verankerten, DVU-Fraktion in der Volksvertretung nicht kompromißlos mitgetragen.

Auch die DVU-Fraktion im schleswig-holsteinischen Landtag bot schon bald nach ihrem Einzug in das Parlament ein Bild der Zerstrittenheit. Die im April 1992 gebildete Fraktion zerfiel bereits im März 1993. Nur eine DVU-Abgeordnete blieb übrig. Der ehemalige DVU-Fraktionsvorsitzende Ingo Stawitz schloß sich der „Deutschen Liga für Volk und Heimat“ (DL) an und bildete im Oktober 1993 zusammen mit drei weiteren Ex-DVUlern eine neue Fraktion. Wegen gravierender Unregelmäßigkeiten beschäftigte sich der schleswig-holsteinische Landesrechnungshof mit dem Finanzgebaren der ehemaligen DVU-Fraktion. Über die Zustände innerhalb der Partei und das Verhältnis zwischen Münchener Parteileitung und Fraktionen kam im Zusammenhang mit einem von der Präsidentin des schleswig-holsteinischen Landtags gegen die DVU eingeleiteten Verwaltungsgerichtsverfahrens einiges ans Tageslicht. Die DVU hatte Anspruch auf eine Vorauszahlung der

Wahlkampfkostenerstattung für das Jahr 1996 erhoben. Die Landtagspräsidentin verweigerte der Partei jedoch diese Vorschüsse, weil die rechtlichen Voraussetzungen nicht erfüllt seien. Die inneren Verhältnisse der DVU entsprächen nicht demokratischen Grundsätzen. „Viele DVU-Mitglieder seien zu den Mitgliederversammlungen gar nicht eingeladen worden. Die Einladungen für den Parteitag am 22. Mai seien erst am 18. Mai zur Post gebracht worden. Die ausgezählten Stimmen seien nicht bekannt gegeben worden."[67] Die Landtagspräsidentin konfrontierte die DVU-Parteileitung zudem mit folgenden Fragen: „Warum enthielt das Einladungsschreiben zum Parteitag nicht einmal den Tagungsort? Warum wurde eine Frau zur Beisitzerin gewählt, die gleichzeitig in der Zählkommission die Stimmen auszählte? Warum darf der auf beiden Parteitagen zum Vorsitzenden gewählte Hans Weidenbach, wohnhaft in Bremen, Mitglied der Bremer Bürgerschaft, gleichzeitig im Landesverband Bremen und im Landesverband Schleswig-Holstein der DVU aktiv sein?"[68] Dies sei ein Verstoß gegen das Gleichheitsprinzip. Auch sei „merkwürdig", daß von seiten der Verfassungsschutzämter für Schleswig-Holstein 1.800 DVU-Mitglieder genannt würden, jedoch „nur 23 bzw. 24 Personen erschienen sind".[69] Der Verdacht liege nahe, so die Landtagspräsidentin, daß in der Partei wenige Aktive das Sagen hätten, während die Mehrheit vom Entscheidungsprozeß ferngehalten werde.

Hier ist freilich folgender Sachverhalt zu bedenken: Die vor Ort nur mangelhaft präsente „Phantom-Partei" verfügt nominell zwar über eine hohe Zahl an Mitgliedern (Ende 1993: 26.000 nach Angaben der Sicherheitsbehörden). Diese setzen sich aber größtenteils aus Lesern der auflagenstarken nationalistischen Frey-Presse (Deutsche National-Zeitung, Deutsche Wochen-Zeitung/Deutscher Anzeiger) zusammen, von denen nur ein kleiner Teil zu parteipolitischem Engagement bereit scheint. Obgleich die DVU über Landes- und Kreisverbände verfügt, dienen vor allem die in der Frey-Presse propagierten „Aktionsgemeinschaften", Zusammenschlüsse von Gleichgesinnten, als Rekrutierungsinstanzen für neue Mitglieder: „Aktion Oder-Neiße" (AKON), „Deutscher Schutzbund für Volk und Kultur" (DSVK), „Ehrenbund Rudel – Gemeinschaft zum Schutz der Frontsoldaten" (ER), „Initiative für Ausländerbegrenzung"

(I.f.A.), „Aktion deutsches Radio und Fernsehen" (ARF), „Volksbewegung für Generalamnestie" (VOGA). Ein lebendiges innerparteiliches Leben kann es schon aus diesem Grunde nicht geben. Dies bestätigt auch der Ende 1993 beim Deutschen Bundestag eingereichte Finanzbericht für 1992 (siehe ergänzende Organisationsdaten). Die Mitgliedsbeiträge betrugen nicht einmal 5 % der Gesamteinnahmen. Mit über 50 % der Gesamteinnahmen erscheinen demgegenüber die Spenden exorbitant hoch. Als besonders großzügige Mäzene treten Regine und Dr. Gerhard Frey in Erscheinung (je 558.312, 69 DM).

Im östlichen Deutschland entstanden die ersten DVU-Ortsgruppen in der Übergangsphase 1989/90. Bis zum August 1992 wurden in allen fünf neuen Bundesländern Landesverbände aufgebaut. Einen Schwerpunkt bildet Sachsen, wo die DVU Ende 1992 über ca. 1.000 Mitglieder verfügte. Ende 1992 erreichte die DVU in den neuen Bundesländern einen Mitgliederstand von ca. 3.000. Im Vergleich zu den alten Bundesländern ist dies ein eher bescheidenes Ergebnis.

Obwohl die DVU in Norddeutschland überraschend hohe Wahlergebnisse erzielt hat, sind ihre Chancen auf dauerhafte politische Etablierung gering. Das eindeutig rechtsextreme Profil der Partei dürfte der entscheidende Hinderungsgrund sein. Protestwähler geben den vergleichsweise moderateren REP den Vorzug. Die mangelnde Einigkeit des „nationalen Lagers" wird von Anhängern vielfach beklagt, ohne daß Abhilfe möglich wäre: „Rings um die Bundesrepublik feiert die politische Rechte Wahltriumphe. In Deutschland aber treten sich Rechte gegenseitig auf die Füße oder vor das Schienbein. Trotz nicht weniger als 17 Mißerfolgen bei Landtagswahlen seit 1990, in denen er jede Kooperation mit der DVU abgelehnt und es auf eigene Faust versucht hat, bleibt Rep-Chef Schönhuber starr bei seinem Nein zu Dr. Freys Angebot auf Zusammenarbeit."[70]

Ergänzende Organisationsdaten

Bundesgeschäftsstelle: München
Bundesvorstand (Stand 16. November 1993)

Vorsitzender:	Dr. Gerhard Frey
Stellvertreter:	Peter Jürgensen

Beisitzer: Marion Blohm, Gerhard Frey jr., Hans-Werner Roloff, Bruno Wetzel.

Landesverband Schleswig-Holstein: Vorsitzender: Hans Weidenbach; Stellvertreter: Wolfgang Dahlmann, Heinrich Gerlach, Dr. Eckart Lölhöffel von Löwensprung; Beisitzer: Renate Köhler, Dirk Schober, Holger Stippel, Manfred Thomé.

Landesverband Hamburg: Vorsitzender: Sven Eggers; Stellvertreter: Ernst Sahling; Beisitzer: Lotte Dittmer, Archibald Felsch, Jürgen Timm, Walter Timm, Rudolf Reimers, Rita Ve-nohr.

Landesverband Niedersachsen: Vorsitzender: Hans-Otto Weidenbach; 1. Stellvertreter: Dieter Wiegräfe; 2. Stellvertreter: Gertrud Bartz; Beisitzer: Roger Roderburg, Rita Venohr, Theodor Engels, Horst Lauenstein.

Landesverband Bremen: Vorsitzender: Sven Eggers; Stellvertreter: Klaus Blome; Beisitzer: Marion Blohm, Udo von Seggern, Siegfried Tittmann, Hans-Otto Weidenbach.

Landesverband Nordrhein-Westfalen: Vorsitzender: Dieter Wiegräfe; Stellvertreter: Nils Jannings; Beisitzer: Eugen Dux, Georg Glanert, Hartold Ellermann, Hellmut Heitzer.

Landesverband Hessen: Vorsitzender: Bernd Frankenberger; Stellvertreter: Kurt Mohaupt; Beisitzer: Siegfried Esfeld, Waltraud Frankenberger, Georg Hanstein, Günter Tappen, Norbert Wachsmuth, Peter Weber, Heinrich Koch.

Landesverband Rheinland-Pfalz: Vorsitzender: Franz Laubersheimer; Stellvertreter: Hans Platz; Beisitzer: Maximilian Klein, Siegfried Brey, Wolfgang Kubistin; Heiner Wind.

Landesverband Baden-Württemberg: Vorsitzender: Peter Jürgensen; Stellvertreter: Helmut Brenner; Beisitzer: Kurt Gackstatter, Hans Platz, Bernd Seebach, Rudolf Vestner.

Landesverband Bayern: Vorsitzender: Bruno Wetzel; Stellvertreter: Arnold Pape; Beisitzer: Wolfgang Bonenberger, Robert Gerigk; Irmgard Mihai.

Landesverband Saarland: Vorsitzender: Kurt Scherer; Stellvertreter: Josef Herberger; Beisitzer: Dieter Huppert, Werner Jochum, Werner Scherer, Manfred Kloos.

Landesverband Berlin: Vorsitzender: Hans-Werner Roloff; Stellvertreter: Werner Lau, Manfred Schopper; Beisitzer: Hans-

Joachim Bald, Markus Nonninger, Christian Schreiter.
Landesverband Brandenburg: Vorsitzender: Manfred Schulze; Stellvertreter: Hans-Joachim Bruehe; Beisitzer: Andre Beiersdorf, Joerg Bernhagen, Michael Claus, Maik Kaulfers, Veronika Schubert, Hans-Joachim Tielebier, Orlando Warsinke.
Landesverband Thüringen: Vorsitzender: Gerhard Konrad; Stellvertreter: Dr. Dieter Hambach; Beisitzer: Dr. Reinhard Rothorn, Jörg Kroner, Wolfgang Langner, Ulf Schlemmer, Kai Staudigel, Stefan Töpfer.
Landesverband Sachsen-Anhalt: Vorsitzender: Dr. Dieter Haubach; Stellvertreter: Horst Mertens, Beisitzer: Horst Gieler, Peter Krüger, Carsten Melles, Uwe Rawald, Steffen Wilknitz.
Landesverband Sachsen: Vorsitzender: Ulrich Franke; Stellvertreter: Wolfgang Schüler; Beisitzer: Thomas Etzold, Uwe Eulenberger, Günter Graubner, Ingo Graubner, Michael Kraske, Roland Kühnel, Jörg Strauß.
Landesverband Mecklenburg-Vorpommern: Vorsitzende: Angelika Michaels; Stellvertreter: Peter Kruse, Mathias Brenning; Beisitzer: Holger Gutknecht, Peter Klemm, Renate Köhler, Joachim König, Karin Kruse, Steffen Rojewski, Jörg Wilke.

Deutsche Volksunion e. V. (DVU e.V.)
Gegründet 1971 in München; Sitz 1971-1991: München. Seit Dezember 1988 wurden die Mitglieder der DVU e. V. automatisch in die DVU-Liste D überführt, sofern sie mehr als 16 Jahre alt waren und sich nicht ausdrücklich dagegen aussprachen. 1991 wurden sämtliche Mitglieder der DVU e. V. Mitglieder der Deutschen Volksunion (DVU).
Die DVU e. V. umfaßt folgende „Aktionsgemeinschaften“:
* Aktion deutsches Radio und Fernsehen (ARF), gegründet Ende 1981;
* Aktion Oder-Neiße (AKON), gegründet September 1980; zeitweilig ersetzt durch die Aktion Deutsche Einheit;
* Schutzbund für Leben und Umwelt, gegründet November 1984; seit Juli 1986 ersetzt durch den Deutschen Schutzbund für Volk und Kultur;
* Ehrenbund Rudel, gegründet 1983;
* Initiative für Ausländerbegrenzung (I.f.A.), gegründet November 1980;

* Volksbewegung für Generalamnestie (VOGA), gegründet Dezember 1979.

Deutsche Volksunion – Liste D (DVU – Liste D)
Von November 1986 bis März 1987 bekannt unter dem Namen Deutsche Volksliste; gegründet 1987; Sitz 1987-1991: München; im Februar 1991 in die Deutsche Volksunion (DVU) überführt.

Druckschriften- und Zeitungsverlag GmbH (DSZ-Verlag)
Sitz 1979-1991: München; Publikation 1979-1992: Deutsche National-Zeitung (DNZ); Publikation 1985-1991: Deutsche Wochen-Zeitung (DWZ); Publikation 1979-1990: Deutscher Anzeiger (DA), 1990 aufgelöst und mit der DWZ fusioniert.

Tabelle 10: Auflagenentwicklung der wichtigsten rechtsextremen Wochenzeitungen, 1977-1991

Wochenzeitungen [1]	DNZ	DWZ	DA	Zusammen
1977	90.000	30.000	10.000	130.000
1978	90.000	25.000	10.000	125.000
1979	90.000	20.000	10.000	120.000
1980	90.000	20.000	10.000	120.000
1981	80.000	20.000	20000	120.000
1982	85.000	18.000	25.000	128.000
1983	85.000	11.000	25.000	121.000
1984	85.000	15.000	25.000	125.000
1985	75.000	16.000 [3]	25.000	116.000
1986	65.000	24.000	25.000	114.000
1987	65.000	28.000	24.000	117.000
1988	70.000	22.000	20.000	112.000
1989	65.000	25.000	30.000	120.000
1990	63.000	20.000	18.000 [2]	101.000
1991	55.000	40.000		95.000
1992	52.000	32.000		82.000
1993	50.000	30.000		80.000

(1) Deutsche National-Zeitung (DNZ); Deutsche Wochen-Zeitung (DWZ), Deutscher Anzeiger (DA). Die angegebenen Zahlen sind Durchschnittsauflagen und berücksichtigen keine Sonderausgaben.
(2) Ende 1990 aufgelöst. Seither erscheint die DWZ mit dem Untertitel „Deutscher Anzeiger".
(3) Die bis dahin eigenständige DWZ erscheint seit Anfang 1986 im Rahmen der Frey-Presse.

FZ-Verlag
Sitz: München; Angebot: Bücher (z.B. „Die besten Soldaten der Welt", „Deutsche Nationalhelden", „Deutschlands Ausplünderung", „Deutsches National-Lexikon"), CDs (z.B. „Deutschland, Deutschland über alles"), Buchdienst, Videos (z.B. von DVU-Parteitagen, „Deutsche Wehrmacht", „Eva Braun", „Flieger-Asse", „Waffen-SS"), Plakate (z.B. „Reichsgründung", „Bismarck"), Medaillen (z.B. „Königsberg", „Friedrich der Große", „Hans-Ulrich Rudel", „Wiedervereinigung"), Leserreisen (z.B. nach Ostpreußen, Schlesien, ins „Sudetenland").

Wahlergebnisse (1989-1993)
Europawahl am 18. Juni 1989:
Die DVU – Liste D erhielt 445.390 Stimmen (1,6 %). Die besten Ergebnissen erzielte sie in Bremen (3,2 %), Baden-Württemberg (2,4 %), Hessen (2,3 %). Die Fünfprozenthürde konnte sie nur im baden-württembergischen Wahlkreis Tuttlingen (6,2 %) und in Bremerhaven (5,4 %) überspringen.
Kommunalwahlen in Rheinland-Pfalz (12. Juni 1989):
Die DVU nahm an der Wahl zum Stadtrat in Mainz teil und erzielte 1,8 % der Stimmen.
Kommunalwahlen im Saarland (12. Juni 1989):
Für die Wahl des Stadtverbandstages Saarbrücken und des Kreistages Saarlouis kandidierten trotz Absprache NPD und DVU - Liste D gegeneinander. Sie erhielten nur sehr schwache Ergebnisse.
Kommunalwahlen in Nordrhein-Westfalen (1. Oktober 1989):
Die DVU - Liste D kandidierte in Hamm und Mönchengladbach und erzielte 1,1 % bzw. 0,4 % der Stimmen.
Kommunalwahlen in Baden-Württemberg (22. Oktober 1989):

Die DVU - Liste D kandidierte nur sehr vereinzelt und erzielte Ergebnisse zwischen 0,4 % und 3,6 % der Stimmen.
Landtagswahl im Saarland (28. Januar 1990):
Die DVU hatte von einer Wahlteilnahme abgesehen, war jedoch mit drei ihrer Mitglieder auf der Liste der NPD vertreten (NPD 1.628 Stimmen, 0,2 %).
Kommunalwahlen in Bayern (18. März 1990):
Die DVU war in Kaufbeuren und in den Landkreisen Neu-Ulm und Wunsiedel gemeinsam mit der NPD zur Wahl angetreten.
Kommunalwahlen in Schleswig-Holstein (25. März 1990):
Die DVU, die in 9 von 27 Wahlkreisen im Kreis Steinburg kandidierte, erreichte insgesamt 281 Stimmen. Drei der 9 Kreiskandidaten der DVU waren NPD-Mitglieder.
Wahl zur Bremischen Bürgerschaft (29. September 1991):
Die DVU erzielte 22.878 Stimmen (6,18 %), davon im Wahlkreis Bremen 16.524 Stimmen (5.38 %) und im Wahlbereich Bremerhaven 6.354 Stimmen (10,06 %). Die NPD unterstützte die DVU und erhielt Plätze auf der DVU-Landesliste.

Die Abgeordneten der DVU: Hans Paul Altermann (Jahrgang 1925), Schiffsingenieur; Okt. 1991 Austritt aus der DVU wegen Meinungsverschiedenheiten mit Dr. Gerhard Frey (Frage des Fraktionsvorsitzes); Nov. 1991 Beitritt zur DL; Marion Blohm, Jahrgang 1953; enge Vertraute von Dr. Gerhard Frey, Übernahme des Fraktionsvorsitzes November 1991; von Altermann als „politisch absolut unbedarft" charakterisiert; die Wahl von Frau Blohm zur Schöffin am Bremerhavener Amtsgericht (auf Vorschlag der DVU-Fraktion in der Bürgerschaft) sorgte Anfang 1993 für Diskussionsstoff in Bremen; im Verfahren gegen einen Türken hatte ein Befangenheitsantrag gegen Frau Blohm Erfolg, da „der Türke zu Recht befürchten müsse, ‚daß die Schöffin ihm nicht vorurteilsfrei begegnen wird'"[71]; Anzeigen wegen Volksverhetzung gegen Frau Blohm; Klaus Blome (Jahrgang 1942), Bierbrauer, 1993 Austritt aus der DVU-Gruppe; Hans-Otto Weidenbach, bis 1992 Vorsitzender des Landesverbandes Bremen der NPD; nach der Wahl in die Bürgerschaft DVU-Beitritt; seit Ende August 1992 DVU-Landeschef von Niedersachsen; Anfang Oktober 1992 Niederlegung des NPD-Landesvorsitzes von Bremen; Peter Nennstiel (Jahrgang 1943), Hafenarbeiter, Austritt aus der

DVU Jan. 1993; Karl-Heinz Vorsatz (Jahrgang 1928), Pädagogikstudium; DRP, NPD; bis 1991 Schriftleiter der „Deutschen Stimme"; gest. 18. Sept. 1992. Für den verstorbenen Karl-Heinz Vorsatz rückte im Oktober 1992 die Hausfrau Elfriede Budina (Jahrgang 1928) nach.

Bei der Wahl zur Bremerhavener Stadtverordnetenversammlung am selben Tag erzielte die DVU 6.502 Stimmen (10,26 %) und fünf Mandate. Die DVU ist auch bei den erstmals direkt gewählten Bremer Beiräten in 10 der 22 lokalen Gremien mit insgesamt 11 Abgeordneten vertreten.

Landtagswahl in Schleswig-Holstein (5. April 1992):
Die DVU erreichte 93.302 Stimmen (6,3 %) und 6 Mandate. Überdurchschnittliche Ergebnisse wurden in 25 von 45 Wahlkreisen erzielt. Die Hochburgen: Wahlkreis Lübeck-Mitte 9,8 %; Lübeck-Ost 9,6 %; Neumünster 9,6 %; Lübeck-Nord 9,3 %; Lauenburg-Nord 8,3 %; Lübeck-Süd 8,1 %.

Die Abgeordneten der DVU: Ingo Stawitz (Jahrgang 1950) aus Uetersen, beschäftigt bei der Fa. Gruner + Jahr in Itzehoe; Karin Voß (Jahrgang 1923), Rentnerin (zuvor medizinisch-technische Assistentin, Hausfrau) aus Wahlstedt; Benvenuto Friese (Jahrgang 1928), Kaufmann aus Seeth; Ingo Schachtschneider (Jahrgang 1959), Arbeiter; Helmut Werner Thienemann (Jahrgang 1936), Industriekaufmann, Betriebswirt aus Plön; Renate Köhler (Jahrgang 1938), kaufmännische Angestellte, Hausfrau aus Westerland/Sylt.

Kommunalwahlen in Hessen (7. März 1993):
Die DVU kandidierte nur in der Stadt Frankfurt am Main und erhielt dort 7.357 Stimmen (2,7 %). Das Ergebnis wurde aufgrund der Konzentration des Wahlkampfes auf die Mainmetropole als enttäuschend bewertet.

Bürgerschaftswahl in Hamburg (19. September 1993):
Nach dem vorläufigen amtlichen Endergebnis erreichte die DVU 23.579 Stimmen (2,8 %). Bei der gleichzeitig stattfindenden Wahl zu den Bezirksversammlungen erhielt die Partei im Bezirk Bergedorf 2.989 Stimmen (5,6 %) und konnte zwei Abgeordnete entsenden. Die HLA hatte zur Wahl der DVU aufgerufen.

Deutsche Volksunion (DVU)
Rechenschaftsbericht 1992 - Einnahmen in DM

A = Mitgliedsbeiträge
B = Einnahmen aus Spenden
C = Zuschüsse von Gliederungen
D = Einnahmen aus der Wahlkampfkostenerstattung
E = Einnahmen aus Veranstaltungen
F = Sonstige Einnahmen
G = Gesamteinnahmen

	A	B	C	D	E	F	G
Bundesverband 1992	343.052,41	3.137.298,22	345.068,10	725.918,38	2.007,74	15.622,82	4.568.967,67
Landesverbände							
Baden-Württemberg			3.421,30				3.421,30
Gebietsverbände		1.928,20	1.920,00		4.680,00	57,85	8.586,05
Gesamt		1.928,20	5.341,30		4.680,00	57,85	12.077,35
Bayern							
Gebietsverbände		2.546,37	200,00				2.746,37
Gesamt		2.546,37	200,00				2.746,37
Berlin		4.856,10			5.763,00		10.619,10
Gebietsverbände		329,33					329,33
Gesamt		5.185,43			5.763,00		10.948,43
Brandenburg							
Gebietsverbände		60,00					60,00
Gesamt		60,00					60,00
Bremen		23.440,00		107.270,61		11.598,00	142.308,61
Gebietsverbände		162,15	360,50				522,65
Gesamt		23.602,15	360,50	107.270,61		11.598,00	142.831,26
Hamburg		6.149,12			7.235,00		13.384,12
Gebietsverbände							
Gesamt		6.149,12			7.235,00		13.384,12
Hessen		8.148,18	5.660,00		2.730,00		16.538,18
Gebietsverbände		11.032,67	812,30		3.163,50		15.008,47
Gesamt		19.180,85	6.472,30		5.893,50		31.546,65
Mecklenburg-Vorpommern			200,00				200,00
Gebietsverbände							
Gesamt			200,00				200,00
Niedersachsen		415,00	1.118,79				1.533,79
Gebietsverbände		290,00	3.512,42				3.802,42
Gesamt		705,00	4.631,21				5.336,21
Nordrhein-Westfalen		2.894,20					2.894,20
Gebietsverbände		59,45					59,45
Gesamt		2.953,65					2.953,65
Saarland		686,86	500,00				1.186,86
Gebietsverbände		251,80					251,80
Gesamt		938,66	500,00				1.438,66
Schleswig-Holstein		901.776,45	834.958,81	663.892,00	3.130,00		2.412.757,26
Gebietsverbände		983,40					983,40
Gesamt		902.759,85	834.958,81	663.892,00	3.130,00		2.413.740,66
Thüringen		200,00			190,00		390,00
Gebietsverbände							
Gesamt		200,00			190,00		390,00
Landesverbände Gesamt 1992		966.209,28	861.664,12	771.162,61	26.891,50	11.655,85	2.637.583,36
Gesamt-Partei 1992	343.052,41	4.103.507,50	1.206.732,22	1.497.080,99	28.899,24		7.206.551,03

Die DVU hatte zum Ende des Kalenderjahres 1992 26.734 Mitglieder (26.500 Ende 1991; 25.339 Ende 1990)

Deutsche Volksunion (DVU)
Rechenschaftsbericht 1992 - Ausgaben in DM

A = Personalausgaben
B = Ausgaben des laufenden Geschäftsbetriebes
C = Ausgaben für innerparteiliche Gremienarbeit und Informatior
D = Ausgaben für Öffentlichkeitsarbeit und Wahlen
E = Zuschüsse an Gliederungen
F = Zinsen und Nebenkosten des Geldverkehrs
G = Sonstige Ausgaben
H = Gesamtausgaben

	A	B	C	D	E	F	G	H
Bundesverband 1992	115.537,72	321.588,42		694.075,50	855.072,53	600.265,84		2.586.540,01
Landesverbände								
Baden-Württemberg				23.331,31		33,00		3.364,31
Gebietsverbände		1.057,64		5.290,00		259,98		6.607,62
Gesamt		1.057,64		8.621,31		292,98		9971,93
Bayern					500,00	36,04		536,04
Gebietsverbände		798,83			1.030,00	189,43		2.018,26
Gesamt		798,83			1.530,00	225,47		2.554,30
Berlin		2.796,30		5.478,95	100,00	47,40		8.422,65
Gebietsverbände		103,90						103,90
Gesamt		2.900,20		5.478,95		47,40		8.526,55
Bremen		978,97		11.780,78	129.100,00	87,13		141.946,88
Gebietsverbände						39,00		39,00
Gesamt		987,97		11.780,78	129.100,00	126,13		141.985,88
Hamburg		7.193,09		6.829,85	500,00	61,25		14.584,19
Gebietsverbände								
Gesamt		7.193,09		6.829,85	500,00	61,25		14.584,19
Hessen		26.373,84		4.809,20	812,30	259,41		32.254,75
Gebietsverbände		6.532,10		4.216,73	3.600,00	212,80		14.561,63
Gesamt		32.905,94		9.025,93	4.412,30	472,21		46.816,38
Niedersachsen		546,15				74,50		620,65
Gebietsverbände		352,31		4.112,42	1.118,79	61,50		5.645,02
Gesamt		898,46		4.112,42	1.118,79	136,00		6.265,67
Nordrhein-Westfalen		2.212,20						2.212,20
Gebietsverbände		327,45						327,45
Gesamt		2.539,65						2.539,65
Saarland		1.226,91				44,00		1.270,91
Gebietsverbände		163,21				36,22		199,43
Gesamt		1.390,12				80,22		1.470,34
Schleswig-Holstein		4.905,15		2.195.812,82	214.898,60	370,01		2.415.968,58
Gebietsverbände		823,61				27,30		850,91
Gesamt		5.728,76		2.195.812,82	214.898,60	397,31		2.416.837,49
Thüringen						18,00		18,00
Gebietsverbände								
Gesamt						18,00		18,00
Landesverbände Gesamt 1992		56.391,66		2.241.662,06	351.659,69	1.856,97		2.651.570,38
Gesamt-Partei 1992	115.537,72	377.980,08		2.935.737,56	1.206.732,22	602.122,81		5.238.110,39

Deutsche Volksunion (DVU)
Rechenschaftsbericht 1992 - Besitzposten in DM

* Anlagevermögen
A = Haus- und Grundvermögen
B = Geschäftsstellenausstattung
C = Finanzanlagen

* Umlaufvermögen
D = Beitragsforderungen
E = Forderungen auf Erstattung von Wahlkosten
F = Forderungen auf Chancenausgleich
G = Geldbestände
H = Sonstige Vermögensgegenstände
I = Gesamtbesitzposten

	A	B	C	D	E	F	G	H	I
Bundesverband 1992		7.296,00					63.702,10		70.998,10
Landesverbände									
Baden-Württemberg							21,92		21,92
Gebietsverbände							4.699,15		4.699,15
Gesamt							4.721,07		4.721,07
Bayern									
Gebietsverbände		1,00					2.581,69		2.582,69
Gesamt		1,00					2.581,69		2.582,69
Berlin		97,00					2.947,97		3.044,97
Gebietsverbände							225,43		225,43
Gesamt		97,00					3.173,40		3.270,40
Brandenburg									
Gebietsverbände							60,00		60,00
Gesamt							60,00		60,00
Bremen							1.382,55		1.382,55
Gebietsverbände							483,65		483,65
Gesamt							1.866,20		1.866,20
Hamburg		2.658,00					2.197,47		4.837,47
Gebietsverbände									
Gesamt							2.197,47		4.837,47
Hessen		1.620,00					4.476,43		6.096,34
Gebietsverbände		4.077,00					4.756,23		8.833,23
Gesamt		5.697,00					9.232,57		14.929,57
Mecklenburg-Vorpommern							200,00		200,00
Gebietsverbände									
Gesamt							200,00		200,00
Niedersachsen		1,00					1.596,49		1.597,49
Gebietsverbände							3.111,61		3.111,61
Gesamt		1,00					4.708,10		4.709,10
Nordrhein-Westfalen		682,00							682,00
Gebietsverbände		268,00					577,04		845,04
Gesamt		950,00					577,04		1.527,04
Saarland							45,16		45,16
Gebietsverbände							82,57		82,57
Gesamt							127,73		127,73
Schleswig-Holstein							499,84		499,84
Gebietsverbände							793,23		793,23
Gesamt							1.293,07		1.293,07
Thüringen							372,00		372,00
Gebietsverbände									
Gesamt							372,00		372,00
Landesverbände Gesamt 1992		9.404,00					31.092,34		40.496,34
Gesamt-Partei 1992		16.700,00					94.794,44		111.494,44

Deutsche Volksunion (DVU)
Rechenschaftsbericht 1992 - Schuldposten in DM

A = Rückstellungen
B = Beitragsverbindlichkeiten
C = Verbindlichkeiten gegenüber Kreditinstituten
D = Sonstige Verbindlichkeiten
E = Gesamte Schuldposten
F = Reinvermögen (positiv oder negativ)

	A	B	C	D	E	F
Bundesverband 1992	30.000,00			9.344.661,36	9.374.661,36	-9.303.663,26
Landesverbände						
Baden-Württemberg						21,92
Gebietsverbände			1.393,61		1.396,61	3.305,54
Gesamt			1.393,61		1.396,61	3.327,46
Bayern			2,39		2,39	-2,39
Gebietsverbände			34,78		34,78	2.547,91
Gesamt			37,17		37,17	2.545,52
Berlin						3.044,97
Gebietsverbände						225,43
Gesamt						3.270,40
Brandenburg						
Gebietsverbände						60,00
Gesamt						60,00
Bremen						1.382,55
Gebietsverbände						483,65
Gesamt						1.866,20
Hamburg						4.837,47
Gebietsverbände						
Gesamt						4.837,47
Hessen				47.846,72	47.846,72	-41.750,38
Gebietsverbände				300,00	300,00	8.533,23
Gesamt				48.146,72	48.146,72	-33.217,15
Mecklenburg-Vorpommern						
Gebietsverbände						
Gesamt						
Niedersachsen						
Gebietsverbände						
Gesamt						
Nordrhein-Westfalen						
Gebietsverbände						
Gesamt						
Saarland						
Gebietsverbände						
Gesamt						
Schleswig-Holstein						
Gebietsverbände						
Gesamt						
Thüringen						
Gebietsverbände						
Gesamt						
Landesverbände Gesamt 1992			1.430,78	48.146,72	49.577,50	-9.081,16
Gesamt-Partei 1992	30.000,00		1.430,78	9.392.808,08	9.424.238,86	-9.312.744,42

Deutsche Volksunion (DVU)
Rechenschaftsbericht 1992 - Wahlkampfbezogene Einnahmen in DM

A = Einnahmen aus Spenden
B = Zuschüsse von Gliederungen
C = Einnahmen aus der Wahlkampfkostenerstattung
D = Sonstige Einnahmen
E = Gesamteinnahmen

	A	B	C	D	E
Schleswig-Holstein Landtagswahl April 1992	901.776,45	843.958,81	663.892,00		2.409.627,26

Rechenschaftsbericht 1992 - Wahlkampfbezogene Ausgaben in DM

A = Ausgaben des laufenden Geschäftsbetriebes
B = Ausgaben für Öffentlichkeitsarbeit und Wahlen
C = Zuschüsse an Gliederungen
D = Sonstige Ausgaben
E = Gesamtausgaben

	A	B	C	D	E
Schleswig-Holstein Landtagswahl April 1992	2.452,75	2.195.812,82	214.538,10		2.412.803,67

Die Deutsche Volksunion hat von folgenden Personen Spenden bekommen:
Dr. Gerhard Frey, DM 558.312,69; Regine Frey DM 558.312,69

3.1.3. Die Republikaner

Von ihren Ursprüngen her betrachtet ist die Partei „Die Republikaner" (REP) ein bayerisches Entwicklungsprodukt.[72] Im Frühjahr 1983 war der damalige bayerische Ministerpräsident und CSU-Vorsitzende Franz Josef Strauß bei der Vermittlung eines Milliardenkredites an die DDR behilflich gewesen. Auch ihm politisch Nahestehende kommentierten dies mit Verwunderung, hatte sich die CSU in den Jahren zuvor doch als unentwegte Warnerin vor einer ökonomischen Stabilisierung des SED-Regimes profiliert. Die eigenwillige Kursrevision des mächtigen Parteivorsitzenden stieß bei nicht wenigen CSU-Mitgliedern auf Unverständnis und heftige Kritik. Parteiaustritte waren die Folge. Zu denen, die der Partei enttäuscht den Rücken kehrten, gehörten auch die Bundestagsabgeordneten Franz Handlos und Ekkehard Voigt. Sie gründeten im November 1983 eine neue Partei, die sich gleichsam als die außerhalb der CSU betriebene Realisation des Straußschen Projekts von einer bundesweit verbreiteten vierten Partei ausnahm.

Zu den Gründern der REP gehörte auch der ehemalige Fernsehjournalist Franz Schönhuber (geb. 1923), ein Mann mit bewegter Vergangenheit. Nach dem Krieg hatte er sich zunächst mit Gelegenheitsjobs als Schauspieler und Sportreporter bei der philokommunistischen Zeitung „Deutsche Woche" seinen Lebensunterhalt verdient, ehe er in den sechziger Jahren als Journalist bei Münchener Stadtzeitungen mehr und mehr auch politische Themen aufgriff. Der Ausrichtung dieser Blätter entsprechend, galt er zur damaligen Zeit eher als Linker, unterstützte beispielsweise die Münchener Jungsozialisten in ihrer Opposition gegen Oberbürgermeister Hans-Jochen Vogel. Anfang der siebziger Jahre begann Schönhuber eine steile Karriere beim Bayerischen Rundfunk. 1975 übernahm er die Leitung der Hauptabteilung „Bayern-Information" und wurde als Moderator der Serie „Jetzt red i" bald zu einem der populärsten Fernsehjournalisten in Bayern. Inzwischen hatte er sich auch politisch der CSU genähert und gehörte zeitweilig zum engeren Umfeld des bayerischen Ministerpräsidenten Strauß.

Zu Beginn der achtziger Jahre fand die journalistische Karriere Schönhubers ein jähes Ende. Im April 1982 wurde dem damaligen Hauptabteilungsleiter und stellvertretenden Chefredakteur beim Bayerischen Rundfunk fristlos gekündigt. Schönhuber gehörte zu den Kritikern der ostpolitischen Kehrtwende des bayerischen Ministerpräsidenten. Unmittelbarer Anlaß der Kündigung war jedoch das Erscheinen des Erinnerungsbuches „Ich war dabei", in dem Schönhuber freimütig über seine einstigen Aktivitäten in der Waffen-SS berichtet hatte.[73] Zwar distanzierte er sich darin von seiner Jugendverfehlung; die Art jedoch, wie er dem Nationalsozialismus „positive" Seiten abzuringen versuchte, über den Einsatzwillen und die Tapferkeit der ehemaligen „Eliteeinheiten" räsonierte und die Deutschen zu mehr nationalem Selbstbewußtsein aufrief, erregte vielfach Anstoß, zumal die „Deutsche National-Zeitung" das Buch überaus positiv kommentierte.

Zwischen den Mitgliedern des dreiköpfigen Gründungstriumvirates setzte bald ein innerparteilicher Machtkampf ein, bei dem sich Schönhuber als der Stärkere erwies. Einerseits plädierte er für ein eigenständigeres programmatisches Profil der REP im Verhältnis zur Union (vor allem stärkere Akzentuierung des „Nationalen"), andererseits erwies sich der fernsehbekannte, redegewandte Schönhuber in den Biersälen der bayerischen Provinz als Publikumsattraktion. Handlos verließ 1986 nach heftigen Auseinandersetzungen die Partei, blieb aber mit der neugegründeten „Freiheitlichen Volkspartei" (FVP) erfolglos. Auch Voigt wandte sich 1986 von den REP ab, betätigte sich zeitweilig bei der bayerischen FDP, erhielt aber 1989 nach einem gescheiterten Anlauf wieder ein Mitgliedsbuch der REP und übernahm bald darauf den Vorsitz des nordrhein-westfälischen Landesverbandes. In den innerparteilichen Machtkämpfen des Jahres 1990 unterlag er als potentieller neuer REP-Vorsitzender gegen Schönhuber und kehrte der Partei anschließend endgültig den Rücken.

Das erste Parteiprogramm der REP war am 26. November 1983 von einem „Bundeskongreß" in München verabschiedet worden und trug noch deutlich die Handschrift von Handlos und Voigt. Zwar hob es den Einsatz der REP für die „Identität" der deutschen Nation hervor und sprach sich dezidiert für eine „Wiedervereinigung Deutschlands" aus, verwarf jedoch gleichzeitig „nationalstaatlichen Egoismus" und trat für ein energisches Vorantreiben des europäischen Integrationsprozesses ein. Ganz anders das nach dem Ausscheiden der beiden Parteigründer 1987 verabschiedete Programm: Es stellte die Interessen der „geteilten Nation und des deutschen Volkes“ deutlich in den Vordergrund und zeichnete sich in der Auseinandersetzung mit den bestehenden Verhältnissen durch eine härtere, kompromißlosere Sprache aus: „Die im internationalen Vergleich volkswirtschaftlich und sozial günstige Lage der Deutschen der Bundesrepublik täuscht darüber hinweg, daß in ganz Deutschland die geistige und politische Kultur zunehmend verwahrlost, die Sitten mißachtet werden und der Wille schwindet, die nationale Einheit wiederherzustellen. Durch eine gegenläufige Umerziehung der Deutschen in den Teilstaaten wächst die Entfremdung.“[74] Die im 1983er Programm eher knappen Ausführungen über die Notwendigkeit einer „Wiedervereinigung“ fielen nun ausführlicher aus und wurden durch die Skizzierung konkreter politischer Schritte auf diesem Weg ergänzt. Dagegen entfiel das Bekenntnis zur politischen Einigung Europas. Daß dies kein Zufall war, wurde in der sogenannten „Dinkelsbühler Erklärung zur Europawahl“ ersichtlich, wo mit dem Plädoyer für ein „Europa der Vaterländer“ eine verklausulierte Absage an die politische Union Europas erfolgte: „Wir Republikaner halten den deutschen Nationalstaat ebenso wenig für überholt wie alle Nationalstaaten in Europa und wollen auf dieser Grundlage das wiedervereinigte Deutschland als starken und ehrlichen Partner in eine gesamteuropäische Konföderation der Vaterländer führen, die jedem Land seine nationale Souveränität, seine kulturelle Eigenart und seine wirtschaftliche Potenz im freien Handel zum gegenseitigen Nutzen bewahrt.“[75] Auf die Frage, wie uneingeschränkte „nationale Souveränität“ und „gesamteuropäische Konföderation“ miteinander in Einklang zu bringen seien, gab das Programm verständlicherweise keine Antwort.

Enthielt das Programm von 1987 in seiner ursprünglichen Fassung noch ein Bekenntnis zur Nordatlantischen Verteidigungsgemeinschaft, erfolgte bereits 1988 eine nationalneutralistische Wendung: „Das Ziel der Wiedervereinigung Gesamtdeutschlands ist vorrangig und höher zu bewerten als ein Verbleib der Bundesrepublik Deutschland in der Nordatlantischen Verteidigungsgemeinschaft. Deshalb darf die Bündnispartnerschaft auf dem Weg zur Einheit Deutschlands kein unüberwindliches Hindernis darstellen.

Jedoch darf der Schritt in eine militärische Bündnisfreiheit nicht einseitig als Vorgabe von der Bundesrepublik Deutschland geleistet werden. Er muß gleichermaßen für alle Teile Deutschlands seine Entsprechung finden."[76] Damit plädierten die REP für den Austritt beider deutscher Staaten aus den jeweiligen Bündnissystemen als Voraussetzung für eine Wiedervereinigung. Als politisches Ziel galt das neutrale, aber bewaffnete Gesamtdeutschland.

Einen ersten Wahlerfolg erzielten die REP 1986 bei der bayerischen Landtagswahl, als sie nach unermüdlichem Wahlkampfeinsatz 3,0 % der Stimmen erhielten. 1,28 Mio. DM an Wahlkampfkostenerstattung bildeten eine wichtige Basis für den weiteren Ausbau der Parteiorganisation. Freilich folgten magere Jahre, in denen die REP bei Kandidaturen in Bremen, Schleswig-Holstein und Baden-Württemberg herbe Wahlniederlagen einstecken mußten. So kam der Westberliner Wahlerfolg vom Januar 1989 völlig überraschend, war doch zuvor ein heftiger, mit Rücktritten verbundener Streit in der örtlichen Parteiführung entbrannt, ob man überhaupt kandidieren sollte. Der Durchbruch in Westberlin war nicht das Ergebnis besonderer Anstrengungen des Parteiapparates, sondern die Folge plötzlicher Publizität, die die REP durch einen perfiden Werbespot erlangten. Der Propagandafilm zeigte spielende türkische Kinder zwischen Szenen über Drogentote und Müll. Das Entsetzen der Medienöffentlichkeit machte die REP als Protestpartei schlagartig bei der Bevölkerung bekannt.

Das Westberliner Ergebnis (7,5 %) erfuhr bei der Europawahl im Juni 1989 eine Bestätigung (7,1 %). Die ebenfalls mit hohem finanziellen Einsatz kandidierende DVU blieb mit 1,6 % weit abgeschlagen.[77] Das REP-Resultat wurde allerdings dadurch relativiert, daß der Anteil von Protestwählern bei Europawahlen wesentlich höher ist als bei der Wahl zum Deutschen Bundestag. Dennoch waren die Wahlresultate eine politische Sensation. Seit den Erfolgsjahren der NPD hatte keine Partei rechts von der Union mehr die Fünfprozenthürde überwinden können. Begreiflicherweise erlebten die REP im Laufe des Jahres 1989 eine stürmische Mitgliederentwicklung, wobei sie verstärkt Zulauf aus der rechtsextremen Subkultur erhielten. Die Zahl der Mitglieder stieg nach Angaben der Parteileitung von 8.500 im Januar auf 25.000 Ende Dezember. Freilich erreichte der Parteiapparat keine auch nur annähernd flächendeckende Organisationsdichte. Schwerpunkte blieben Bayern, Baden-Württemberg und Westberlin.

Tabelle 11: Mitgliederentwicklung der REP, 1983-1993

November 1983	150
März 1985	2.500
Dezember 1985	2.500
Februar 1986	4.000
Dezember 1986	4.000
Mai 1987	5.000
Juli 1987	4.500
Dezember 1987	5.000
September 1988	7.260
November 1988	7.832
Dezember 1988	8.000
Februar 1989	8.659
März 1989	12.000
April 1989	13.000
Mai 1989	16.000
Juni 1989	17.000
September 1989	21.000
Dezember 1989	25.000
Mai 1990	16.658
Juni 1990	17.724
Juli 1990	20.246
August 1990	19.731
September 1990	19.890
Oktober 1990	19.976
November 1990	20.070
Dezember 1990	20.093
Dezember 1991	16.843
(davon in den neuen Bundesländern)	2.018
Dezember 1992	19.923
(davon in den neuen Bundesländern)	2.899
Dezember 1993	23.000

Quelle: Angaben der REP und Interviews; einschließlich der Mitglieder in der Noch-DDR bzw. den neuen Bundesländern.

Tabelle 12: Mitglieder der REP in den Ländern, 1994

Baden-Württemberg	2.500
Bayern	6.000
Berlin	1.700
Brandenburg	400
Bremen	70
Hessen	1.700
Mecklenburg-Vorpommern	300
Niedersachsen	700
Nordrhein-Westfalen	2.100
Rheinland-Pfalz	700
Sachsen	650
Sachsen-Anhalt	800
Schleswig-Holstein	500
Thüringen	600

Quelle: Angaben der Verfassungsschutzämter.

Heftige innerparteiliche Querelen stellten die Handlungsfähigkeit der Partei in vielen Landesverbänden in Frage. Zum einen handelte es sich dabei um karrierebezogene Machtkämpfe. Zum anderen spielten ideologisch-programmatische Divergenzen eine Rolle. Als Rechtsabspaltung von den Unionsparteien entstanden, hatten sich die REP in den folgenden Jahren radikalisiert und Anziehungskraft auf das rechtsextreme Spektrum gewonnen. Die extremismustheoretische Bewertung der Partei war daher von Anfang an schwieriger als in den Fällen DVU und NPD. Einerseits beteuerten die REP bei jeder Gelegenheit ihre Loyalität gegenüber zentralen Werten und Spielregeln der Verfassung, grenzten sich verbal und mittels Unvereinbarkeitsbeschlüssen von rechtsextremen Organisationen ab, erschien die Parteipresse im Vergleich zu NPD- oder DVU-Organen moderat. Andererseits aber waren autoritäre Implikationen des auf den Parteiführer zugeschnittenen populistischen Profils unübersehbar, schürte die Ausländerprogrammatik Fremdenfeindlichkeit, konnten die deutschlandpolitischen Forderungen ihre nationalistische Herkunft nicht verbergen, arbeiteten ehemalige NPD- und DVU-Aktivisten in führenden Funktionen.[78]

Tabelle 13: Wahlergebnisse der REP, 1986-1994

Jahr	Art der Wahl	Stimmenanteil in %	Mandate
1986	Landtagswahl Bayern	3,0	–
1987	Bürgerschaftswahl Bremen	1,2	–
1988	Landtagswahl B.-Württemberg	1,0	–
1988	Landtagswahl S.-Holstein	0,6	–
1989	Abgeordnetenhaus Westberlin	7,5	11
1989	Europa-Parlament	7,1	6
1990	Landtagswahl Saarland	3,3	–
1990	Landtagswahl Niedersachsen	1,5	–
1990	Landtagswahl N.-Westfalen	1,8	–
1990	Landtagswahl Brandenburg	1,1	–
1990	Landtagswahl M.-Vorpommern	0,9	–
1990	Landtagswahl Sachsen-Anhalt	0,6	–
1990	Landtagswahl Thüringen	0,8	–
1990	Landtagswahl Bayern	4,9	–
1990	Abgeordnetenhaus Berlin	3,1	–
1990	Bundestagswahl	2,1	–
1991	Landtagswahl Hessen	1,7	–
1991	Landtagswahl Rheinland-Pfalz	2,0	–
1991	Bürgerschaftswahl Hamburg	1,2	–
1991	Bürgerschaftswahl Bremen	1,5	–
1992	Landtagswahl S.-Holstein	1,2	–
1992	Landtagswahl B.-Württemberg	10,9	15
1993	Bürgerschaftswahl Hamburg	4,8	–
1994	Landtagswahl Niedersachsen	3,7	–

Quelle: Amtliche Wahlstatistiken.

Nach dem Erfolgsjahr 1989 folgte ein Jahr der Niederlagen. Der sich beschleunigende Vereinigungsprozeß kam den REP nicht zugute. Im Gegenteil: Ihre Themen verloren an Attraktivität, und die Bundesregierung genoß nationalen Rückenwind. Das Wahljahr 1990[79] begann im Januar mit der Landtagswahl im Saarland, wo die REP mit 3,3 % der Stimmen die Fünfprozentmarke deutlich verfehlten. Auch bei den Landtagswahlen in Nordrhein-Westfalen und Niedersachsen konnten sie mit 1,5 % der Stimmen in Niedersachsen und 1,8 % in Nordrhein-Westfalen die Erfolgsserie von 1989 nicht fortsetzen. Und bei den Landtagswahlen in den neuen Bundesländern am 14. Oktober blieben die REP weit hinter den Erwartungen zurück. Nur in Bayern, wo am gleichen Tag Landtagswahlen stattfanden, schnitt die Partei respektabel ab, wenngleich sie mit 4,9 % der Stimmen den Einzug ins Maximilianeum knapp verfehlte. Auch bei der ersten gesamtdeutschen Wahl am 2. Dezember erreichten die REP gerade 2,1 % der Stimmen.

Die Serie von Mißerfolgen verstärkte innerparteiliche Konflikte. Der angestaute Unmut über den autoritären Führungsstil Schönhubers entlud sich. Die für einen engen Schulterschluß mit DVU und NPD plädierende Partei-„Rechte" meldete sich lautstark zu Wort. Schönhuber kündigte dagegen eine „Säuberung" der Partei von Rechtsextremisten an.[80] Allerdings schien es zeitweilig, als werde Schönhuber unterliegen, erklärte er doch am 25. Mai seinen Rücktritt. Eine Wendung brachte dann der Parteitag am 7./8. Juli im niederbayerischen Ruhstorf, wo sich die Mehrheit der Delegierten für die Wiederwahl Schönhubers entschied. Dieser konnte in den folgenden Monaten seine Hausmacht stärken und geschworene Gegner wie den ehemaligen Generalsekretär Harald Neubauer und die Europaabgeordnete Johanna Grund aus der Partei drängen.

Nach Vollzug der Vereinigung deutete sich in den folgenden Monaten eine allmähliche Rückkehr zur politischen Agenda von 1989 an. Die „issues" der REP gewannen wieder an Bedeutung und die Mobilisationskraft der Partei erhöhte sich. Dies wurde bei den Landtagswahlen vom April 1992 deutlich. Zwar wurden die REP bei der Wahl in Schleswig-Holstein von der DVU deutlich überrundet, aber in Baden-Württemberg erreichten sie am selben Tag mit 10,9 % der Stimmen und 15 Mandaten ihr bisheriges Spitzenergebnis. Hierbei spielte die organisatorische Präsenz im zweitstärksten Landesverband (hinter Bayern) eine nicht zu vernachlässigende Rolle. In der Wahlforschung herrscht Uneinigkeit im Hinblick auf die Frage, ob die Wahlerfolge der REP als Ergebnis flüchtiger Protestpotentiale oder als Resultat langfristiger Veränderungsprozesse des Parteiensystems zu interpretieren sind, die „Modernisierungsverlierer“ dauerhaft in die Arme (noch) nicht etablierter Parteien treiben könnten.[81]

Im Kräftefeld rechts von der Union spielen die REP nach wie vor eine dominierende Rolle. Ungewiß ist, wie sich die Entscheidung des Bundesinnenministeriums vom Dezember 1992 auswirken wird, die REP unter nachrichtendienstliche Beobachtung zu stellen. Dadurch dürfte die Partei geschwächt werden. Die Demoskopen sahen die REP in den Monaten nach dem Wahlerfolg in Baden-Württemberg über der Fünfprozentmarke; inzwischen sind die Sympathiewerte der Partei jedoch wieder abgesunken. Eine Stigmatisierung durch die Verfassungsschutzämter hatte die Parteiführung durch vollmundige Bekenntnisse zum Grundgesetz, Abgrenzungsbeschlüsse gegenüber NPD und DVU sowie kosmetische Veränderungen der Programmatik[82] zu verhindern versucht. Die Parteiaustritte der Gruppe um Harald Neubauer und Johanna Grund wurden als Exodus der Rechtsextremisten dargestellt. Die REP hätten einen Läuterungsprozeß durchlaufen und sich zu einer dezidiert rechten Partei mit unzweifelhaft demokratischer Orientierung gewandelt. Freilich verstummten die Meldungen nicht, die in eine andere Richtung wiesen: Einerseits erschien die Partei als ein Sammelbecken von „Halbweltler[n] und Ex-Knackis“[83], andererseits gaben in vielen Orts- und Kreisverbänden Mitglieder aus unzweideutig rechtsextremen Vereinigungen den Ton an.[84] Diesen Gesamteindruck bestätigten prominente „Aussteiger“. Erstmals seit der Parteikrise von 1990 verließ im Mai 1994 wieder ein Präsidiumsmitglied die REP. Die 31jährige Bundesschriftführerin Martina Rosenberger erklärte im ZDF, die REP seien eine „Führerpartei“, in der es keine innerparteiliche Demokratie gebe. Schönhubers Umgang mit den Parteigeldern sei völlig undurchschaubar. Eine Woche später kehrte Bundesorganisationsleiter Udo Bösch seiner Partei den Rücken. Der pensionierte Bundeswehroffizier berichtete in einem Interview für die Fernsehsendung „Fokus“, er habe den Parteiaufbau in den neuen Bundesländern geleitet und der Bundeswahlkampf-Kommission angehört. Die REP seien von rechtsextremen Kräften durchsetzt und hätten sich weiter radikalisiert.

Im Zentrum der REP-Agitation steht nach wie vor die Ausländer- und Asylproblematik. „Überfremdung" wird beklagt und den „Fremden" die Schuld für allerlei Übel angelastet. Deutlich sichtbar ist das Bemühen, xenophoben Stimmungen ein rationales Fundament zu verleihen. Im Oktober 1992 publizierte der nordrhein-westfälische Landesverband der REP im Rahmen der Schriftenreihe „Rechts-Gedacht" ein Bekenntnis zur Ethnopluralismus-Konzeption der „Neuen Rechten": „Der moderne Ethnopluralismus ist das begriffliche Gegenstück zur multikulturellen Gesellschaft. Während das Rezept der m G (sic) in die Irre führt und, statt eine Gesundung, Krankheit und Siechtum in die Welt trägt, führt der Ethnopluralismus zu einem realistischen Menschenbild [...] Wer wollte ernsthaft bestreiten, daß die Völker mit ihrer jeweiligen Kultur und Lebensart Schicksalsgemeinschaften bilden".[85] Die unter maßgeblichem Einfluß der französischen „Nouvelle droite" entwickelte Konzeption des „Ethnopluralismus" impliziert ein kollektivistisches Menschenbild, das dem Recht auf individuelle Entfaltung nur sekundäre Bedeutung beimißt.

Eine unveränderte Fixierung der REP auf das Ausländerthema konstatierte auch der baden-württembergische Ministerpräsident Erwin Teufel in einem Zeitungsartikel zur parlamentarischen Tätigkeit der Stuttgarter REP-Fraktion. Er zitierte aus der Jungfernrede des REP-Fraktionsvorsitzenden im Landtag: „Wenn viele Kulturen in einem Raum zusammengemixt werden, so ergibt das entweder ein Neben- oder ein Gegeneinander oder, wie in der physikalischen Wärmelehre, Entropie, also ein Gemisch, dessen Wert mit zunehmender Durchmischung sinkt, bis es letzten Endes keinen Wert mehr hat."[86] Als promoviertem Juristen und ausgebildetem Arzt kann dem Stuttgarter Rechtsanwalt Rolf Schlierer (Jahrgang 1955) für diese Äußerung keine reservatio mentalis zugebilligt werden. Als stellvertretender REP-Bundesvorsitzender und Mitglied der Bundesprogrammkommission hat Schlierer die Programmatik seiner Partei an vorderster Stelle mitgestaltet. Der Hang zum Nationalismus verbindet sich bei ihm mit verbaler Abgrenzung gegenüber den „Rechtsextremisten" von NPD und DVU. 1988 war Schlierer gar zeitweilig wegen „rechtsextremer Umtriebe" aus der REP-Partei ausgetreten. Von 1989 bis zur Wahl in den Landtag hatte er seiner Partei dann als Fraktionsvorsitzender im Stuttgarter Stadtrat gedient.[87] Schlierer gilt als Schönhuber-„Kronprinz", doch dürfte er sich aufgrund seiner eher kalten Intellektualität nicht zum Volkstribunen eignen und in Bierzelten wenig Überzeugungskraft entwickeln.

Als Hindernis einer bundesweiten Etablierung erscheint nach wie vor die organisatorische Schwäche der REP in den Ländern nördlich der Mainlinie. Ca. 40 % der Parteimitglieder konzentrierten sich auf die Landesverbände Bayern und Baden-Württemberg, die nicht einmal 25 % der Gesamtbevölkerung umfassen. Flächendeckende Kandidaturen sind daher vielfach nicht möglich. Da die organisatorische Implantation eine wesentliche Voraussetzung zur Verstetigung des wahlpolitischen Einflusses ist, dürfte dieser Sachverhalt den weitreichenden politischen Ambitionen der REP-Führung entgegenstehen. Nach eigenen Angaben (und der der Verfassungsschutzämter) hat die Partei ihr Mitgliedertief vom Frühjahr/Sommer 1990 überwunden und sich auf hohem Niveau stabilisiert. Die Zahl von 23.000 Mitgliedern für Ende 1993 dürfte freilich überhöht sein. Die Summe der von den Verfassungsschutzbehörden genannten REP-Mitglieder auf Länderebene entspricht eher der in den Finanzberichten genannten Zahl (ca. 20.000). Der ehemalige Bundesorganisationsleiter Bösch nannt für Juni 1994 die Zahl von nur 17.000 REP-Mitgliedern.

Schwer hat sich die Partei bei der Schaffung einer Jugendorganisation getan. Mehrere Versuche scheiterten. Schließlich wurde 1993 ein „Bundesarbeitskreis Republikanische Jugend" ins Leben gerufen, der die Arbeit entsprechender Arbeitskreise auf Landes-, Bezirks-, Kreis- und Ortsebene bündeln soll. Die von Schönhuber propagierte „Intellektualisierung" der Partei ist bislang in Ansätzen stehengeblieben. Die in der Öffentlichkeit vielzitierte „Neue Rechte" hat zwar an Einfluß gewonnen, steckt jedoch nach wie vor in den Anfängen und eignet sich überdies nur begrenzt für die programmatische „Anwendung" im Rahmen einer rechtspopulistischen Protestpartei. Eine stärkere institutionelle Einbindung intellektueller Kreise wollen die REP mit der Gründung der „Franz-Schönhuber-Stiftung" erreichen, die

die „staatsbürgerliche Bildung des deutschen Volkes auf demokratischer und republikanischer Grundlage“ fördern und „das Bewußtsein von der Einheit der Nation in allen ihren Teilen wachhalten“[88] soll. Die Gründung der Stiftung war den REP nicht leicht gemacht worden. Ein erster Anlauf mit einer „Carl-Schurz-Stiftung“ scheiterte 1990 am Einspruch mehrerer Gesellschaften, die den Namen des deutschen Freiheitskämpfers für sich reklamierten. Gleiches geschah 1992 mit einer „Ruhstorf-Stiftung“, benannt nach dem bayerischen Ort, wo die REP 1990 ihren Programmparteitag veranstaltet hatten. Die Gemeinde Ruhstorf drohte mit einer Klage. Gegen die Bezeichnung „Franz-Schönhuber-Stiftung“ dürfte nichts einzuwenden sein. So soll die Stiftung, die mit einem Vermögen von 500.000 DM startet, im Laufe des Jahres 1994 ihre Arbeit aufnehmen. Das wegen des Stiftungssitzes Bonn zuständige Düsseldorfer Innenministerium hat seine anfänglichen rechtlichen Bedenken zurückgestellt. Fraglich erscheint allerdings, ob die Finanzämter dem Antrag auf Gewährung des Status der Gemeinnützigkeit stattgeben werden.

Nach wie vor ist die parteipolitische Zersplitterung im politischen Kräftefeld rechts von der Union ein entscheidendes Hindernis für eine dauerhafte Etablierung. Eine Zusammenarbeit mit NPD, DVU oder DL kann für die REP schon deshalb nicht in Frage kommen, weil dies einer politischen Demaskierung gleichkäme. Konsequenterweise hat Schönhuber auch zu Beginn des Wahljahres 1994 das Angebot des DVU-Vorsitzenden Frey zur Zusammenarbeit abgelehnt. Überdies sind neue Konkurrenten aufgetreten, die aufgrund ihres moderateren Erscheinungsbildes geeignet scheinen, größere Stimmenanteile vom Protestreservoir der REP abzuziehen. Zu ihnen gehört beispielsweise der „Bund Freier Bürger“ des früheren bayerischen FDP-Landesvorsitzenden Manfred Brunner, der die FPÖ Jörg Haiders zum Vorbild nimmt, gegen den Vertrag von Maastricht Front macht und ein „Europa der Vaterländer“ favorisiert. Schönhuber, der ein schwindendes öffentliches Interesse für seine Partei im Wahljahr konstatieren mußte, eröffnete auf dem Landesparteitag der REP in Erding Ende März 1994 eine medienwirksame Offensive, indem er den Vorsitzenden des Zentralrats der Juden in Deutschland, Ignatz Bubis, als wahren Urheber des

Brandanschlags auf die Lübecker Synagoge wenige Tage zuvor bezeichnete. Er werde Bubis, der u.a. die REP als „geistige Brandstifter" der Gewalttat bezeichnet hatte, wegen „Volksverhetzung" und „Verleumdung" vor Gericht bringen.

Ergänzende Organisationsdaten:
Bundesgeschäftsstelle: Bonn
Bundesvorstand[89]
A. Bundespräsidium:

Bundesvorsitzender	Franz Schönhuber, MdEP
Geschäftsf. stellv. Bundesvors.	Alexander Hausmann
Stellv. Bundesvorsitzende	Dr. Rolf Schlierer, MdL
	Christian Käs
	Hermann Voss
Bundesschatzmeister	Klaus-D. Pahl
Bundesschriftführerin	Martina Rosenberger
Bundesgeschäftsführer	Paul-U. Tomaszewski
Beisitzer	Dr. Jens-G. Steffen
	Ingeborg Seifert
	Josef Brunner

B. Übriger Bundesvorstand:

Stellv. Bundesschatzmeister	Reinhold Giegold
Stellv. Bundesschriftführer	Bernhard Amann

Beisitzer: Ingeborg Ackermann, Gisela Baumbeck, Bernd Bernhard, Dietmar Donnerstag, Walter Heller, Haymo Hoch, Bernd Korbach, Dr. Heinz-F. Kremzow, Burghard Schmank, Gottfried Schubert, Wolfgang Schulz, Burkhard Stieglitz, Dr. Gerolf Tittel, Horst Trageiser, Kurt Vajen, Uschi Winkelstett.
Beisitzende Landesvorsitzende k. A.: Christian Käs, Wolfgang Hüttl, Dr. Werner Müller, Hanns-H. Kagelmacher, Werner Jamrowski, Dr. Jochen Klings, Werner Haase, Uwe Goller, Jürgen Schröder, Karl-W. Weiss, Peter-M. Jensen, Frietjof Spitzer, Bernd Bernhard, Prof. Dr. Günter Bernard (komm.), Walter Kaute.
Landesvorstand Bayern (Stand 11. August 1992) Landespräsidium: Landesvorsitzender Wolfgang Hüttl; stellv. Landesvorsitzende Gernot Jellinek, Otmar Wallner, Rudolf Hötzel, Johann Kurz; Landesschatzmeister Reinhold Giegold; Landeschriftführerin Rosemarie Huber; übriger Landesvorstand: stellv. Landes-

schatzmeister Georg Dettenhöfer; stellv. Landesschriftführerin Margot Neiß; Beisitzer: Ingrid Schönhuber, Bärbel Bannert, Johann Gärtner, Adolf Zimmermann, Klaus Münzberg, Franz Fischer, Robert Bichler, Monika Röhrig-Ewert, Siegfried Zeh, Dr. Rudolf Seufert, Klaus-Uwe Richter, Kurt Haimerl.

Landesvorstand Baden-Württemberg (Stand 11. August 1992) Landespräsidium: Landesvorsitzender Christian Käs; stellv. Landesvorsitzende Rüdiger Helfer, Wilhelm Kutschera, Rolf Wilhelm, Alfred Dagenbach; Landesschatzmeister Nikolaus Holzner; Landesschriftführer Bernhard Amann; Landesgeschäftsführer Alfred Dagenbach; Landespressesprecher Horst Trageiser; Beisitzer Lothar König, Heinz Troll; übriger Landesvorstand: stellv. Landesschatzmeister Max Reimann; Beisitzer Lothar König, Heinz Troll, Dr. Heinz Barth, Karl-A. Schaal, Hermann Rexhaus, Michael Herbricht.

Landesvorstand Berlin (Stand 6. November 1992) Landespräsidium: Landesvorsitzender Dr. Werner Müller; stellv. Landesvorsitzende Ingeborg Seifert, Sven-Thomas Frank, Günter Reich; Landesschatzmeister Wolfgang Schulz; Landesschriftführer André Kalicinski; Landesgeschäftsführer Sven-Thomas Frank; übriger Landesvorstand: stellv. Landesschatzmeister Dr. Christian Breu-Blechschmidt, stellv. Landesschriftführerin Liliane Reen; Beisitzer Bernhard Görgens, Christian Rössler, Christian Wolter, Manfred Spies, Bernd Bruschke.

Landesvorstand Bremen (Stand 18. März 1993) Landespräsidium: Landesvorsitzender Hanns-H. Kagelmacher; stellv. Landesvorsitzender Peter-J. Pricelius; Landesschatzmeister Reinhard Hielke; Landesschriftführer Walter Bauer; Parteisekretär Peter-J. Pricelius; übriger Landesvorstand: Beisitzer Michael Richt, Jürgen Reiners, Holger-H. Jung, Christa-M Dalchow, Uwe Wessel.

Landesvorstand Hamburg (Stand 11. August 1992) Landespräsidium: Landesvorsitzender Werner Jamrowski, stellv. Landesvorsitzender Elmar Bruhn, Marion Feldtmann, Ernst-U. Böttcher; Landesschatzmeisterin Brigitte Preuß; Landesschriftführerin Natascha Mandel; übriger Landesvorstand: Beisitzer Otto Callis, Klaus Riese.

Landesvorstand Hessen (Stand 11. August 1992) Landespräsidium: Landesvorsitzender Dr. Jochen Klings; stellv.

Landesvorsitzende Prof. Bernhard Klyczs, Haymo Hoch, Klaus Sauer, Günter Hämer; Landesschatzmeisterin Brunhilde Waldhelm; Landesschriftführer Harald Kanthack; Landespressesprecher Harald Kanthack; Landesgeschäftsführer Rudolf Schütz (komm.); übriger Landesvorstand: Stellv. Landesschatzmeisterin Sieglinde Hirsch; Stellv. Landesschriftführerin Caterina Schnell; Beisitzer Peter Münch, Hubertus Vierheller, Ulrich Kolan, Klaus-P. Girmann, Rolf von Ahrentschild, Bert-R. Förster, Horst Fuhlrott, Hermann Buchhold, Dietrich Winkelmann, Petra Buchholz, Gerhard H. Lengelsen, Mark-Olaf Enderes.

Landesvorstand Niedersachsen (Stand 11. August 1992) Landespräsidium: Landesvorsitzender Werner Haase; stellv. Landesvorsitzende Kurt Vajen, Gerhard Wruck, Günter Lüdtke; Landesschatzmeister Jürgen Wirtz; Landesschriftführerin Gisela Weitzel; Landesparteisekretär Gerhard Tempel; übriger Landesvorstand: stellv. Landesschatzmeister Karl-I. Welke; stellv. Landesschriftführer Wilhelm Köhler; Beisitzer Ernst Ennulat, Dieter Biernath, Irmgard Lüdtke, Heinrich Baumjohann.

Landesvorstand Nordrhein-Westfalen (Stand 11. August 1992) Landespräsidium: Landesvorsitzender Uwe Goller; Stellv. Landesvorsitzende Dr. Volker Grumbrecht, Burkhard Stieglitz, Uschi Winkelstett; Landesschatzmeister Heinz Kukla; Landesparteisekretär Bernhard Urban; übriger Landesvorstand: stellv. Landesschatzmeister Günther Kersten; Beisitzer Hans-I. Burghardt, Dr. Helmut Fleck, Sylvia Heuser, Dr. Hans-U. Höfs, Charlotte Lenzen, Wilhelm Pohlmann, Wolfgang Rau, Etti Scherer, Burghard Schmank, Heinz Schmolke, Lothar Smurawa.

Landesvorstand Rheinland-Pfalz (Stand 6. November 1992) Landespräsidium: Landesvorsitzender Jürgen Schröder; stellv. Landesvorsitzende Gerhardt Meyer, Rolf Bauer, Gisela Neumann, Kurt Ekkehard Goldmann; Landesschatzmeister Wolf Scheuerbrand; Landesschriftführerin Monika Franger; Landesgeschäftsführer Heinz Bassermann; übriger Landesvorstand: stellv. Landesschatzmeister Reiner Müller; stellv. Landesschriftführer Kurt Franger; Beisitzer Hans-P. Herstein, Ingrid Scheuerbrandt, Dieter Poser, Ariane Bayer, Ursula Sabel, Karl Meditz, Edgar Hauser, Frank Grabert, Stefan Stritter, Winfried Schmidtke, Paul Speck, Jürgen Spieß.

Landesvorstand Saarland (Stand 6. November 1992) Landespräsidium: Landesvorsitzender Karl-W. Weiss; stellv. Landesvorsitzende Christian Gettmann, Werner Karthein, Landesschatzmeister Karl-Heinz Heil; Landesschriftführer Harry Boos; übriger Landesvorstand: Beisitzer Bernd Ehrreich, Anton Mirkes, Annelotte Federspiel-Koch, Wolfgang Klasen.

Landesvorstand Schleswig-Holstein (Stand 11. August 1992) Landespräsidium: Landesvorsitzender Peter-M. Jensen; stellv. Landesvorsitzende Dr. Jens-G. Steffen, Friedrich Siewert, Christian Wendt, Klaus Meier; Landesschatzmeister Alexander Meier; Landesparteisekretärin Cornelia Prott; Landesgeschäftsführer Friedrich Siewert; übriger Landesvorstand: stellv. Landesschatzmeisterin Birgitta Hoffmann; Beisitzer Ingeborg Ackermann, Heinz Bitthien, Karl-H. Schueler.

Landesvorstand Brandenburg (Stand 6. November 1992) Landespräsidium: Landesvorsitzender Frithjof Spitzer; Landesschatzmeister Joachim Mierwald; Landesschriftführer Bernd Thiele; stellv. Landesvorsitzende Günter-Ph. Arens, Hermann Flemmig, Jörg-D. Vennen; übriger Landesvorstand: stellv. Landesschatzmeister Sascha Thieme; Landesschriftführerin Petra Reichstein; Beisitzer Maik Grichen, Günter Kalliske, Thomas Keller, Thoralf Lange, Karsten Runge, Wilfried Steinberg, Rudolf Stephan; Landeskassenprüfer Fred Kritzel, Silvia Voigt.

Landesvorstand Mecklenburg-Vorpommern (Stand 6. November 1992) Landespräsidium: Landesvorsitzender Bernd Bernhard; stellv. Landesvorsitzende Rainer Müller, Manfred Zühlke; Landesschatzmeisterin Uta-E. Dädler; Landesschriftführer Steffen Zedler; übriger Landesvorstand: stellv. Landesschatzmeister Reino Palowski, stellv. Landesschriftführer Enrico Schmischke; Beisitzer Bärbel Pasewaldt, Manfred Sempert, Manfred Rohmann, Wolfgang Hermann, Hans-Ulrich Berg, Peter Lange, Karl Brockmann.

Landesvorstand Sachsen (Stand 6. Dezember 1992) Landespräsidium: Landesvorsitzender Prof. Dr. Günter Bernard (komm.); stellv. Landesvorsitzende Ralph Gappel, Mario Koether, Silko Eule; Landesschatzmeister Heinz Unger; Landesschriftführer Günter Hänske; übriger Landesvorstand: stellv. Landesschatzmeister Uwe Ulbricht; Beisitzer Thomas Jäckel, Heiko Kühnel, René Wicher, Lothar Pahl, Günter Steffan, Holger Dehmel.

Landesvorstand Sachsen-Anhalt (Stand 18. März 1993) Landespräsidium: Landesvorsitzende Martina Rosenberger (komm.); stellv. Landesvorsitzende Helmut Abel, Klaus Wichels, Heinz Keilwagen, Landesschatzmeister Norbert Reimann; Landesschriftführerin Marita Schwarze; übriger Landesvorstand: stellv. Landesschatzmeister Günther Lüders; Landesschriftführerin Heide Walde; Beisitzer Fritz Benecke, Fred Kreutzer, Gerhard Schlüter, Mario Schulz, Ingo Teske, Andreas Protz, Ingo Peter Walde.

Landesvorstand Thüringen (Stand 6. November 1992) Landespräsidium: Landesvorsitzender Walter Kaute; stellv. Landesvorsitzende Klaus-P. Barth, Jürgen Preusser; Landesschatzmeisterin Heike Dreßler; Landesschriftführer Heiko Leukefeld; übriger Landesvorstand: stellv. Schriftführer Hans-J. Frost, Horst Taischik, Peter Gordian, Uwe Bäz-Dölle, Götz Rudloff, Andreas Baum.

Publikationen

Der Republikaner, monatlich, Auflage 1992: durchschnittlich 80.000 Exempare. Herausgeber und verantwortlicher Redakteur: Franz Schönhuber; Stellvertretung: Dr. Ursula Saniewski; Anzeigen: Klaus Dieter Pahl; redaktionelle Mitarbeiter: Dr. Rolf Schlierer, Werner Jamrowski, Dr. Klaus Zeitler, Burkhard Schmanck, Udo Bösch.

Wahlergebnisse (1986-1994)

Landtagswahl in Bayern (12. Oktober 1986):
Die REP erhielte 341.977 Stimmen (3,0 %).
Wahl zum Berliner Abgeordnetenhaus (29. Januar 1989):
Die REP erhielten 90.140 Stimmen (7,5 %) und eroberten elf Mandate. Sie erzielten im Wedding (9,9 %) und in Neukölln (9,6 %) ihre besten Bezirksergebnisse. Nur in Zehlendorf konnten sie die Fünfprozentmarke nicht überwinden.

Europawahl (15.-18. Juni 1989):
Die REP erhielten 2.005.555 Stimmen (7,1 %) und eroberten damit sechs Mandate.
Landtagswahl im Saarland (28. Januar 1990):
Die REP erhielten 23.140 Stimmen (3,3 %). Das beste Ergebnis erzielten sie im Wahlkreis Saarlouis (3,7 %).
Landtagswahl in Niedersachsen (13. Mai 1990):
Die REP erhielten 61.974 Stimmen (1,5 %). Ihr bestes Ergebnis erzielten sie im Regierungsbezirk Lüneburg (1,9 %).
Landtagswahl in Nordrhein-Westfalen (13. Mai 1990):
Die REP erhielten 171.734 Stimmen (1,8 %). Ihr bestes Ergebnis erhielten sie im Regierungsbezirk Arnsberg (2,2 %).
Landtagswahl in Bayern (14. Oktober 1990):
Die REP erhielten 538.514 Stimmen (4,9 %). Überdurchschnittliche Ergebnisse erzielten sie in Niederbayern, in Schwaben und in der Oberpfalz.
Wahl zum Berliner Abgeordnetenhaus (2. Dezember 1990):
Bei der ersten Wahl im vereinten Berlin erhielten die REP 62.041 Stimmen (3,1 %) und blieben damit deutlich hinter ihrem Ergebnis von 1989 zurück. Im Wahlgebiet Berlin-West schnitten sie deutlich besser ab als im Wahlgebiet Berlin-Ost (1,9 %).

Tabelle 14: Endgültiges Ergebnis der REP bei den Landtagswahlen in den neuen Bundesländern am 14. Oktober 1990 (Zweitstimmen)

Mecklenburg-Vorpommern	0,85 %	(7.640)
Brandenburg	1,15 %	(14.631)
Sachsen-Anhalt	0,64 %	(8.992)
Thüringen	0,83 %	(11.712)
Sachsen	–	
Summe	**0,56 %**	**(42.975)**

Quelle: Wahlen zu den Landtagen der Länder Mecklenburg-Vorpommern, Brandenburg, Sachsen-Anhalt, Thüringen, Sachsen am 14. Oktober 1990, Berlin 1990. In Sachsen wurden die REP nicht zur Landtagswahl zugelassen.

Bundestagswahl (2. Dezember 1990):
Die REP hatten lediglich in 7 der 72 Wahlkreise des Wahlgebietes Ost Kandidaten aufgestellt.

Tabelle 15: Endgültiges Ergebnis der REP im Wahlgebiet Ost bei den Bundestagswahlen am 2. Dezember 1990 (Zweitstimmen)

Berlin-Ost	1,6 %	(11.075)
Mecklenburg-Vorpommern	1,4 %	(14.146)
Brandenburg	1,7 %	(23.504)
Sachsen-Anhalt	1,0 %	(15.197)
Thüringen	1,2 %	(17.969)
Sachsen	1,2 %	(33.605)
Wahlst. Ost zus.	**1,5 %**	**(115.496)**

Quelle: Statistisches Bundesamt: Bevölkerung und Erwerbstätigkeit. Wahl zum 12. Deutschen Bundestag am 2. Dezember 1990. Fachserie 1, Sonderheft 3: Endgültige Ergebnisse nach Wahlkreisen, Stuttgart 1990.

Landtagswahl in Hessen (20. Januar 1991):
Die REP erhielten 49.313 Stimmen (1,7 %). Ihre besten Ergebnisse erzielte sie in der Region Rhein-Main, Stadt (2,0 %), in Darmstadt (1,9 %) und in der Region Rhein-Main (1,9 %).
Landtagswahl in Rheinland-Pfalz (21. April 1991):
Die REP erhielten 43.439 Stimmen (2,0 %). Ihr bestes Ergebnis erzielten sie mit 2,7 % der Stimmen im Regierungsbezirk Rheinhessen-Pfalz.
Bürgerschaftswahl in Hamburg (2. Juni 1991):
Die REP erhielten 9.959 Stimmen (1,2 %).
Bürgerschaftswahl in Bremen (29. September 1991):
Die REP erhielten 1,5 % der Stimmen. Ihr bestes Ergebnis erzielten sie in Bremen-West (2,1 %).
Landtagswahl in Baden-Württemberg (5. April 1992):
Die REP erhielten 538.866 Stimmen (10,9 %) und eroberten damit 15 Sitze.
Die Abgeordneten der REP: Willi Auer (Jahrgang 1949), Indu-

striemeister; Rudolf Bühler (Jahrgang 1939), Elektromeister; Ulrich Deuschle (Jahrgang 1952), Dipl.-Volkswirt, kaufmännischer Angestellter; Dr. Richard Eckert (Jahrgang 1938), Dipl.-Physiker, wissenschaftlicher Angestellter; Michael Herbricht (Jahrgang 1947), Dipl.-Betriebswirt (FH); Lothar König (Jahrgang 1944), Grund- und Hauptschullehrer; Wolfram Krisch (Jahrgang 1934), kaufmännischer Geschäftsführer; Liane Offermanns (Jahrgang 1964), Büroangestellte; Klaus Rapp (Jahrgang 1952), Offsetdrucker, Druckereibesitzer; Max Reimann (Jahrgang 1930), Rentner; Karl-August Schaal (Jahrgang 1935, Industrie- und Handelskaufmann); Dr. Rolf Schlierer (Jahrgang 1955), Arzt und in Stuttgart praktizierender Rechtsanwalt, Fraktionsvorsitzender im Landtag; Horst Trageiser (Jahrgang 1937), Computerfachmann; Heinz Troll (Jahrgang 1939), Polizeibeamter a.D.; Rolf Wilhelm (Jahrgang 1956), Polizeihauptmeister.

Landtagswahl in Schleswig-Holstein (5. April 1992):

Die REP erhielten 18.230 Stimmen (1,2 %).

Kommunalwahlen in Hessen (7. März 1993):

Die REP kandidierten in 18 von 21 Wahlkreisen und in vier der fünf kreisfreien Städte. Insgesamt erhielten sie 245.344 Stimmen (8,3 %). In den kreisfreien Städten eroberten sie 36, in den Kreistagen 134, auf Gemeindeebene 68 und bei den Ortsbeiräten 25 Mandate. Ergebnisse aus kreisfreien Städten: Offenbach 15,1 %, Wiesbaden 13,1 %, Frankfurt a.M. 9,3 %, Kassel 5,4 %. Kreise: Rheingau-Taunus-Kreis 13,2 %, Main-Kinzig-Kreis 12,4 %, Lahn-Dill-Kreis 11,6 %, Vogelsberg-Kreis 10,0 %.

Bürgerschaftswahl in Hamburg (19. September 1993):

Die REP erhielten 40.817 Stimmen (4,8 %) und verfehlten den Einzug in die Bürgerschaft nur knapp. Gegenüber der Bürgerschaftswahl von 1991 bedeutete dies eine Vervierfachung ihres Stimmenanteils. Die Partei war in allen sieben Wahlbezirken angetreten. Überdurchschnittliche Ergebnisse erzielte sie in Harburg (7,3 %) und Hamburg-Mitte (6,2 %). In diesen beiden Bezirken konnten 4 bzw. 3 Vertreter in die Bezirksversammlungen entsandt werden.

Kommunalwahlen in Brandenburg (5. Dezember 1993):

Die REP stellten nur in zwei Gemeinden Kandidaten auf. Die sechs REP-Kandidaten in Templin erhielten 270 Stimmen und kein Mandat. In Eisenhüttenstadt zog der REP-Kandidat Wilfried Steinberg in den Stadtrat ein. Die Partei hatte hier 1,8 % der Stimmen auf sich vereinigen können.

Landtagswahl in Niedersachsen (13. März 1994):

Die REP erhielten 159.026 Stimmen (3,7 %) und blieben damit deutlich unter der Fünfprozentmarke. Das Ergebnis von 1990 wurde dennoch mehr als verdoppelt.

Wahl des Bundespräsidenten (23. Mai 1994):

Zur Bundespräsidentenwahl präsentierten die REP am Vorabend der Wahl noch den Kandidaten Hans Hirzel (Jahrgang 1924), der der Partei im April 1993 beigetreten war und in der REP-Presse als ehemaliges Mitglied der Widerstandsgruppe „Weiße Rose" gefeiert worden war. Ein von Dr. Rolf Schlierer bei der Konstituierung eingebrachter Geschäftsordnungsantrag, den Kandidaten möge Gelegenheit zur Vorstellung gegeben werden, wurde von einer breiten Mehrheit der Bundesversammlung zurückgewiesen, nachdem die Präsidentin auf Art. 54 Abs. 1 GG verwiesen hatte: „Der Bundespräsident wird ohne Aussprache von der Bundesversammlung gewählt." Folgende REP-Mitglieder waren in der Bundesversammlung vertreten: Ulrich Deutschle, Hans Hirzel, Christian Käs, Lothar König, Klaus Rapp, Dr. Rolf Schlierer, Franz Schönhuber, Horst Trageiser. Hans Hirzel erhielt im ersten Wahlgang 12 und in den beiden folgenden Wahlgängen jeweils 11 Stimmen.

Die Republikaner (REP)

Rechenschaftsbericht 1992 - Einnahmen in DM

A = Mitgliedsbeiträge und ähnliche regelmäßige Beiträge
B = Einnahmen aus Vermögen
C = Einnahmen aus Veranstaltungen, Vertrieb von Druckschriften und Veröffentlichungen und sonstiger mit Einnahmen verbundener Tätigkeit der Partei
D = Einnahmen aus Chancenausgleich
E = Einahmen aus Spenden
F = Einahmen aus der Wahlkampfkostenerstattung
G = Zuschüsse von Gliederungen
H = Sonstige Einnahmen
I = Gesamteinnahmen

	A	B	C	D	E	F	G	H	I
Bundesverband 1992	80.956,90	176.423,40		1.019.350,00	297.881,32	4.569.173,04	500,00	12.186,90	6.156.471,56
Landesverbände									
Baden-Württemberg	103.785,86	103.831,42			476.931,71	3.999.769,00	2.796,80	15.660,82	4.702.775,61
Gebietsverbände							543.420,74		543.420,74
Bayern	294.410,51	60.027,01			973.172,73	420.586,50	5.329,94	10.500,00	1.764.026,69
Gebietsverbände	167.503,35	9.253,03	22.262,10		83.854,47		17.505,12	691,12	301.069,19
Berlin	38.639,71		15.198,00		101.343,42	58.496,94	261.201,16		474.879,23
Gebietsverbände	92.385,11	484,45	1.638,00		50.214,13		10.000,00	7.098,09	161.819,78
Brandenburg	8.750,00	41,19	234,20		2.845,52		22.000,00		33.870,91
Gebietsverbände							1.753,05		1.753,05
Bremen	1.400,00	20,05			3.798,00	39.988,87	4.049,30		49.256,22
Gebietsverbände							500,00		500,00
Hamburg	14.397,23	764,62	631,00		40.454,56		176.957,04		56.851,77
Hessen	31.317,05	19.189,95			57.932,83	35.936,00		1.862,00	321.332,87
Gebietsverbände	43.556,60	1.071,20	1.289,00		15.184,53		27.571,62		62.963,33
Mecklenburg	21.573,00	31,05	660,00		10.924,80		3.067,30	8.145,67	60.760,47
Niedersachsen	41.516,36				117.101,06	84.770,72	216.752,00	142,74	254.601,11
Gebietsverbände	14.458,85	605,10	347,07		3.969,66			9.057,83	21.690,94
Nordrhein-Westfalen	155.651,44	2,45	1.236,00		35.550,98	105.651,90	54.839,29	1.177,22	307.150,60
Gebietsverbände	6.104,53	750,05	4.335,22		49.724,00				116.984,31
Rheinland-Pfalz	39.108,83	6.793,86	616,60		99.237,41	56.819,90	1.000,00	607,55	202.576,60
Gebietsverbände	8.914,26	33,07	1.184,75		1.691,65				13.431,28
Saarland	12.387,00				130.111,00	42.605,00	22.549,00		185.103,00
Sachsen	422,00	22,16			2.408,00		22.000,00	178,50	25.401,16
Sachsen-Anhalt	6.646,50				412,00		360.075,53	692,00	29.237,00
Schleswig-Holstein	7.081,16	560,73	274,00		64.268,72			553,78	432.952,14
Gebietsverbände	13.369,69	121,35	1.186,64		9.883,93		17.500,00		25.115,39
Thüringen	3.464,00	6,02			4.821,84		1.557.441,77	68.554,22	25.791,86
Gesamt 1992	1.207.799,94	380.032,16	51.092,58	1.019.350,00	2.633.718,27	9.413.797,87			16.331.786,81

Beitragspflichtige Mitglieder 19.923 davon 2.899 in den neuen Bundesländern (1991: 16.483, davon 2.018 in den neuen Bundesländern) Spenden gem. § 25 Abs. 2 PartG.: Konrad Hüttner (München), 60.000 DM; Bernd Bernhard (Berlin), 20.245 DM; Brigitte Bernhard (Berlin), 26.800 DM.

Rechenschaftsbericht 1992 - Ausgaben in DM

A = Personalausgaben
B = Ausgaben des laufenden Geschäftsbetriebes
C = Ausgaben für innerparteiliche Gremienarbeit und Information
D = Ausgaben für Öffentlichkeitsarbeit und Wahlen
E = Zuschüsse an Gliederungen
F = Zinsen
G = Sonstige Ausgaben
H = Gesamtausgaben

	A	B	C	D	E	F	G	H
Bundesverband 1992	126.960,81	1.658.224,32	113.584,16	1.381.427,89	923.632,69	9.076,56		4.212.906,43
Landesverbände								
Baden-Württemberg	62.869,97	809.277,91	465,00	1.006.963,30	543.420,74			2.422.996,92
Gebietsverbände				360.632,95				360.632,95
Bayern	145.363,55	330.976,56	76.024,20	1.039.285,30	11.120,56	10.986,96		1.613.757,13
Gebietsverbände	4.750,00	130.170,82	14.464,10	127.233,39	6.384,56	2.982,86		285.985,73
Berlin	3.746,27	104.291,85	868,79	272.234,64	10.000,00	173,71		391.315,26
Gebietsverbände	800,00	48.200,50		60.845,46		1.341,09	9.406,57	120.593,62
Brandenburg		22.694,22		3.293,65	1.753,05	95,27		27.836,19
Gebietsverbände								
Bremen		24.549,89	4.972,28	13.963,01	1.000,00	180,53		44.665,71
Hamburg		19.236,11	4.419,16	40.920,42		417,58		64.993,27
Gebietsverbände					604,36			604,36
Hessen		78.418,26		89.093,23				167.511,49
Gebietsverbände		13.823,63		22.918,83			5.560,43	42.627,54
Mecklenburg		9.566,15	3.741,93	33.699,89		1.113,95		48.121,92
Niedersachsen	2.400,00	38.018,16	1.235,86	121.096,55	2.167,52	1.991,14		166.909,23
Gebietsverbände		4.077,57		4.413,36	965,00		6,44	9.462,37
Nordrhein-Westfalen		180.120,35		101.896,57	54.893,29			336.910,21
Gebietsverbände	217,00	29.160,18		25.068,50		1.408,55	11.150,39	67.004,62
Rheinland-Pfalz		27.255,35	7.571,79	106.462,87	1.000,00	202,04		142.492,05
Gebietsverbände		22.536,69		3.165,22		155,45	453,22	26.310,58
Saarland		933,10		130.056,00		176,52		131.165,62
Sachsen		3.025,27		2.408,00				5.433,27
Sachsen-Anhalt		14.633,42		412,00				15.045,42
Schleswig-Holstein		18.228,63	1.957,30	426.394,75		33,00		446.613,68
Gebietsverbände		5.088,86	354,39	20.073,14		828,55	1.737,54	28.028,48
Thüringen		10.575,30	246,60	4.821,84		224,00		15.867,74
Gebietsverbände					500,00			500,00
Gesamt 1992	347.107,60	3.603.083,10	229.905,56	5.398.780,76	1.557.441,77	31.712,41	28.314,59	11.196.345,79

Die Republikaner (REP)
Rechenschaftsbericht 1992 - Vermögen in DM

* Besitzposten
A = Geschäftsstellenausstattung
B = Beitragsforderungen
C = Geldbestände
D = sonstige Vermögensgegenstände
E = Gesamte Besitzposten

	A	B	C	D	E
Bundesverband 1992	207.119,03	8.206,30	3.872.442,02	585.488,19	4.673.255,54
Landesverbände					
Baden-Württemberg	97.444,27		2.230.179,91		2.327.624,18
Gebietsverbände	27.034,46		155.753,33		182.787,79
Bayern	110.117,32	286,02	788.280,26	245.514,31	1.144.197,91
Gebietsverbände	13.526,67		432.908,66		446.435,33
Berlin	61.616,23	16.238,85	61.066,61	1.147,00	140.068,70
Gebietsverbände	9.159,78		63.019,68		72.179,46
Brandenburg	9.293,10		13.264,79		22.557,89
Bremen	9.551,10		3.936,11	1.556,54	15.043,75
Hamburg	6.862,24	4.310,00	16.359,41		27.531,65
Hessen	16.004,66		280.882,18	3.400,00	300.286,84
Gebietsverbände			56.644,90		56.644,90
Mecklenburg	4.224,93		14.871,40		19.096,33
Niedersachsen	19.287,89		91.670,44		110.958,33
Nordrhein-Westfalen	25.438,07		79.656,96	5.315,00	110.410,03
Gebietsverbände	3.484,00		91.250,29		94.734,29
Rheinland-Pfalz	27.892,66	700,00	134.277,90		162.870,56
Gebietsverbände	1.370,29	13.947,00	26.901,46	5.141,00	47.359,75
Saarland	6.906,55		25.739,50	20.572,86	53.218,91
Sachsen	2.602,21		8.201,53		10.803,74
Sachsen-Anhalt	12.492,63		7.523,80		20.006,43
Schleswig-Holstein	24.850,84	10.602,50	19.905,87	1.304,78	56.663,99
Gebietsverbände			33.267,93		33.267,93
Thüringen	4.257,85		4.058,00	1.000,00	9.315,85
Gesamt 1992	700.526,78	54.290,68	8.512.062,94	870.439,68	10.137.320,08

Beim Bundesverband beinhaltet die Position "sonstige Vermögensgegenstände" die Übertragung von DM 500.000,- an eine noch im Genehmigungsverfahren befindliche Stiftung.

Rechenschaftsbericht 1992 - Schulden in DM

* Schulden
A = Rückstellungen
B = Beitragsverbindlichkeiten
C = Verbindlichkeiten gegenüber Kreditinstituten
D = sonstige Verbindlichkeiten
E = gesamte Schuldposten
F = Reinvermögen

	A	B	C	D	E	F
Bundesverband 1992	27.000,00			11.903,60	281.903,60	4.391.351,94
Landesverbände						
Baden-Württemberg						2.327.624,18
Gebietsverbände						182.787,79
Bayern		40.775,94		18.119,34	58.895,28	1.085.302,63
Gebietsverbände			2.144,96	38.019,12	40.164,08	406.271,25
Berlin	23.251,28			10.749,21	34.000,49	106.068,21
Gebietsverbände						72.179,46
Brandenburg						22.557,89
Bremen				380,85	380,85	14.662,90
Hamburg				1.714,30	1.714,30	25.817,35
Hessen						300.286,84
Gebietsverbände			4.860,00		4.860,00	51.784,90
Mecklenburg						19.096,33
Niedersachsen	30.000,00			103.000,00	133.000,00	-22.041,67
Nordrhein-Westfalen						110.410,03
Gebietsverbände						94.743,29
Rheinland-Pfalz		13.947,00	576,50	5.141,00	19.664,50	143.206,06
Gebietsverbände						47.359,75
Saarland						53.218,91
Sachsen						10.803,74
Sachsen-Anhalt						20.006,43
Schleswig-Holstein		8.206,30		2.959,37	11.165,67	45.498,32
Gebietsverbände						33.267,93
Thüringen						9.315,85
Gesamt 1992	323.251,28	62.929,24	7.581,46	191.986,79	585.748,77	9.551.571,31

Die Republikaner (REP)
Rechenschaftsbericht 1991 - 1992
wahlkampfbezogene Einnahmen und Ausgaben in DM

1. Landtagswahl Hessen 1991

Wahlkampfbezogene Ausgaben	
A = Personalausgaben	11.029,49
B = Ausgaben des laufenden Geschäftsbetriebes	18.339,84
C = Ausgaben für innerparteiliche Gremienarbeit	13.683,45
D = Ausgaben für Öffentlichkeitsarbeit und Wahlen	32.331,41
Wahlkampfbezogene Einnahmen	
A = Einnahmen aus Spenden	7.577,27
B = Einnahmen aus Wahlkampfkostenerstattung	359.364,00

2. Landtagswahl Rheinland-Pfalz 1991

Wahlkampfbezogene Ausgaben	
A = Personalausgaben	
B = Ausgaben des laufenden Geschäftsbetriebes	19.055,23
C = Ausgaben für innerparteiliche Gremienarbeit	507.354,21
D = Ausgaben für Öffentlichkeitsarbeit und Wahlen	120.046,74
Wahlkampfbezogene Einnahmen	
A = Einnahmen aus Spenden	41.314,27
B = Einnahmen aus Wahlkampfkostenerstattung	303.039,44

3. Landtagswahl Hamburg 1991

Wahlkampfbezogene Ausgaben	
A = Personalausgaben	
B = Ausgaben des laufenden Geschäftsbetriebes	16.632,70
C = Ausgaben für innerparteiliche Gremienarbeit	256.743,00
D = Ausgaben für Öffentlichkeitsarbeit und Wahlen	76.468,44
Wahlkampfbezogene Einnahmen	
A = Einnahmen aus Spenden	25.851,77
B = Einnahmen aus Wahlkampfkostenerstattung	

4. Landtagswahl Bremen 1991

Wahlkampfbezogene Ausgaben	
A = Personalausgaben	
B = Ausgaben des laufenden Geschäftsbetriebes	36.820,95
C = Ausgaben für innerparteiliche Gremienarbeit	1.159,52
D = Ausgaben für Öffentlichkeitsarbeit und Wahlen	208.031,51
Wahlkampfbezogene Einnahmen	
A = Einnahmen aus Spenden	750,00
B = Einnahmen aus Wahlkampfkostenerstattung (erst in 1992 ausbezahlt)	39.988,87

5. Landtagswahl 1992, Baden-Württemberg

Wahlkampfbezogene Ausgaben	
A = Personalausgaben	128.243,47
B = Ausgaben des laufenden Geschäftsbetriebes	511.600,62
C = Ausgaben für innerparteiliche Gremienarbeit	466.403,26
D = Ausgaben für Öffentlichkeitsarbeit und Wahlen	909.664,36
Wahlkampfbezogene Einnahmen	
A = Einnahmen aus Spenden	406.562,65
B = Einnahmen aus Wahlkampfkostenerstattung	3.999.769,00

6. Landtagswahl 1992, Schleswig-Holstein

Wahlkampfbezogene Ausgaben	
A = Personalausgaben	
B = Ausgaben des laufenden Geschäftsbetriebes	25.209,61
C = Ausgaben für innerparteiliche Gremienarbeit	333.735,68
D = Ausgaben für Öffentlichkeitsarbeit und Wahlen	248.249,96
Wahlkampfbezogene Einnahmen	
A = Einnahmen aus Spenden	57.196,13
B = Einnahmen aus Wahlkampfkostenerstattung	

Die Republikaner (REP)
Rechenschaftsbericht 1991-1992
Unentgeltliche Leistungen für 1991 und 1992

	Nachtrag 1991 regelmäßig DM	Nachtrag 1991 unregelmäßig DM	Summe 1991	1992 regelmäßig DM	1992 unregelmäßig DM	Summe 1992	Gesamt DM
Bundesverband	36.000,00		36.000,00	175.703,00		175.703,00	211.703,00
Landesverbände							
Baden-Württemberg	21.774,00	32.902,50	54.676,50	627.470,00	303.095,25	930.565,25	985.241,75
Bayern	339.973,50	258.878,50	598.852,00	927.169,00	1.431.648,25	2.358.817,25	2.957.669,25
Berlin	44.057,00	3.295,00	47.352,00	987.076,00	437.760,50	1.424.836,50	1.472.188,50
Brandenburg		410,00	410,00	63.599,00	5.885,00	69.484,00	69.894,00
Bremen	9.625,00		9.625,00	62.935,00	762,50	63.697,50	73.322,50
Hamburg	76.560,00		76.560,00	215.708,50	77.444,00	293.152,50	369.712,50
Hessen		60,00	60,00	85.375,00	155.740,00	241.215,00	241.175,00
Mecklenburg	1.500,00	14.385,00	15.885,00	269.681,00	47.802,50	317.483,50	333.368,50
Niedersachsen	116.112,00	32.502,50	148.614,50	203.542,00	87.583,50	291.125,50	439.740,00
Nordrhein-Westfalen				1.037.967,50	509.062,00	1.547.029,50	1.547.029,50
Rheinland-Pfalz				300.778,00	223.935,00	524.713,00	524.713,00
Saarland	110.995,00		110.995,00	306.025,00		306.025,00	417.020,00
Sachsen		21.232,50	21.232,50	13.062,00	36.765,00	49.827,00	71.059,50
Sachsen-Anhalt				92.118,00	1.602.250,00	108.140,50	108.140,50
Schleswig-Holstein	15.011,00	5.927,50	20.938,50	495.405,00	141.806,50	637.211,50	658.150,00
Thüringen				213.059,00	107.215,00	320.274,00	320.274,00
Gesamt	771.607,50	369.593,50	1.141.201,00	6.076.673,00	3.582.527,50	9.659.200,50	10.800.401,50

3.1.4. Deutsche Liga für Volk und Heimat

Die „Deutsche Liga für Volk und Heimat" (DL) entstand 1990 aus der Enttäuschung über die mangelnde Resonanz des „nationalen Lagers" angesichts des sich beschleunigenden Vereinigungsprozesses. In der zweiten Jahreshälfte 1990 sondierten Vertreter der gegen Schönhuber unterlegenen REP-Opposition zusammen mit führenden NPD-Repräsentanten die Möglichkeit zur Gründung einer neuen Sammlungsbewegung.

Von seiten der NPD war Martin Mußgnug zweifellos der profilierteste Verhandlungspartner. Der am 11. Februar 1936 in Heidelberg als Sohn des Chirurgen Prof. Dr. Hans Mußgnug geborene Jurist führt seit 1963 in Tuttlingen/Donau eine Rechtsanwaltskanzlei. Der Einstieg in die Politik war während des Studiums erfolgt. 1956 gehörte er zu den Gründern des „Bundes Nationaler Studenten" (BNS) an der Universität Heidelberg. Die Vereinigung breitete sich in den folgenden Jahren auf eine Reihe von Universitätsstandorten aus, bis sie im aufgeheizten Klima nach der antisemitischen Schmierwelle 1959/60 verboten wurde.[90] Mußgnug trat der DRP bei und wurde stellvertretender Vorsitzender des Kreisverbandes Heidelberg-Land. Nach Gründung der NPD stieg er in den geschäftsführenden Landesvorstand Baden-Württemberg auf. 1967 wurde er zum stellvertretenden Landesvorsitzenden, 1968 zum Landesvorsitzenden gewählt und zog nach dem überraschend hohen Wahlsieg bei der Landtagswahl dieses Jahres in das Stuttgarter Landesparlament ein. Auf der Bundesebene übernahm Mußgnug 1970 das Amt des stellvertretenden Parteivorsitzenden und trat nach dem Rücktritt Adolf von Thaddens dessen Nachfolge als Bundesvorsitzender an. Seine Wahl bedeutete eine Niederlage für den stärker nationalrevolutionär und aktionistisch ausgerichteten Parteiflügel um Pöhlmann. Um den zunehmenden Bedeutungsverlust der Partei im Verlaufe der siebziger Jahre aufzuhalten, setzte sich Mußgnug für eine „Modernisierung" der NPD-Programmatik ein. Dies zeigte sich etwa in einer stärkeren Berücksichtigung der ökologischen Problematik sowie der Betonung der „Ausländerfrage". Auch in ihrer außenpolitischen Orientierung nahm die NPD eine Kurskorrektur vor. Anknüpfend an programmatische Konzepte einer NPD-Minderheit, die bereits in den fünfziger Jahren von der DRP vertreten worden waren, verfolgte die Partei seit Anfang der achtziger Jahre einen national-neutralistischen Kurs und forderte den Austritt der Bundesrepublik Deutschland wie der Deutschen Demokratischen Republik aus ihren jeweiligen Bündnissystemen.

Dem seit 1987 unter der Regie Mußgnugs eingeleiteten Aktionsbündnis mit den Organisationen des Münchner Verlegers Frey blieb der erhoffte Erfolg versagt. Auch die deutsche Vereinigung erfüllte nicht die innerparteilichen Erwartungen auf eine politische Renaissance. Nach der Wahlniederlage bei der ersten gesamtdeutschen Wahl 1990 (0,3 % statt 0,6 % 1987) mit ihren schwerwiegenden finanziellen Folgen (Nichterreichen der für die Erstattung der Wahlkampfkosten erforderlichen 0,5-Prozent-Grenze) trat Mußgnug im Dezember 1990 vom Amt des Bundesvorsitzenden zurück und gab sein Engagement für eine „Deutsche Allianz" (DA) bekannt. Nachdem die DA am 18. Januar 1991 ins Leben gerufen worden war, warb er zusammen mit dem NPD-Bundesgeschäftsführer Jürgen Schützinger und dem früheren NPD-Generalsekretär Walter Seetzen in der NPD für ein Zusammengehen mit der DA. Diesen Bestrebungen erteilte der Bundesparteitag in Herzogenaurach (7./8. Juni 1991) eine Absage. Der erklärte DA-Gegner Deckert setzte sich durch und wurde zum neuen NPD-Bundesvorsitzenden gewählt.[91]

Der wichtigste Bündnispartner der NPD-Funktionäre war zweifellos der ehemalige REP-Generalsekretär Harald Neubauer, der lange Zeit als Schönhuber-Nachfolger gehandelt worden war. Neubauer, am 3. Dezember 1951 in Hamburg geboren, ist gelernter Kaufmann.[92] Politisch begann er bei der sozialistischen Jugendorganisation „Die Falken", wechselte aber Ende 1969 zur NPD, der er bis 1972 angehörte. Danach schloß er sich den Abtrünnigen der ANR Siegfried Pöhlmanns an. Jahre später behauptete Michael Kühnen, Neubauer sei in der ersten Hälfte der siebziger Jahre „Gaukassenwart" der NSDAP-AO in Schleswig-Holstein gewesen.[93] Wie dem auch sei: Bald engagierte sich Neubauer für die „National-Freiheitlichen" des Münchner Verlegers Frey. Nach seiner Übersiedlung nach Bayern trat er im August 1975 wieder in die NPD ein und avancierte zum stellvertretenden Bezirksvorsitzenden von Oberbayern. Nachdem er in die Redaktion der „Deutschen National-Zeitung" eingetreten war, legte er im Juni

1980 sein NPD-Amt nieder und verließ die Partei zum Jahresende. Als Grund nannte Neubauer den nationalneutralistischen Kurswechsel und die programmatische Öffnung gegenüber ökologischen Themen. In einer Buchbesprechung für die „Deutsche National-Zeitung" lobte er das 1981 erschienene Schönhuber-Buch „Ich war dabei" in den höchsten Tönen. Bald darauf lernte er den Autor, der ihn „aus Dank"[94] zum Essen einlud, auch persönlich kennen. Schönhuber sei damals noch beim Bayerischen Rundfunk gebunden gewesen und habe sich nicht politisch betätigen können. Dies änderte sich nach dessen Entlassung. Neubauer versuchte, „ihn als Zugpferd für eine ökologische Sammlung zu gewinnen. Er ließ sich nicht lange bitten."[95] 1984 brach Neubauer mit Frey. In seinem Kündigungsschreiben hieß es: „Die berechtigte und zum Ausgleich zwischen den Völkern bereite Wahrnehmung nationaler Interessen, jedem Chauvinismus fern, verträgt sich vor dem düsteren Hintergrund der Zeitgeschichte nur mit einem verantwortungsbereiten Journalismus, der sich vor radikaler Zuspitzung hütet und Eindrücke vermeidet, die geläuterten Patriotismus in das Zwielicht der NS-Apologetik bringen."[96] Als enger Vertrauter Schönhubers wurde er 1984 Pressereferent und im Mai 1985 Generalsekretär der REP - trotz der Bedenken des REP-Gründers Franz Handlos, für den Neubauers Vergangenheit Anlaß zur Skepsis bot. Nach dessen Entmachtung übernahm er im Mai 1988 die Ämter des bayerischen Landesvorsitzenden und des Bundespressesprechers der REP. Nach der Europawahl vom Juli 1989 zog Neubauer als Abgeordneter in das Europäische Parlament ein. Zusammen mit dem Front National Jean-Marie Le Pens und dem Vlaams Blok Karel Dillens bildeten die REP die „Technische Fraktion der europäischen Rechten". Ende 1990 verließ Schönhuber die Fraktionsgemeinschaft, nachdem er sich gegen die Gruppe um Harald Neubauer, Franz Glasauer und Johanna Grund durchgesetzt hatte.

Tabelle 16: Mitglieder der DL, 1991-1993

1991	800
1992	800
1993	900

Quelle: Verfassungsschutzbehörden.

Neben Neubauer nahm der von der NPD zu den REP gekommene Landshuter Videothekenbesitzer Franz Glasauer (Jahrgang 1947) an den Verhandlungen mit NPD-Funktionären teil. Der von Glasauer und Neubauer gemeinsam geführte RVG-Verlag (Landshut) brachte seit September 1990 die „Deutsche Rundschau" als Organ eines „Arbeitskreises Vereinigte Rechte" heraus – ein erster Schritt zur Organisationsgründung. Am 18. Januar 1991 wurde der Verein „Deutsche Allianz – Vereinigte Rechte" ins Leben gerufen. Die Ablehnung des als völkerrechtswidrig geltenden Verzichts auf die ehemals deutschen Ostgebiete bildete den zentralen Programmpunkt. Darüber hinaus agitierte die Vereinigung in aggressiver Form gegen Ausländer und Asylbewerber. Die DA mußte sich nach einer gerichtlichen Auseinandersetzung mit einem bekannten Versicherungsunternehmen ähnlichen Namens umbenennen. Als „Deutsche Liga für Volk und Heimat" (DL) konstituierte sie sich am 3. Oktober 1991.

Bereits bei der rheinland-pfälzischen Landtagswahl am 20. April 1991 war eine Wahlvereinigung unter dem Namen „Deutsche Allianz – Heimatbündnis Rheinland-Pfalz" angetreten. Sie erreichte 0,2 % der Stimmen. Das eigentliche Wahldebüt der DL fand jedoch bei der baden-württembergischen Landtagswahl am 5. April 1992 statt. Mit 0,5 % der Stimmen blieb sie deutlich hinter der schwach abschneidenden NPD zurück (0,9 %).[97] Immerhin mußte die NPD in ihren Wahlkreisen Tuttlingen-Donaueschingen, wo Lokalmatador Mußgnug für die DL kandidierte (3.752 Stimmen, 4,6 % gegenüber 1,2 % für die NPD), und Villingen-Schwenningen, wo Jürgen Schützinger angetreten war (2.368 Stimmen, 3,0 % gegenüber 1,0 % für die NPD), herbe Niederlagen einstecken. Dennoch erschien die DL angesichts des guten Abschneidens der REP als Totgeburt. Bis Ende 1992 gelangte sie über ca. 800 Mitglieder nicht hinaus (1991: Bayern: 70; Baden-Württemberg: 180; Niedersachsen: 50; Nordrhein-Westfalen: 150). Seit Anfang 1992 engagierte sich die DL auch in den neuen Bundesländern. Der Landesverband Berlin-Brandenburg wurde am 8. Februar 1992 gebildet. Ca. 80 Personen nahmen an der Gründungsversammlung teil. Den Vorsitz des Landesverbandes übernahm Frank Schwerdt (ehemals REP), einer seiner Stellvertreter im Vorstand ist der ehemalige Landesvorsitzende der REP im Land Brandenburg Peter Gillian.

Obwohl selbst bei Wahlen nicht erfolgreich, ist die DL aufgrund von Parteiübertritten in mehreren Parlamenten vertreten. In Bremen wechselte der DVU-Abgeordnete Hans Altermann im Herbst 1991 zur DL über. Zusammen mit dem im Januar 1993 ebenfalls aus der DVU ausgetretenen Peter Nennstiel bildete er eine „National-Konservative Gruppe" in der Bürgerschaft. Im Landtag von Schleswig-Holstein kam es nach innerfraktionellen Machtkämpfen Ende Mai 1993 zur Auflösung der DVU-Fraktion. Der Versuch, geschlossen zu den REP überzutreten, scheiterte an deren Unvereinbarkeitsbeschluß. Drei der DVU-Abtrünnigen – Ingo Stawitz, Ingo Schachtschneider und Karin Voss – schlossen sich daraufhin der DL an, während die beiden anderen zunächst parteilos blieben. Der mit finanziellen Zuwendungen verbundene Fraktionsstatus wurde erst wieder erlangt, nachdem einer der parteilosen ehemaligen DVU-Abgeordneten, Benvenuto Friese, ebenfalls der DL beigetreten war. Seither gibt es eine DL-Fraktion im Kieler Landtag. Im Kölner Stadtrat löste sich die im Oktober 1989 gewählte siebenköpfige REP-Fraktion ebenfalls auf. Zwei Ratsherren traten zur DA/DL über: Markus Beisicht (Jahrgang 1963) und Manfred Rouhs (Jahrgang 1966). Beide sind publizistisch für die DL tätig; Beisicht gibt die Kölner Zeitung „Domspitzen", Rouhs das Magazin „Europa vorn" heraus.

<u>Ergänzende Organisationsdaten:</u>
Bundesgeschäftsstelle: Villingen-Schwenningen[98]
Bundesvorstand:

Gleichberechtigte Vorsitzende:	Harald Neubauer
	Jürgen Schützinger
Generalsekretär:	Franz Glasauer
Schatzmeister:	Kurt Niewein
Weitere Mitglieder des Präsidiums:	Martin Mußgnug
	Markus Beisicht
	Walter Seetzen

Beisitzer: Katharina Behrend, Reiner Born, Peter Dehoust, Günter Reinhold Edhofer, Werner Eichinger, Hubert Peter Fladung, Erich Fuchs, Gabriele Hartung, Dr. Rigolf Hennig, Karl Richter, Hans-Jürgen Sabrauzky, Rainer Vogel.
Berufene Beisitzer: Hans Altermann, Kurt Bunde, Edgar Claus,

Reiner Hans Hannemann, Friedrich Riedel, Frank Schwerdt, Martin Will.

Landesverband Schleswig-Holstein: Gleichberechtigte Vorsitzende: Michael Gräf, Friedrich Riedel, Hans-Jürgen Sabrautzky; Schatzmeister: Herbert Holler; Beisitzer: Gundolf Leuschel, Carl Wichmann.

Landesverband Hamburg: Gleichberechtigte Vorsitzende: Kurt Bunde, Karl-Heinz Gehrke; Schatzmeisterin: Edith Korte; Beisitzer: Heinrich Möller, Walter Bystron, Martin Grimm, Roman Korte, Stephan Rauch.

Landesverband Niedersachsen: Gleichberechtigte Vorsitzende: Joachim Frenzel, Dr. Rigolf Hennig, Richard Sperber; Schatzmeister: Heinrich Winter; Beisitzer: Rudolf Cordes, Uwe Gruhl, Adolf Siering.

Landesverband Baden-Württemberg: Gleichberechtigte Vorsitzende: Jürgen Schützinger, Kurt Niewein, Walter Schüttpelz; Schatzmeister: Herbert Hoyka; Beisitzer: Uwe Bernotavicius, Günther Brendel, Rudolf Gießler, Harald Kayser, Otto Mager, Wilhelm Misterek, Martin Mußgnug, Liselotte Schützinger; Berufene Beisitzer: Hans Autenrieth, Wolfgang Derm, Angelika Schrayßhuen, Karl-Heinz Sutterer.

Landesverband Nordrhein-Westfalen: Vorsitzender: Markus Beisicht; Stellvertreter: Hans-Dieter Balk, Bruno Kirchner; Beisitzer: Michael Bransch, Ewald Fiebach, Volker Jung, Peter Komusin, Michael Koschka, Daniel Schöppe, Adolf Steiner, Michael Wiechert.

Landesverband Bayern: Vorsitzender: Franz Glasauer; Stellvertreter: Reiner Born, Werner Eichinger, Peter Recknagel; Beisitzer: Manuela Adebar, Klaus Bleck, Günther R. Edhofer, Andreas Ettenhuber, Ilse Herrmann, Manfred Kautetzky, Herbert Quast, Doris Recknagel, Karl Richter, Ernst Schweiger, Manfred Theimer.

Landesverband Berlin-Brandenburg: (gegründet am 8. Februar 1992) Vorsitzender: Frank Schwerdt (ehemals REP); Stellvertreter: Peter Gillian (ehemaliger Landesvorsitzender der REP im Land Brandenburg), Richard Mioska, Karl-Heinz Panteleit; Beisitzer: Rano Rertz, Günther Gutschmidt, Karl-Heinz Schmidt, Christian Wendt.

Nebenorganisationen: Wählergemeinschaft „Deutsche Allianz – Heimatbündnis Rheinland-Pfalz".
Förderverein Vereinigte Rechte.

Publikationen

Deutsche Rundschau; monatlich; Auflage 1991: 50.000/70.000; 1993: 10.000; Herausgeber: Technische Fraktion der Europäischen Rechten, deutsche Abgeordnete; Redaktion (verantwortlich für den Inhalt): Harald Neubauer; seit 1992 Chefredakteur Karl Richter; 1990-1993 RVG-Verlag, Landshut, seit Januar 1994 Nation Europa Verlag, Coburg; nach Erscheinen der März-Ausgabe 1994 mit Nation + Europa zusammengelegt, eigenständiges Erscheinen eingestellt.
Knackpunkt. Berichte aus dem Landesverband Bayern der Deutschen Liga.
Blitz-Schlag; unregelmäßig; Aufl. 1993: 10.000.
Die Nordlichter – Norddeutsche Rundschau; monatlich; Aufl. 1993: 500.
Bayern-Info; zweimonatlich; Aufl. 1993: 1.000.

Wahlergebnisse (1991-1994)

Deutsche Allianz – Vereinigte Rechte:
Im Jahre 1990 verfügte die DA-VR über 5 Stadtratsmitglieder in Villingen-Schwenningen (3 ehemalige NPD- und 2 ehemalige REP-Vertreter). Im Rat der Stadt Köln schloß sich die dreiköpfige Gruppe der REP der DA-VR an. In Frankfurt liefen zwei ehemalige NPD-Stadtverordnete zur DA-VR über.
Landtagswahl in Rheinland-Pfalz (20. April 1991):
Ein befreundetes Wahlbündnis kandidierte unter dem Namen „Deutsche Allianz - Heimatbündnis Rheinland-Pfalz" und erzielte 0,2 % der Stimmen.
Landtagswahl in Baden-Württemberg (5. April 1992):
Die DL trat in 43 der 70 Wahlkreise an (23.259 Stimmen, 0,5 %). Martin Mußgnug erreichte in seinem Wahlkreis Tuttlingen-Donaueschingen 3.752 Stimmen (4,6 %), Jürgen Schützinger in seinem Wahlkreis Villingen-Schwenningen 2.368 Stimmen (3,0 %).
Kommunalwahlen in Brandenburg (5. Dezember 1993):
In der Gemeinde Peitz bei Cottbus konnte die DL ein Gemeinderatsmandat erobern: Helmut Wandtke erhielt 3,8 % der Stim-

men. In Cottbus blieben die beiden DL-Kandidaten mit 0,5 % erfolglos. Der frühere Vorsitzende der DA, Frank Hübner, kanddidierte hier für die DL für den Posten des Oberbürgermeisters und erhielt 2,75 % der Stimmen. Der Bundesvorstand der DL distanzierte sich von der Kandidatur.
Wahl des Bundespräsidenten (23. Mai 1994):
Die von ehemaligen DVU-Abgeordneten konstituierte DL-Fraktion im schleswig-holsteinischen Landtag entsandte Ingo Stawitz (Jahrgang 1950) in die Bundesversammlung.

REP, DVU und NPD in den Parlamenten von Kreisen und Kreisfreien Städten (1987-1994)

Schleswig-Holstein	Wahl 3/1990	Sitze	Wahl 3/1994	Sitze
KS Lübeck	3,1 % (REP)		4,1 % (REP)	
Rendsburg-Eckernförde	1,2 % (REP)		1,9 % (REP)	

Niedersachsen	Wahl 10/1991	Sitze
KS Hannover	3,4 % (REP)	2
Hannover	3,6 % (REP)	3
Hildesheim	1,0 % (REP)	1
Schaumburg	0,9 % (REP)	1
Celle	3,9 % (REP)	2
Harburg	3,2 % (REP)	2
Lüneburg	0,8 % (REP)	4
KS Delmenhorst	4,5 % (REP)	2

Bremen	Wahl 9/1984	Sitze	Wahl 9/1991	Sitze
Wahlbereich Bremen			5,38 % (DVU)	4
Wahlbereich Bremerhaven	5,40 % (DVU-Liste D)	1	10,06 % (DVU	2

Nordrhein-Westfalen	Wahl 9/1984	Sitze	Wahl 10/1989	Sitze
KS Düsseldorf	6,2 % (REP)	5		
KS Köln	7,4 % (REP)	7		
KS Leverkusen	6,4 % (REP)	3		
KS Gelsenkirchen	7,4 %(REP)	5		
Recklinghausen	5,1 %(REP)	4		
KS Dortmund	6,3 % (REP)	5		
KS Hagen	7,2 % (REP)	4		
KS Hamm	7,1 % (REP)	4		
Märkischer Kreis	6,0 % (REP)	4		

Hessen	Wahl 3/1989	Sitze	Wahl 3/1993	Sitze
KS Darmstadt				
KS Frankfurt am Main	6,6 % (NPD)		9,3 % (REP)	10
KS Offenbach am Main			15,1 % (REP)	11
KS Wiesbaden			13,1 % (REP)	11
Bergstraße			9,6 % (REP)	8
Darmstadt-Dieburg			5,9 % (REP)	5
Groß-Gerau			9,7 % (REP)	8
Hochtaunuskreis			9,4 %(REP)	8
Main-Kinzig-Kreis	5,2 % (NPD)	5	12,4 % (REP)	12
Main-Taunus-Kreis			9,2 % (REP)	6 *

* REP 1993: gem § 22 KWG bleiben 2 Sitze unbesetzt, weil der Wahlvorschlag nicht genügend Bewerber umfaßt.

Odenwaldkreis			6,9 % (REP)	4
Offenbach			9,2 % (REP)	9
Rheingau-Taunus-Kreis	10,5 % (REP)	3	13,2 % (REP)	10
Wetteraukreis	7,0 % (REP)	5 **	8,5 % (REP)	7

* *REP 1989: gem § 22 KWG bleiben 2 Sitze unbesetzt, weil der Wahlvorschlag nur fünf Bewerber umfaßt.

Gießen			9,3 (REP)	8
Lahn-Dill-Kreis			11,6 % (REP)	10
Limburg-Weilburg			7,2 % (REP)	5
Marburg-Biedenkopf			9,2 % (REP)	7
Vogelsbergkreis			10,0 % (REP)	6
KS Kassel			5,4 % (REP)	4
Fulda			9,1 % (REP)	8
Hersfeld-Rotenburg	5,0 % (NPD)		6,3 % (REP)	4
Schwalm-Eder-Kreis			7,7 % (REP)	6
Waldeck-Frankenberg			7,8 % (REP)	6

Rheinland-Pfalz	Wahl 6/1989	Sitze
KS Kaiserslautern	5,3 % (REP)	3
KS Ludwigshafen am Rhein	3,1 % (REP)	2
KS Worms	8,3 % (REP)	4
Südliche Weinstraße	3,9 % (REP)	2

Baden-Württemberg		Wahl 10/89	Sitze
	KS Stuttgart	9,5 % (REP)	6
	Böblingen	3,7 % (REP)	3
	Esslingen	5,8% (REP)	6
	Göppingen	5,3 % (REP)	3
	Ludwigsburg	4,3 % (REP)	3
	KS Heilbronn	10,9 % (REP)	4
	Heilbronn	5,0 % (REP)	3
	Ostalbkreis	2,6 % (REP)	1
	KS Karlsruhe	5,2 % (REP)	3
	Karlsruhe	2,3 % (REP)	2
	Rastatt	3,9 % (REP)	2
	KS Heidelberg	4,1 % (REP)	1
	KS Mannheim	8,8 % (REP)	4
	Rhein-Neckar-Kreis	0,8 % (REP)	1
	KS Pforzheim	11,2 % (REP)	6
	KS Freiburg im Breisgau	6,2 % (REP)	3
	Breisgau-Hochschwarzwald	1,7 % (REP)	1
	Ortenaukreis	1,7 % (REP)	1
	Konstanz	2,4 % (REP)	1
	KS Ulm	6,6 % (REP)	3
	Alb-Donau-Kreis	2,5 % (REP)	1
	Biberach	3,9% (REP)	2
	Sigmaringen	4,3 % (REP)	1
Bayern		Wahl 3/1990	Sitze
	KS Ingolstadt	9,1 % (REP)	4
	KS München	7,3% (REP)	6
	KS Rosenheim	11,8 % (REP)	5
	Altötting	6,7 % (REP)	4
	Berchtesgadener Land	5,9 % (REP)	3
	Bad Tölz-Wolfratshausen	6,4 % (REP)	4
	Dachau	7,6 % (REP)	4
	Ebersberg	4,4 % (REP)	2
	Eichstätt	4,3 % (REP)	2
	Erding	5,7 % (REP)	4
	Freising	5,4 % (REP)	3
	Fürstenfeldbruck	5,4 % (REP)	4
	Garmisch-Partenkirchen	6,6 % (REP)	4
	Landsberg a.Lech	5,2 % (REP)	3
	Miesbach	5,7 % (REP)	3
	Mühldorf a.Inn	7,4 % (REP)	4
	München	4,6 % (REP)	3
	Neuburg-Schrobenhausen	5,1 % (REP)	3
	Pfaffenhofen a.d.Ilm	5,2 % (REP)	3
	Rosenheim	7,8 % (REP)	5
	Starnberg	5,3 % (REP)	3
	Traunstein	6,9 % (REP)	4
	Weilheim-Schongau	5,8 % (REP)	3
	KS Landshut	9,6 % (REP)	4
	KS Passau	5,2 % (REP)	2***
	*** 1992: 11,3 % (REP) 5 Sitze		
	KS Straubing	3,9 % (REP)	1
	Deggendorf	5,5 % (REP)	3
	Freyung-Grafenau	3,7 % (REP)	2
	Kelheim	4,8 % (REP)	3
	Landshut	7,2 % (REP)	4
	Passau	5,1 % (REP)	3
	Regen	6,3 % (REP)	3
	Rottal-Inn	2,6 % (REP)	1
	Straubing-Bogen	5,5 % (REP)	3
	Dingolfing-Landau	5,1 % (REP)	3
	KS Amberg	4,4 % (REP)	1

	KS Regensburg	5,8 % (REP)	3
	KS Weiden i.d.Opf.	3,1 % (REP)	1
	Amberg-Sulzbach	4,0 % (REP)	2
	Cham	7,8 % (REP)	4
	Neumarkt i.d.Opf.	1,8 % (REP)	1
	Neustadt a.d.Waldnaab	2,6 % (REP)	1
	Regensburg	6,0 % (REP)	3
	Schwandorf	4,7% (REP)	3
	Tirschenreuth	3,7 % (REP)	2
	KS Bamberg	6,0 % (REP)	2
	KS Bayreuth	6,8 % (REP)	3
	KS Coburg	3,4 % (REP)	1
	KS Hof	6,7 % (REP)	3
	Bamberg	4,9 % (REP)	3
	Bayreuth	4,9 % (REP)	3
	Coburg	4,0 % (REP)	2
	Forchheim	6,4 % (REP)	4
	Hof	5,0 % (REP)	3
	Kulmbach	5,1 % (REP)	2
	Lichtenfels	3,0 % (REP)	1
	Wunsiedel i.Fichtelgebirge	4,0 % (REP)	2
	KS Ansbach	4,6 % (REP)	1
	KS Erlangen	3,5 % (REP)	1
	KS Fürth	8,8 % (REP)	4
	KS Nürnberg	6,7 % (REP)	4
	KS Schwabach	5,2 % (REP)	2
	Ansbach	4,9 % (REP)	3
	Erlangen-Höchstadt	4,4 % (REP)	2
	Fürth	5,7 % (REP)	3
	Nürnberger Land	5,4 % (REP)	3
	Neustadt a.d.Aisch-Bad Wind.	5,3 % (REP)	3
	Roth	4,8 % (REP)	3
	Weissenburg-Gunzenhausen	3,9 % (REP)	2
	KS Aschaffenburg	4,2 % (REP)	2
	KS Schweinfurt	5,9 % (REP)	2
	KS Würzburg	3,2 % (REP)	1
	Aschaffenburg	3,8 % (REP)	2
	Bad Kissingen	2,9 % (REP)	1
	Haßberge	2,8 % (REP)	1
	Kitzingen	4,2 % (REP)	2
	Miltenberg	3,4 % (REP)	2
	Schweinfurt	4,3 % (REP)	2
	Würzburg	3,3 % (REP)	2
	KS Augsburg	10,0 % (REP)	6
	KS Kaufbeuren	3,8 % (REP)	1
	KS Kempten (Allgaeu)	9,6 % (REP)	4
	KS Memmingen	6,9 % (REP)	2
	Aichach-Friedberg	7,6 % (REP)	4
	Augsburg	7,6 % (REP)	5
	Dillingen a.d.Donau	6,3 % (REP)	4
	Günzburg	6,5% (REP)	4
	Neu-Ulm	2,0 % (REP)	1
	Lindau (Bodensee)	5,8 % (REP)	3
	Unterallgäu	6,4 % (REP)	3
	Donau-Ries	3,9 % (REP)	2
	Oberallgäu	5,8 % (REP)	3
Saar		Wahl 6 /1989	Sitze
	Neunkirchen	5,2 % (REP)	1
	Saarlouis	7,2 % (REP)	3

Quelle: Norbert Lepszy/Hans-Joachim Veen, "Republikaner" und DVU in kommunalen und Landesparlamenten sowie im Europaparlament, Konrad-Adenauer-Stiftung, Interne Studien und Berichte, Nr. 63/1993-1994.

3.1.5. Internationale Kontakte

Eigentlich erscheint die Annahme naheliegend, Nationalisten täten sich mit dem Knüpfen internationaler Verbindungen schwer. Tatsächlich verhindern divergierende machtpolitische Interessenlagen oft die Zusammenarbeit. Eine „nationalistische Internationale" hat in der Vergangenheit zwar die Phantasie der „Antifaschisten" lebhaft beschäftigt; mit der Wirklichkeit hatte dies aber oft wenig zu tun. Wenn sich schon die Kommunistischen Parteien der ehemals an Moskau ausgerichteten Orthodoxie mit einer Bündelung ihrer Energien schwertaten, waren die Widerstände am anderen Ende des politischen Spektrums noch weit beträchtlicher. Dennoch gab und gibt es auch für Nationalisten vielfältige Beweggründe für eine Zusammenarbeit über den nationalen Rahmen hinaus. Der Kontakt zu ausländischen Gesinnungsgenossen mag die programmatische Arbeit ebenso fördern wie das Bemühen um möglichst effiziente Aktionsformen und Organisationsstrukturen. Bilaterale oder multilaterale Verbindungen können der strategischen Absicherung von Einflußzonen dienen. Freilich handelt es sich bei den nationalistischen Gruppierungen zumindest des westlichen Europa um politische Minderheiten, die sich innerhalb des Kräftefeldes demokratischer Verfassungsstaaten in einer Defensivposition befinden. So gewinnen internationale Kontakte oft den Charakter wechselseitiger Nothilfe. Der psychologische Aspekt steht dabei nicht selten im Vordergrund: Man versichert sich gegenseitig die Existenzberechtigung, und jeder politische Erfolg befreundeter Gruppierungen im Ausland wird als Chance zur Mobilisierung der eigenen Kräfte genutzt.

Seit der ersten Direktwahl im Jahre 1979 hat sich das Europäische Parlament zu einem Forum der Zusammenarbeit zwischen den nationalistischen Wahlbewegungen entwickelt. Ein deutscher Bündnispartner zog jedoch erst mit der dritten Direktwahl von 1989 in die europäische Volksvertretung ein, nachdem es den REP gelungen war, 6 Abgeordnetensitze zu erobern. Die für effizientes Arbeiten bedeutsame Fraktionsstärke ließ sich nur durch einen Zusammenschluß mehrerer Parteien erreichen. Dafür in Frage kamen der französische „Front national" (FN), der flämisch-nationalistische „Vlaams Blok" (VB) und der italienische „Movimento Sociale Italiano" (MSI).

Das Fraktionsbündnis wurde schließlich ohne den MSI geschlossen, da die REP aufgrund der „Südtirol-Frage" keine Einigung mit dem MSI erzielen konnten und sich der VB der ethnozentrischen Argumentationslinie eher verbunden fühlte als dem National-Zentralismus der italienischen Neofaschisten.

Die „Technische Fraktion der Europäischen Rechten", wie sich das Bündnis nannte, um die programmatische Heterogenität zu unterstreichen, wurde in ihrer Arbeit durch die deutschen Abgeordneten schon bald schwer belastet. Anlaß war der innerparteiliche Konflikt bei den REP, der im Sommer 1990 zur Spaltung führte. Bereits im Juni entzogen die REP-Europaabgeordneten Johanna Grund, Peter Köhler, Harald Neubauer, Prof. Emil Schlee und Dr. Hans-Günter Schodruch dem amtierenden stellvertretenden Vorsitzenden der Technischen Fraktion und Sprecher der deutschen Abgeordneten, Franz Schönhuber, das Vertrauen. Bald darauf kehrte der als REP-Vorsitzender bestätigte Schönhuber der „Technischen Fraktion" den Rücken. Gegenüber der Öffentlichkeit distanzierte er sich nun vom „unzeitgemäßen Nationalismus" des bisherigen Fraktionskollegen Jean-Marie Le Pen, den er noch im Oktober 1989 auf einer Tagung in Bad Reichenhall als politischen Freund herzlich begrüßt hatte. Die in der „Technischen Fraktion" verbliebenen deutschen Abgeordneten gingen unterschiedliche Wege. Die aus der REP-Spaltung hervorgegangene DL um Harald Neubauer blieb zu schwach, um als Bündnispartner auf europäischer Ebene künftig eine nennenswerte Rolle zu spielen.

Ein von der DL in Köln für Anfang Februar 1994 geplanter Europa-Kongreß kam nicht zustande. Jean-Marie Le Pen sagte seine Teilnahme frühzeitig ab – möglicherweise ein Hinweis darauf, daß der FN eine erneute Zusammenarbeit mit den bei den Europawahlen von 1994 aussichtsreichen REP nicht erschweren will. Als Stargast der Veranstaltung war jedoch ein Mann aus dem Osten vorgesehen, der Vorsitzende der „Liberaldemokratischen Partei Rußlands" (LDPR), Wladimir Schirinowskij. Die deutschen Behörden verweigerten dem durch provokative Äußerungen in der Öffentlichkeit hervorgetretenen Schirinowskij die Ausstellung eines Einreisevisums.

Seit den russischen Parlamentswahlen vom Dezember 1993, bei denen die LDPR zur zweitstärksten Partei aufgestiegen war, hatte Schirinowskij in den westlichen Medien Schlagzeilen gemacht. Er sprach von einem „Feldzug zum Indischen Ozean", drohte den westlichen Politikern mit Atomwaffen und äußerte sich freimütig über seine politischen (Rück-)Eroberungspläne. Im Januar 1994 eröffnete die russische Generalstaatsanwaltschaft ein Verfahren gegen Schirinowskij mit Berufung auf Art. 71 des russischen Strafgesetzbuches (Verbot von Kriegspropaganda). Stein des Anstoßes waren Äußerungen in der von ihm verfaßten Broschüre „Der letzte Sprung nach Süden". Dort werde ein Angriffskrieg gegen Rußlands Nachbarstaaten Türkei, Iran und Afghanistan propagiert.

Seit längerem bestehen enge Kontakte zwischen Schirinowskij und der DVU des Dr. Gerhard Frey. Im August 1992 trat Schirinowskij auf einer DVU-Veranstaltung im thüringischen Mühlhausen auf, wo er den begeisterten Zuhörern die Rückgabe des von Rußland annektierten nördlichen Ostpreußen anbot. Nach dem Wahlsieg vom Dezember 1993 gehörte Frey zu den ausländischen Gratulanten. Frey hatte, Presseberichten zufolge, den Wahlkampf der LDPR mit einer Summe von 80.000 US-Dollar unterstützt – eine Darstellung, die freilich von Schirinowskij dementiert wurde. Im Januar 1994 stellten sich Schirinowskij und Frey in Moskau gemeinsam der Presse. Sie plädierten für eine „Achse Berlin-Moskau", projektierten den Bau einer Autobahn von Berlin über Königsberg und Moskau bis nach Wladiwostok und sprachen von der Notwendigkeit von Grenzänderungen – u.a. in Schlesien und auf der Krim. Frey kündigte juristische Schritte für den Fall an, daß Schirinowskij erneut die Ausstellung eines Visums für die Einreise in die Bundesrepublik Deutschland verweigert werde.

Am 2. April 1994 war der Verleger der „Deutschen National-Zeitung" Gast auf dem V. Parteitag der LDPR in Moskau. Offenbar um innerparteiliche Kritiker zu entmachten, hatte der russische Chauvinist im Vorfeld des Parteitags das Führerprinzip durchgesetzt. So wurde Schirinowskij „mittels Handaufhebens, ohne Gegenstimme und ohne vorherige Aussprache, für die nächsten zehn Jahre – ‚bis zum 2. April 2004' – als Parteichef bestätigt. In dieser Funktion hat er auch das Recht, persönlich die Mitglieder der höchsten zentralen und regionalen Führungsorganisationen der Partei zu ernennen oder abzulösen."[99] Offiziell wurde die Übertragung quasi diktatorischer Befugnisse auf Schirinowskij mit der Notwendigkeit begründet, den bevorstehenden harten Kampf um die Macht an der russischen Staatsspitze siegreich zu bestehen. Der als Vertreter der DVU angereiste Dr. Gerhard Frey beschwor in einem Grußwort an die Delegierten des Parteitags die Freundschaft und Geistesverwandtschaft zwischen dem deutschen und dem russischen Volk. Er werde in Deutschland seinen Medieneinfluß geltend machen, um die entstellenden Darstellungen des „Schweinejournalismus" über Schirinowskij zu korrigieren. Neben Frey nahmen als ausländische Gäste am Parteitag der LDPR Vertreter der „Serbischen Nationalen Wiedergeburt", der „Serbischen Radikalen Partei", des französischen „Front national" sowie polnische Nationalisten und ein Abgesandter des irakischen Präsidenten Saddam Hussein teil.

Nach seiner Rückkehr aus Moskau beeilte sich Frey, sein Versprechen um positive Stimmungsmache für Schirinowskij und seine Partei in Deutschland zu erfüllen. In einem Artikel „Was darf man glauben?" erhielt der Russe die Gelegenheit, öffentliche Vorwürfe gegen seine Person zu entkräften. Er könne verstehen, schrieb Schirinowskij, daß aufgrund des in den Medien verbreiteten Zerrbildes „Millionen Deutsche verunsichert sind und in mir und meinen Vorstellungen eine Gefahr für Deutschland sehen. Die Leser der DEUTSCHEN NATIONAL-ZEITUNG und der DEUTSCHEN WOCHEN-ZEITUNG meines Freundes Dr. Gerhard Frey haben einen Anspruch auf wahrheitsgemäße Berichterstattung".[100] Neben dem Schirinowskij-Artikel wurde das Erscheinen eines „Sensationsbuches" im FZ-Verlag angekündigt: „Was ich wirklich will". Ob Schirinowskij alle DNZ-Leser zu überzeugen vermochte, erscheint selbst angesichts der in diesen Kreisen verbreiteten Ansichten zweifelhaft. Nahezu zeitgleich berichtete die Presse vom Auftritt des russischen Nationalisten in Straßburg, wo Schirinowskij als Mitglied einer zum Europarat entsandten Delegation des russischen Parlamentes weilte. Den Einsatz von Nato-Kampfflugzeugen in Bosnien kommentierte Schirinowskij mit der Drohung, die italienische Luftwaffenbasis Aviano zu bombardieren. Angesichts von Demonstranten, die sich vor dem russischen Konsulat eingefunden hatten, geriet der Russe völlig aus der Fassung, stieg auf einen schmiedeeisernen Zaun, beschimpfte die Demonstranten und bewarf sie mit aus der Gartenerde herausgerissenen Pflanzen.[101]

Auch von seiten der NPD wurde der Aufstieg Schirinowskijs in Rußland hoffnungsvoll zur Kenntnis genommen. NPD-Vorsitzender Günter Deckert lud den russischen Nationalisten auf den Europa-Parteitag im Januar 1994 ein – freilich ohne Erfolg. Im Gegensatz zur Bündnispolitik von NPD, DVU und DL distanzierte sich der Bundesvorsitzende der REP, Franz Schönhuber, mit deutlichen Worten von Schirinowskij und dessen politischen Ansichten.

3.2. Neonationalsozialistische Gruppierungen

3.2.1. Gesinnungsgemeinschaft der Neuen Front

Nach dem Verbot der ANS/NA 1983 bildeten die Kühnen-Anhänger eine locker gefügte Auffangvereinigung, die zunächst als „Bewegung", später als „Gesinnungsgemeinschaft der Neuen Front" (GdNF) firmierte. Kühnen war über Jahre hinweg eine der zentralen Figuren der neonationalsozialistischen „Szene". Am 21. Juni 1955 in Bonn-Beuel geboren, wuchs er in einem gutbürgerlichen katholischen Elternhaus auf – mit nach eigenen Angaben liberaler, gegenüber dem Nationalsozialismus überaus kritischer Orientierung.[102] In Bonn bestand er 1974 an einem katholischen Gymnasium das Abitur. Danach meldete er sich als Zeitoffizier zur Bundeswehr und erfuhr zunächst gute Beurteilungen durch seine Vorgesetzten. Erst auf der Bundeswehrhochschule in Hamburg wendete sich das Blatt, nachdem Kühnens rechtsextreme Aktivitäten publik geworden waren: Ende August 1977 wurde er unehrenhaft aus der Bundeswehr entlassen. Bereits als Schüler hatte Kühnen auf dem Bonner Marktplatz für die NPD Flugblätter verteilt. Anfang der siebziger Jahre war er in der „Aktion Widerstand" und der „Aktion Neue Rechte" aktiv. Zu den politischen Durchlaufstationen zählten daneben sowohl die „Junge Union" als auch die maoistische KPD. Doch keine dieser Vereinigungen war ihm radikal und kompromißlos genug. Erst die Bekanntschaft mit dem überzeugten Neonationalsozialisten Wolf-Dieter Eckart, der schon Ende der sechziger Jahre eine NS-Kampfgruppe aufgebaut hatte, wies den Weg. Unter seinem Einfluß gründete er im Mai 1977 in Hamburg den „Freizeitverein Hansa" (auch: „SA-Sturm 8. Mai"), aus dem noch im gleichen Jahr die „Aktionsfront Nationaler Sozialisten" (ANS) hervorging. Kühnen und seine „Kameraden" provozierten in der Öffentlichkeit mit SA-ähnlichen Uniformen und offenem Werben für den Nationalsozialismus. Kühnen wurde zum bekanntesten „Neonazi" der Bundesrepublik, auf den sich die Aufmerksamkeit der Sicherheitsbehörden konzentrierte. Im September 1979 wurde er wegen Volksverhetzung und Aufstachelung zum Rassenhaß zu einer vierjährigen Freiheitsstrafe verurteilt. In der Haft verfaßte er die Schrift „Die zweite Revolution. Glaube und Kampf“, in der er programmatisch an das historische Vorbild der 1934 entmachteten SA unter Ernst Röhm anknüpfte. Als politisches Ziel forderte er die Herstellung der Rassereinheit in einer neuen „Volksgemeinschaft“ mit korporativistischer Struktur. Das „vierte Reich“ werde aus den Rassenkämpfen der Zukunft zwangsläufig hervorgehen. Die Schrift weist ihren Verfasser als politischen Fanatiker mit analytischen und strategischen Fähigkeiten aus.

Im April 1982 verurteilte das Landgericht Flensburg den noch inhaftierten Kühnen erneut zu acht Monaten Haft, weil er dem Agrarjournalisten Thies Christophersen sein Manuskript „Die Zweite Revolution“ zur Veröffentlichung übersandt hatte. Im November 1982 kam Kühnen wieder auf freien Fuß und setzte seine Aktivitäten unbeirrbar fort. 1983 wurde die ANS mit der „Wehrsportgruppe Fulda“ und der „NS-Initiativgruppe Frankfurt/Main“ zur ANS/NA zusammengeschlossen. Wegen uneidlicher Falschaussage wurde Kühnen im November 1983 zu einer achtmonatigen Haftstrafe (zur Bewährung ausgesetzt) verurteilt. Im Monat darauf erließ der Bundesinnenminister das Verbot der ANS/NA. Im März 1984 floh Kühnen vor den Strafverfolgungsbehörden über die Schweiz und Italien nach Frankreich. Nach seiner Auslieferung wurde er im Januar 1985 erneut zu einer Freiheitsstrafe von drei Jahren und vier Monaten verurteilt – wegen Verbreitens von NS-Propagandamitteln und Verwendens von Kennzeichen verfassungsfeindlicher Organisationen.

Tabelle 17: Mitglieder der GdNF, 1987-1992

1987	500
1988	200
1989	130
1990	200
1991	400
1992	400

Quelle: Angaben des Verfassungsschutzes; Interview.

Während seiner Haftzeit spaltete sich die „Bewegung". Kühnen wurde der Homosexualität beschuldigt, und eine Gruppe um Jürgen Mosler (Jahrgang 1955) ging seither eigene Wege. Im Streit um die Vorherrschaft gaben beide Flügel zeitweilig die Zeitschrift „Die Neue Front" mit unterschiedlichem Inhalt heraus. Nachdem Kühnen im März 1988 wieder aus der Haft entlassen worden war, gründete er unentwegt neue Organisationen, die Stärke suggerieren und Verbotsverfahren erschweren sollten. Seine „Nationale Sammlung" (NS), die im hessischen Langen die erste „ausländerfreie Zone" proklamierte, wurde 1989 verboten. Die Spaltung der „Bewegung" konnte nicht überwunden werden. Beide Flügel veranstalteten 1989 unabhängig voneinander Feiern zum 100. Geburtstag Adolf Hitlers. Innerhalb der von der „Bewegung" unterwanderten FAP konnten sich in der Folgezeit die Anhänger Moslers durchsetzen.

Nach dem Fall der Mauer konzentrierte der an AIDS erkrankte Kühnen seine Aktivitäten auf das östliche Deutschland, wo Stützpunkte der von ihm 1989 ins Leben gerufenen „Deutschen Alternative" (DA) entstanden. Sein Tod am 25. April 1991 machte diesem Wirken ein Ende. Erst nach monatelangen Auseinandersetzungen konnte die Urne im Sterbeort Kassel beigesetzt werden, nachdem sich die Städte Bonn und Langen/Hessen geweigert hatten, die sterblichen Reste eines künftigen „Helden der nationalen Bewegung" auf ihren Friedhöfen zu bestatten.

Zur GdNF gehörten diverse Suborganisationen (siehe Organisationsdaten und gesonderte Abschnitte). Offenkundig sollte die Namenvielfalt wachsende Stärke suggerieren. Nach der Vereinigung wuchs der Aktivistenkreis durch neue Mitglieder im Osten deutlich an, kam jedoch bis Anfang 1993 nicht über die Marke von ca. 400 Personen hinaus. In ihrer Rolle als organisatorisches Rückgrat der Kühnen-Anhänger wurde die „Bewegung" durch regionale Organisationen ersetzt, so daß nur mehr wenige Mitglieder bei der GdNF verblieben.

Ergänzende Organisationsdaten:
Suborganisationen der GdNF:
* Aktion Lebensschutz (AL).
* Antizionistische Aktion (AZA).
* Antikommunistisches Aktionsbündnis (Antiko).
* Arbeitsgemeinschaft für ständige Wirtschaftsgestaltung (ASW).
* Freie Gewerkschaftsbewegung (FGB).
* Freundeskreis Heinz Reisz (FHR).
* Initiative Volkswille.
* Kaderorganisation SA.
* Neubeginn – Arbeitskreis für deutsch-alternative Politik (ADAP).
* Sturmabteilung (SA).
* Volksbund Rudolf Hess (VRH).
* Wahlbündnis Neubeginn – Arbeitskreis für deutsch-alternative Politik (ADAP).
* Nationalfreiheitliche Alternative (NFA).

Organisationen auf Bundesebene:
* Nationale Sammlung (NS), gegründet im Juli 1988, verboten am 27. Januar 1989.
* Deutsche Alternative (DA), gegründet im Mai 1989, verboten am 10. Dezember 1992.

Regionale Parteien:
* Hamburg: Nationale Liste (NL), gegründet im März 1989; Mitglieder 1993: 30; Landesvorstand 1991: Thomas Wulff (Vorsitzender), Thomas Sauer (Stellvertretender Vorsitzender), Ursula Worch (Kassenwart).
* Hessen: Deutsches Hessen (DH), gegründet im Juni 1991, 1993 aufgelöst.
* Bayern: Nationaler Block (NB), gegründet im Juli 1991, mit Verfügung vom 7. Juni 1993 durch das Bayerische Staatsministerium des Innern verboten.
* Baden-Württemberg: Volkstreue Liste (VL), gegründet im August 1991.
* Sachsen: Sächsische Nationale Liste (SNL), gegründet im August 1991.
* Nordrhein-Westfalen: Der Deutsche Weg, gegründet im Oktober 1991.

Publikationen:
Die Neue Front; seit 1989 monatlich; Auflage 1989-1991: 400.
Der Volkswille; 1990; vierteljährlich; Auflage: 1000.
Index; Hamburg, Organ der NL; 1993 Aufl. 700.
Der Aufruf; seit 1992; Organ der NFA.

3.2.2. Deutsche Alternative

Die „Deutsche Alternative" (DA) wurde am 5. Mai 1989 unter der Regie Michael Kühnens in Bremen als „nationale Protestpartei" gegründet. In ihrem bewußt eher moderat formulierten Programm bezeichnete sie die „Rückgewinnung der geraubten Ostgebiete" als eines ihrer Ziele. Nach Öffnung der innerdeutschen Grenze verlagerte sich der Handlungsschwerpunkt der Organisation rasch in das östliche Deutschland, wo vor allem rechtsextreme Skinheads als neue Aktivisten gewonnen werden konnten. Erste DA-Gruppen entstanden bereits im Dezember 1989 in Cottbus und Dresden. Vertreter dieser Gruppen gehörten zu den Teilnehmern des „Reichsparteitages" der DA am 13. Januar 1990 in der Nähe von Bonn. Dort wurde der frühere SRP-Funktionär und WJ-Gründer Walter Matthaei zum „Reichsführer" der DA ernannt. Der noch im gleichen Monat verabschiedete „Arbeitsplan Ost" sah die Schaffung eigenständiger organisatorischer Strukturen jenseits der Elbe vor. Am 16. März 1990 wurde eine „Sektion Mitteldeutschland" ins Leben gerufen. Das Gewicht der neuen DA-Gliederungen wurde in den folgenden Monaten so stark, daß ostdeutsche Aktivisten nach dem Tod Kühnens schließlich die Führung übernahmen.

Tabelle 18: Mitglieder der DA, 1989-1992

1989	80
1990	140
1991	320/350, davon 150 in den neuen Bundesländern
1992	350 (600 ohne Berücksichtigung von Mehrfachmitgliedschaften)

Quelle: Verfassungsschutzbehörden; Interview.

Auf einem DA-Bundestreffen in Duisburg am 18. September 1991 ging die DA-Führung in ostdeutsche Hände über. Frank Hübner wurde Bundesvorsitzender, René Koswig dessen Stellvertreter. Zuvor war der Wiener Gottfried Küssel (Jahrgang 1958), Kopf der österreichischen „Volkstreuen Außerparlamentarischen Opposition" (VAPO), zeitweilig als Kühnen-Nachfolger gehandelt worden.[103] Frank Hübner wurde 1966 in Cottbus geboren. Der Vater, als jugendlicher Kriegsteilnehmer zweimal verwundet, erzog seine beiden Söhne im Respekt vor den militärischen Leistungen des „deutschen Soldaten".[104] Frank Hübners Bruder Peter gründete bereits 1982 eine „Wehrsportgruppe", die 1984 durch den Staatssicherheitsdienst aufgelöst wurde. Nach einer mehrmonatigen Haftstrafe kam Peter Hübner 1985 im Rahmen des Häftlingsfreikaufs in die Bundesrepublik. Sein Bruder Frank hatte einen Ausreiseantrag gestellt und Briefe an den Moderator des ZDF-Magazins Gerhard Löwenthal und den Westberliner Bürgermeister Eberhard Diepgen geschrieben. Wegen „illegaler Kontaktaufnahme" zu 14 Monaten Haft verurteilt, wurde er im April 1985 in die Bundesrepublik abgeschoben. Er jobbte auf dem Bau und in einer Kurgaststätte in Bad Schwalbach und begann eine Lehre als Bürokaufmann. Zusammen mit seinem Bruder schloß er sich in Hessen einem „Soldatenverband" an und wurden nach und nach in die rechtsradikale „Szene" integriert. Frank Hübner: „Vorher hatte ich noch akzeptiert, daß die Deutschen den Krieg angefangen und daß Judenvergasungen stattgefunden hätten [...] Daß das nicht so war, habe ich erst mit den Jahren mitgekriegt, als ich Bücher und Schulungsmaterial von rechten Parteien gelesen habe, an die ich über gewisse Verbände herangekommen bin."[105] Im Rheingau-Taunus-Kreis schloß sich Frank Hübner zeitweilig der DVU an. Danach engagierte er sich in der hessischen Stadt Langen für die von Heinz Reisz und Michael Kühnen gegründete NS. Bereits unmittelbar nach Öffnung der Grenze nahm Hübner zu früheren „Kameraden" in Cottbus Kontakt auf und begann in der dortigen Skinheadszene zu agitieren. In enger Abstimmung mit Kühnen wurden die ersten Stützpunkte der DA gegründet.

Im Zuge des Verbotes der DA im Dezember 1992 führte die Polizei Hausdurchsuchungen in Cottbus durch und unterzog Hübner einem Verhör. Seit dem Sommer 1991 waren an die Stelle der

DA bereits bestehende und neu gebildete Landesorganisationen getreten: der „Nationale Block" (NB) in Bayern, die 1989 gegründete „Nationale Liste" (NL) Christian Worchs (Jahrgang 1956) in Hamburg, die Organisation „Deutsches Hessen" (DH) um Heinz Reisz (Jahrgang 1938), „Der Deutsche Weg" (DDW) in Nordrhein-Westfalen, die „Sächsische Nationale Liste" (SNL) in Sachsen. Insofern war das Verbot der DA durch den Bundesinnenminister im Dezember 1992 ein Signal an die Öffentlichkeit, jedoch keine sonderlich wirkungsvolle Maßnahme zur Unterbindung neonationalsozialistischer Aktivitäten. Im Juni 1993 sprach der bayerische Innenminister ein Verbot gegen den 40 Mitglieder zählenden NB aus, dessen Parteienstatus – wie schon zuvor im Falle der DA – nicht anerkannt wurde.

Bei Veranstaltungen am 1. Mai trat die DA zumeist als „Freie Gewerkschaftsbewegung" (FGB) auf. Eine Jugendorganisation befand sich zum Zeitpunkt des Verbotes noch im Aufbau. „Wehrsportgruppen" sollten als paramilitärische Reserve dienen. Unter der Bezeichnung „Mobiles Einsatzkommando" (MEK) sollte eine Koordinierungszentrale entstehen, um „Aktionen" der verschiedenen Gruppierungen besser aufeinander abstimmen zu können. Die DA verfügte über nur wenige weibliche Mitglieder, die zugleich in der „Deutschen Frauen Front" (DFF) organisiert waren.

Ergänzende Organisationsdaten:

Bundesgeschäftstelle: Cottbus

Bundesvorstand:	Frank Hübner
Stellvertreter:	René Koswig
Schatzmeister:	Thomas Herfurth

Landesverband Bremen: Vorsitzender: Uwe Haun; Stellvertreter: Jörg Wrieden; Schatzmeister: Thorsten Kleinert.

Landesverband Brandenburg: Vorsitzender: Karsten Wolter; Stellvertreter: Oliver Döbitz; Schatzmeister: Nico Ott.

Landesverband Sachsen: Vorsitzender: Roman Dannenberg; Stellvertreter: Mike Hauck; Schatzmeister: Lutz Kronenberger.

Landesverband Rheinland-Pfalz: Vorsitzender: Michael Petri; Stellvertreter: Sascha Merz; Schatzmeister: Andreas Werth.

Publikationen:

Brandenburger Beobachter. Mitteilungsblatt der Deutschen Alternative; seit Anfang 1992; zweimonatlich.

3.2.3. Nationale Alternative

Die „Nationale Alternative" (NA) wurde am 1. Februar 1990 in Berlin-Lichtenberg mit der Unterstützung westdeutscher Kühnen-Anhänger wie Christian Worch ins Leben gerufen. Der Gründerkreis rekrutierte sich aus der Lichtenberger Skinhead-„Szene". Satzung und Programm lehnten sich eng an die DA an. Bis zum Herbst 1990 befand sich der Sitz der Vereinigung in der Ostberliner Weitlingstraße 122. Nach einer Durchsuchungsaktion der Polizei wurde die NA-Führung zeitweilig verhaftet und die geplante Teilnahme an den Kommunalwahlen im Mai unterbunden. Nicht zuletzt das Eingreifen der Sicherheitskräfte und die Berichterstattung der Sensationsmedien machten die NA publik: „Auch die Boulevardpresse griff gierig nach dem Köder NA. Hatte der Spiegel-TV mit einem Honorar von 7.000 DM den Ankauf eines Jeeps ermöglicht, bekam die Sendung zum Dank dafür schöne, nach Drehbuch gestellte Bilder, wie sich der Bundesbürger den jungen Neonazi vorzustellen hat: gewalttätig und primitiv. Am Herd die züchtige Hausfrau, an der Tür der Tagesbefehl und vor dem Spiegel der blonde Pimpf, der sich ehrpusselig den Scheitel mit Wasser schnurgerade kämmt."[106]

In der Folgezeit verzeichnete die NA einen regen Mitgliederzulauf. Im August 1990 beschloß die Führung in Absprache mit Kühnen, sich als Berliner Regionalpartei zu etablieren. Bereits bestehende NA-Gruppen in Städten wie Dresden, Cottbus und Rostock wurden weitgehend von der DA übernommen. Personelle Rivalitäten und ideologische Divergenzen führten in der zweiten Jahreshälfte 1990 zur Abwanderung zahlreicher NA-Aktivisten zu anderen neonationalsozialistischen Gruppierungen. Bis zum 3. „Parteitag" im Februar 1991 sank die Zahl der Mitglieder auf unter 50. Neuer Vorsitzender wurde ein Vertrauter Michael Kühnens, der Kfz-Schlosser Oliver Schweigert (Jahrgang 1968). Der frühere FAP- und DA-Aktivist beteiligte sich an der Formierung des rechtsextremen Wahlbündnisses „Die Nationalen", das bei den Wahlen zu den Berliner Bezirksverordnetenversammlungen am 24. Mai 1992 kandidierte und 2.483 Stimmen (0,2 %) erhielt. Schweigert trat in Berlin-Lichtenberg an. Die NA löste sich faktisch auf.

Ergänzende Organisationsdaten:

Landesvorstand[107]

Vorsitzender:	Oliver Schweigert
Kassenwart:	Sven Ruda
Schriftführer:	Alexander Dunkel

3.2.4. Nationale Liste

Die „Nationale Liste“ (NL) wurde im März 1989 als Wahlorganisation in Hamburg von den Kühnen-Anhängern Christian Worch (Jahrgang 1956), dessen Frau Ursula und Thomas Wulff (Jahrgang 1963) gegründet. Bei der Bürgerschaftswahl von 1991 erreichte die mit ausländerfeindlichen Parolen aufwartende NL 0,1 % der Stimmen. Sie gehört zu den Landesorganisationen, die seit dem Sommer 1991 die mit Verbot bedrohte bundesweite DA ablösten. Ende 1992 soll die Mitgliederzahl nach Angaben der NL 26 betragen haben. Der gelernte Notariatsgehilfe Christian Worch verfügt aufgrund einer Millionenerbschaft über erhebliche finanzielle Mittel. Den an AIDS erkrankten Michael Kühnen unterstützte er in seinen letzten Lebensmonaten mit namhaften Beträgen. Nach dessen Tod avancierte Worch zu den führenden Köpfen der neonationalsozialistischen „Szene“. Worch gilt als Initiator der „Anti-Antifa“, für die bereits im August 1992 im NL-Organ „Index“ geworben wurde. In diesem Zusammenhang werden u.a. schwarze Listen mit den Namen von „Antifaschisten“ veröffentlicht, die auf diese Weise als politische Feinde definiert und bekämpft werden sollen. Seit Dezember 1993 kursierte in der „Szene“ eine Schrift mit dem Titel „Der Einblick“. Sie enthielt u.a. eine Liste von ca. 250 Personen und Organisationen, darunter Journalisten, Gewerkschafter und Antifa-Aktivisten, denen laut Aufforderung der Redaktion „unruhige Nächte“ beschert werden sollten.

An einem Treffen von ca. 50 Neonationalsozialisten im sächsischen Städtchen Berggießhübel nahmen im März 1994 neben Christian Worch auch die Aktivisten Michael Swierczek und Frank Hübner teil. Angesichts der Vielzahl verbotener Gruppierungen sondierten sie das weitere strategische Vorgehen. Neben einem lockeren Verbund selbständiger Aktionseinheiten

Nationale Liste (NL)
Rechenschaftsbericht 1991

. Einnahmen	
itgliedsbeiträge und ähnliche regelmäßige Beiträge	4.960,00
innahmen aus Vermögen	
innahmen aus Veranstaltungen, Vertrieb von Druckschriften und Veröffentlichungen	
nd sonstiger mit Einnahmen verbundener Tätigkeit der Partei	3.969,98
inahmen aus Spenden	29.286,60
innahmen aus Chancenausgleich	
inahmen aus der Wahlkampfkosten für den Bundestagswahl	
innahmen aus der Wahlkampfkosten für den Europawahlwahl	
innahmen aus der Wahlkampfkosten für Landtagswahlen	
uschüsse von Gliederungen	
onstige Einnahmen	1.270,25
esamteinnahmen	39.486,83
. Ausgaben	
ersonalausgaben	
usgaben des laufenden Geschäftsbetriebes	13.450,62
usgaben für innerparteiliche Gremienarbeit und Information	
usgaben für Öffentlichkeitsarbeit und Wahlen	21.489,99
uschüsse an Gliederungen	
nsen	
onstige Ausgaben	4.646,07
esamtausgaben	39.595,68
Vermögen (Besitzposten)	
Anlagevermögen	
aus- und Grundvermögen	
eschäftsstellenausstattung	
nanzanlagen	
Umlaufvermögen	
eitragsforderungen	410,00
orderungen auf Erstattung von Wahlkosten	
orderungen auf Chancenausgleich	
eldbestände	
a) Bargeld	436,86
b) Postgirokonto	424,90
onstige Vermögensgegenstände	60,00
esamte Besitzposten	1.331,76
. Vermögen (Schuldposten)	
ückstellungen	
eitragsverbindlichkeiten	
erbindlichkeiten gegenüber Kreditinstituten	
onstige Verbindlichkeiten	9.000,00
umme Verbindlichkeiten	9.000,00
einvermögen (positiv oder negativ)	-7.668,24

rläuterungen: Wahlkampfbezogene Einnahmen beliefen sich auf 2500 DM.
'ahlkampfbezogene Ausgaben beliefen sich auf 5520,27 DM.
ingeschränkt beitragspflichtig waren drei Mitglieder. Fünf Mitglieder waren gänzlich befreit.
ie Gesamtzahl der Mitglieder betrug 26 Personnen zum 31. Dezember 1991.
chatzmeisterin: Ursula Worch.

wurde die taktische Unterstützung des REP-Wahlkampfes als sinnvolle Maßnahme zur mittelfristigen Verbesserung der eigenen Einflußchancen genannt.[108]

Mit Schriftsatz vom 31. August 1993 hat die Hamburger Landesregierung einen Parteiverbotsantrag gegen die NL beim Bundesverfassungsgericht eingereicht. Bei Durchsuchungsaktionen der Partei wurden umfangreiche Beweismaterialien sichergestellt. Angesichts des militanten neonationalsozialistischen Charakters der NL kann kaum ein Zweifel bestehen, daß das Bundesverfassungsgericht dem Antrag entsprechen wird. Nach Angaben des Bundesamtes für Verfassungsschutz gehörten der NL Ende 1993 rund 30 Mitglieder an.

Ergänzende Organisationsdaten:

Sitz: Hamburg

Landesvorstand[109]

Vorsitzender:	Thomas Wulff
1. Stellvertreter:	Christian Worch
2. Stellvertreter:	Michael Arnold
Kassenwart:	Friedrich Heimbürger

Publikationen:

INDEX, acht Ausgaben jährlich, Auflage 1993: 950.

Wahlergebnisse (1991-1993):

Bürgerschaftswahl in Hamburg (2. Juni 1991):

Die NL erzielte 432 Stimmen (0,1 %).

Bürgerschaftswahl in Hamburg (19. September 1993):

Die NL erzielte 384 Stimmen (0,0 %).

3.2.5. Nationaler Block

Der Nationale Block (NB) wurde am 6. Juli 1991 von Anhängern Michael Kühnens in München als bayerische Landesorganisation gegründet. Zum Vorsitzenden wählte man den „Bereichsleiter Süd“ der GdNF, Manfred Eichner. In der Programmatik hielt man sich teilweise bedeckt, wenngleich die Anlehnung an den Nationalsozialismus unverkennbar war. Gefordert wurde die Erneuerung des Deutschen Reiches in seinen historischen Grenzen. Ende 1991 waren ca. 40 Mitglieder im NB organisiert – ein Mitgliederbestand, der bis zum Verbot der Organisation durch das bayerische Innenministerium am 7. Juni 1993 in etwa konstant blieb.

Ergänzende Organisationsdaten:
Sitz: Landau/Isar
Landesvorstand[110]

Vorsitzender:	Manfred Eichner
Stellvertreter:	Günther Kursawe
Stellvertreter:	Oliver Rahn

3.2.6. Freiheitliche Deutsche Arbeiterpartei

Im Laufe der achtziger Jahre trat die „Freiheitliche Deutsche Arbeiterpartei“ (FAP) des arbeitslosen Kaufmannes und Lehrers Martin Pape (Jahrgang 1927) in den Mittelpunkt der „Szene“. Ursprünglich einem diffusen Nationalismus mit volksgemeinschaftlich-egalitären, ökologischen und anti-jesuitischen (das „verschwörerische Treiben“ des Jesuitenordens) Elementen huldigend, wurde die 1979 gegründete Organisation von ehemaligen Mitgliedern der Ende 1983 verbotenen ANS/NA erfolgreich unterwandert.[111] In die Vorstände neu gegründeter Gliederungen rückten „bewährte“ ANS/NA-Aktivisten ein und übernahmen das Kommando. FAP-Gründer Pape fand zunächst Gefallen an der territorialen Ausdehnung seiner Organisation (neue Landesverbände in Baden-Württemberg, Nordrhein-Westfalen, Niedersachsen), obgleich sein Einfluß unweigerlich schwand. Zu spät wetterte er in seiner Hauspostille „Deutscher Standpunkt“ gegen die Übernahme der FAP „mittels eingeschleuster Agenten und NS-Spinnern“.[112] Völlig in die Isolation geraten, gründete er 1990 eine neue Organisation.[113]

Die Parteibeitritte von Neonationalsozialisten ließen die Mitgliederzahl der FAP nach Angaben der Sicherheitsbehörden auf 500 (1987) ansteigen. Doch die Handlungsfähigkeit der Organisation wurde durch gravierende Divergenzen zwischen den Unterwanderern geschwächt. Die „Bewegung“ spaltete sich vor dem Hintergrund personeller Rivalitäten in einen homosexuellen-feindlichen Flügel um Jürgen Mosler (geb. 1955) und einen – nach dem historischen Vorbild der SA unter Ernst Röhm – homosexuellen-freundlichen um Michael Kühnen.[114] Kühnen trat 1986 zeitweilig aus der „Bewegung" aus, meldete später aber erneut Führungsansprüche an. In der FAP setzte sich nach und nach die Mosler-„Fraktion" gegen die Kühnen-Anhänger durch. Anfang 1988 wählte der Mosler-Flügel den ehemaligen VSBD/PdA-Führer Friedhelm Busse zum neuen Vorsitzenden.

Friedhelm Busse wurde 1929 in Bochum geboren.[115] Der Vater war zunächst Berufssoldat, später Beamter und gehörte von Beginn der zwanziger Jahre bis zu seinem Tod 1938 der NSDAP und der SA an. Auch der Stiefvater habe der Partei nahegestanden, ohne Mitglied zu sein. Der Sohn wurde durch die Mitgliedschaft in der HJ geprägt. Er habe freudigen Herzens gesungen „Und die Fahne ist mehr als der Tod". Busse absolvierte eine Lehre als Schriftsetzer, arbeitete zeitweilig als Bergmann und Omnibusschaffner und unterhielt später eine kleine Druckerei. Als wesentlichen Anstoß für sein politisches Engagement bezeichnet er die Nürnberger Prozesse, die den Anstoß gegeben hätten, die Art der Auseinandersetzung mit dem Nationalsozialismus kritisch zu beleuchten. Bald engagierte er sich für die Amnestierung von Kriegsverbrechern. Auf dem Pfingsttreffen des rechtsradikalen „Bundes Deutscher Jugend" (BDJ) in Frankfurt am Main kam es zu Auseinandersetzungen mit aus der DDR angereisten FDJ-Funktionären. Er wurde kurze Zeit festgenommen und 1953 zu sechs Wochen Gefängnis wegen Amtsanmaßung und Beihilfe zur Freiheitsberaubung verurteilt. Nach seiner Entlassung aus der Haft stieß er durch die Vermittlung Wilhelm Meinbergs und Rudi Krügers zur DRP, in der er diverse Funktionärsposten (u.a. Kreisvorsitzender in Wattenscheid) übernahm. Noch als Mitglied der DRP wurde Busse 1963 wegen eines Sprengstoffdelikts im Zusammenhang mit seinem Engagement für den „Freiheitskampf der Südtiroler" verurteilt. Nach seiner Entlassung aus der Haft trat er 1965 der NPD bei, in der die DRP-Organisation faktisch aufgegangen war. Busse war Exponent des sozialrevolutionären Flügels und zählte zu den gefragten Rednern der Partei. Nachdem bei der Bundestagswahl von 1969 die Fünfprozentmarke knapp verfehlt worden war, gehörte Busse zu denen, die für die Bildung einer Kaderpartei und die Abkehr vom parlamentarischen Legalismus plädierten. Anfang 1971 wegen gewalttätiger Ausschreitungen am Rande einer nicht von der Parteileitung gebilligten Protestveranstaltung aus der NPD ausgeschlossen, gründete er im Juni 1971 die „Partei der Arbeit – Deutsche Sozialisten" (PdA) in Krefeld zusammen mit anderen Ehemaligen der NPD. Die Vereinigung kooperierte mit straßeristischen und nationalrevolutionären Gruppierungen und machte gegen die Ostpolitik der sozial-liberalen Regierung Front. 1972 wechselte er seinen Wohnsitz, zog von Bochum nach Neubiberg bei München um und schloß sich der von dem ehemaligen bayerischen NPD-Landesvorsitzenden Dr. Siegfried Pöhlmann gegründeten „Aktion Neue Rechte" (ANR) an, als deren nordrhein-westfälischer „Landesbeauftragter" er fungierte. Er gehörte 1973 dem Bundesvorstand der ANR an und leitete dort das „Referat Strategie". 1975 wurde die PdA, die weiterhin bestanden hatte, in „Volkssozialistische Bewegung Deutschlands/Partei der Arbeit" (VSBD/PdA) umbenannt und Busse zum Vorsitzenden gewählt. Wegen apologetischer Äußerungen über den Nationalsozialismus wurde er 1980 zu einer auf Bewährung ausgesetzten Freiheitsstrafe verurteilt (Volksverhetzung, Beleidigung). Seine Organisation unterhielt unter anderem Kontakte zur militanten französischen „Fédération d'Action Nationale et Européenne" (F.A.N.E.). Der Zustrom junger Mitglieder seit Ende der siebziger Jahre verstärkte den politischen Aktionismus. Zahlreiche Aktivisten waren in schwere Gewaltverbrechen verstrickt. Auf der Beerdigung des von eigener Hand aus dem Leben geschiedenen VSBD-Mitglieds und Rechtsterroristen Frank Schubert in Frankfurt am Main hielt Busse die Gedenkrede. Nach einer Auseinandersetzung der Polizei mit fünf der Vorbereitung schwerer Straftaten verdächtiger VSBD/PdA-Mitglieder kam Busse im Oktober 1981 in Haft. Die VSBD/PdA wurde im Januar 1982 durch den Bundesinnenminister verboten, Busse 1983 zu drei Jahren und neun Monaten Gefängnis wegen Hehlerei, Strafvereitelung, Begünstigung und Vergehen gegen das Waffen- und Sprengstoffgesetz verurteilt.

Nach der Entlassung setzte er sein Engagement in militanten rechtsextremen Kreisen fort. Im November 1988 wurde er zum neuen Bundesvorsitzenden der FAP gewählt. Dabei genoß er die Unterstützung der Mosler-Fraktion, deren Einfluß Busse jedoch in den folgenden Jahren zurückdrängte. Der von Kühnen-Anhängern zum Gegenvorsitzenden gekürte ehemalige Gründer der WJ, Walter Matthaei (geb. 1915), konnte sich nicht durchsetzen. Zumindest verbal lehnt Busse militante Aktionen ab und verurteilt die Überfälle auf Asylbewerberunterkünfte. Dies entspreche nicht den langfristigen politischen Interessen seiner FAP, die als Avantgarde einer nationalen und sozialen Revolution den Boden für künftige Wahlerfolge bereiten soll. Busse, der Adolf Hitler als den „größte[n] Staatsmann des Jahrtausends“[116] bezeichnet hat, leugnet dessen volle Mitwisserschaft an der Judenvernichtung und bezweifelt deren historische Faktizität. Er betont dennoch seine kritische Haltung gegenüber dem Nationalsozialismus und nennt Vertreter der NSDAP-„Linken“ wie Gregor Straßer und Robert Ley als Vordenker seiner „Bewegung“.

Tabelle 19: Mitglieder der FAP, 1985-1993

1985	mehr als 300
1986	400
1987	500/520
1988	450/500
1989	330/350
1990	200
1991	150 (laut VSB; 750 Ende 1991 nach Parteikartei)
1992	220 (laut VSB; 946 nach Parteikartei)
1993	430 (laut VSB; 996 im März nach Parteikartei)

Quelle: Verfassungsschutzberichte; Friedhelm Busse.

Unter Busse steuert die FAP einen eigenständigen „volkssozialistischen“ Kurs. Die Angehörigen des Mosler-Flügels verließen bis 1991 größtenteils die Partei, was zu sinkenden Mitgliederzahlen führte (1991: 150 laut Verfassungsschutzbericht, 750 nach Angaben der FAP). Rege Aktivitäten entfaltete der größte Landesverband der FAP in Nordrhein-Westfalen unter Siegfried Borchardt („SS-Siggi"; Jahrgang 1953). In die Schlagzeilen geriet der Vorsitzende des FAP-Landesverbandes Niedersachsen, der Österreicher Karl Polacek (Jahrgang 1934), der mehrfach mit den Strafgesetzen in Konflikt geriet, zuletzt wegen gefährlicher Körperverletzung gegenüber einer „Antifaschistin". Aufgrund einer Ausweisungsverfügung wurde Polacek im Januar 1992 nach Österreich abgeschoben.[117] Die FAP konnte im Laufe des Jahres 1992 Mitgliedergewinne in den neuen Bundesländern verbuchen. Im März 1993 verfügte die FAP nach eigenen Angaben über 996 Mitglieder, davon 518 aktive. Diese Zahlen dürften deutlich überhöht sein. Berlin-Brandenburg ist inzwischen der zweitstärkste Landesverband. Er gibt seit April 1991 ein eigenes Mitgliederorgan heraus: „Aufrecht! Zeitschrift für nationale Solidarität". Seit 1991 existieren FAP-Ortsgruppen in Städten wie Chemnitz, Erfurt, Frankfurt/Oder, Rostock, Schwerin und im ehemaligen Ostberlin. In Leipzig wird die neonationalsozialistische „Szene" weitgehend von der FAP dirigiert. Rekrutierungserfolge konnte die FAP vor allem bei Skinheads verbuchen. Das Bemühen der Partei in diesem Bereich wird durch die Tatsache dokumentiert, daß das „Fanzine" „Querschläger" zeitweilig finanzielle Unterstützungsleistungen von der FAP erhielt.[118] Der nach Österreich abgeschobene Karl Polacek unterhält weiterhin Kontakte zu den Gesinnungsgenossen in Niedersachsen. Im Januar 1994 erschien ein Rundschreiben an die „Kameraden der FAP und Skins", in der Polacek Instruktionen für den politischen Kampf erteilte und propagandistische Schützenhilfe leistete.

Betrachtet man die Mitglieder-Neuzugänge der Partei von Januar bis November 1992, lassen sich folgende Feststellungen treffen: Die Rekrutierungsgewinne sind im Verhältnis alte/neue Bundesländer etwa gleichgewichtig verteilt. Die neuen Mitglieder sind in der Regel männlich, der weibliche Anteil liegt zwischen 8 % (Ost) und 13 % (West). Arbeiter sind deutlich überrepräsentiert, 48 % in den alten und sogar 69,3 % in den neuen Bundesländern. Der hohe Anteil von Schülern, Lehrlingen und Studenten (37,7 % in den alten, 15,4 % in den neuen Bundesländern) läßt sich mit dem Alter der Neumitglieder leicht erklären: Im Westen sind 79,1 % zwischen 1970 und 1976 geboren, im Osten entstammen 88 % den Jahrgängen 1969 bis 1973.

Das Gros der neuen FAP-Mitglieder ist also weniger als 25 Jahre alt. Von den 103 neuen Mitgliedern war lediglich einer Student. In der Regel verfügen FAP-Mitglieder über einen geringen Grad an formaler Bildung.[119]

Die Tage der FAP sind gezählt. Im September 1993 stellten Bundesregierung und Bundesrat beim Bundesverfassungsgericht einen Antrag gemäß Art. 21 Abs. 2 GG auf Überprüfung der Verfassungstreue. Angesichts des offenkundig extremistischen Charakters der FAP muß dies zum Verbot der Partei führen. Nach SRP (1952) und KPD (1956) wäre die FAP dann die dritte (oder vierte angesichts des Verbotsverfahrens gegen die Hamburger NL) von einem Verbotsverfahren betroffene Partei in der Geschichte der Bundesrepublik.

In einer Vielzahl von Fällen beschäftigten Aktivitäten von FAP-Aktivisten in den vergangenen Jahren die Strafverfolgungsbehörden. Ein Beispiel: Ende Januar 1994 überfielen 15 FAP-Aktivisten in Rheinbach eine Gruppe von Jugendlichen auf dem Deinzer Platz. Dabei schoß einer der FAP-Aktivisten mit Leuchtspurmunition. Als die Jugendlichen in eine Gaststätte flüchteten, folgten ihnen die FAP-Anhänger, schossen um sich und setzten im Schankraum Tränengas ein. Die Gäste flüchteten in Panik durch den Notausgang. Ein junger Kellner, der den Tätern folgte, wurde zusammengeschlagen. Als mutmaßlichen Haupttäter nahm die Polizei wenig später den Bonner FAP-Kreisvorsitzenden Norbert Weidner fest.[120]

Am 25. März 1994 durchsuchte die Polizei in Hamburg die Wohnungen zweier FAP-Aktivisten. Neben Computern, Disketten und Druckschriften wurde das Tonband eines „Nationalen Info-Telefons“ beschlagnahmt. Auf dem Band war u.a. im Zusammenhang mit dem Film „Schindlers Liste“ von einem „Auschwitz-Mythos“ gesprochen worden. Sprecher auf dem Tonband soll der Student der Betriebswirtschaft André Goertz gewesen sein, der als Landesvorsitzender der FAP fungiert. Sein Bruder Glenn Goertz ist Parteigeschäftsführer und „Bereichsleiter Nordmark“ der FAP und hat erfolgreich Skinheads für seine Partei rekrutiert.

Im Januar 1994 wurde Friedhelm Busse nach langwierigem Prozeß wegen Fortführung der 1983 aufgelösten ANS/NA vom Landgericht Stuttgart zu einer 20monatigen Freiheitsstrafe (ausgesetzt auf Bewährung) verurteilt. Wochen zuvor war Busse in München das Opfer militanter Antifaschisten geworden, die ihn krankenhausreif geprügelt hatten. Im Februar 1994 wurde Busse vom Amtsgericht Northeim wegen Polizistenbeleidigung zu einer Geldstrafe von 800 DM verurteilt.

Ergänzende Organisationsdaten:

Bundesvorstand[121]	
Vorsitzender:	Friedhelm Busse
Stellvertreter:	Siegfried Borchard
	Arndt-Heinz Marx
Beisitzer:	Ulf Nahrath
	Axel Zehnsdorf
Bundesschatzmeister und Parteigeschäftsführer:	Glenn Goertz
Parteischiedsgericht (1992):	
Vorsitzender:	Paul Dornig
Beisitzer:	Gisbert Reichert
	Karlheinz Göller

Landesverband Schleswig-Holstein: Landesvorsitzender: Glenn Goertz; Schatzmeister: Carsten Dahlhaus; Beisitzerin: Katja Komosza.
Landesverband Hamburg: Landesvorsitzender: André Goertz; Schatzmeisterin: Susanne Bosner; Beisitzer: Jens Sietert.
Landesverband Niedersachsen: Landesvorsitzender: Thorsten Heise; Stellvertreterin: Sabine Bliesmer; Schatzmeister: Stefan Bliesmer.
Landesverband Nordrhein-Westfalen: Landesvorsitzender: Siegfried Borchardt; Stellvertreter: Ralf Panek; Schatzmeister: Detlev Wölk.
Landesverband Hessen: Landesvorsitzender: Arndt-Heinz Marx; Stellvertreter: Michael Gajewski; Schatzmeister: Uwe Henrichs.
Landesverband Bayern: Landesvorsitzender: Falco Schüssler; Stellvertreter: Christian Franz; Schatzmeisterin: Christina Spingler.
Landesverband Baden-Württemberg: Landesvorsitzender: Josef Rösch; Stellvertreter: Alois Hogh, Hannes Dufraine; Beisitzer: Michael Meier, Dirk Blankenhorn.

Landesverband Berlin-Brandenburg: Landesvorsitzender: Lars Burmeister; Stellvertreter: Michael Dräger; Geschäftsführer: Bernd Suhr; Schatzmeister: Frank Österreich; Beisitzer: Melanie Kassner.

Landesverband Sachsen: Landesvorsitzender: Bernd Rittmann; Stellvertreter/Schatzmeister: Dirk Amende; Beisitzer: Herbert Dries.

Landesverband Rheinland-Pfalz: Landesvorsitzender: Klaus Acker; Stellvertreter: Thomas Greiner; Schatzmeister: Dieter Schunk.

Landesverband Saarland: Landesvorsitzender: Andreas Eich; Stellvertreter: Michael Grell; Schatzmeister: Marc Jung.

Landesverband Sachsen-Anhalt (1992): Landesbeauftragte: Sabine Bliesmer.

Landesverband Thüringen (1992): Landesbeauftragter: Stefan Bliesmer.

Landesverband Mecklenburg-Vorpommern (1992): Landesbeauftragter: unbekannt.

Gebietsbeauftragte 1992

Gebiet Nordmark (Schleswig-Holstein, Hamburg, Bremen, Niedersachsen): Glenn Goertz.

Gebiet West (Nordrhein-Westfalen, Saar/Pfalz): Ralph Tegethoff.

Gebiet Mitte (Hessen, Thüringen): Arndt-Heinz Marx.

Gebiet Mitteldeutschland (Berlin-Brandenburg, Mecklenburg-Vorpommern): Lars Burmeister.

Gebiet Mitteldeutschland II (Sachsen, Sachsen-Anhalt): Bernd Rittmann.

Gebiet Süd (Baden-Württemberg, Bayern): Michael Sauckel.

Referat Ausland (1992): Norbert Weidner.

Größe der Landesverbände (1992): NRW (1); Berlin/Brandenburg (2); Niedersachsen (3); Hessen (4); Hamburg (5); Sachsen-Anhalt (6); Thüringen (7); Schleswig-Holstein (8); Saar/Pfalz (9); Mecklenburg-Vorpommern (10); Baden-Württemberg (11); Bayern (12).

Publikationen

Neue Nation – Volkstreue Zeitung für Deutschland; 1990/91 monatlich, Auflage 500; 1992 vierteljährlich, Auflage 1.000; von Mai bis August 1993 wieder monatlich.

Standarte; Parteiorgan der FAP, seit September 1993; zweimonatlich; Auflage 700.

Aufrecht! – Zeitschrift für nationale Solidarität; Organ des Landesverbandes Berlin-Brandenburg seit April 1991.

Standarte; Organ des Landesverbandes Hamburg; 1993 monatlich, Auflage 1.000.

Sturm; Organ des Kreisverbandes Duisburg; ab Februar 1993, zweimonatlich, Auflage 500.

Wahlergebnisse (1989-1992)

Europawahl (18. Juni 1989):

Die FAP erhielte 20.107 der abgegebenen Stimmen (0,1 %).

Landtagswahl in Nordrhein-Westfalen (13. März 1990):

Die FAP erreichte mit Stefan Niemann als Direktkandidat in einem Wahlkreis des Rhein-Sieg-Kreises 56 Stimmen (0,0 %).

Berliner Bezirksverordnetenversammlungen (24. Mai 1992):

Die FAP erhielt 27 Stimmen (0,4 %) im Stadtbezirk Prenzlauer Berg.

Strukturdaten der von Januar bis November 1992 neu eingetretenen FAP-Mitglieder:

Summe: 103

männlich Ost: 24 (92 %); weiblich Ost: 2 (8 %)

männlich West: 67 (87 %); weiblich West: 10 (13 %)

ledig Ost: 23 (88 %); verheiratet Ost: 3 (12 %)

ledig West: 66 (85 %); verheiratet West: 11 (15 %)

Alter Ost: 1 1945 (3,8 %), 2 1953-1960 (7,7 %), 23 1969-1973 (88 %)

Alter West: 1 1931 (1,3 %), 1 1944 (1,3 %), 1 1945 (1,3 %), 1 1963 (1,3 %), 19 1961-1969 (24,7 %), 54 1970-1976 (79,1 %)

Sozialgruppen Ost: Arbeiter 18 (69,3 %), Beamte 1 (3,8 %), Angestellte 3 (11,5 %), Schüler/Lehrlinge/Studenten 4 (15,4 %)

Sozialgruppen West: Arbeiter 37 (48 %), Arbeitslose 1 (1,3 %), Beamte 1 (1,3 %), Angestellte 8 (10,4 %), Schüler/Lehrlinge/Studenten 29 (37,7 %), Hausfrau 1 (1,3 %).

3.2.7. Nationale Offensive

Auf Initiative des ehemaligen FAP-Landesvorsitzenden von Bayern, Michael Swierczek (Jahrgang 1961), wurde im Juli 1990 in Augsburg die „Nationale Offensive" (NO) als Auffangorganisation für enttäuschte FAP-Aktivisten gegründet. Programmatisch setzte die NO gegenüber der FAP keine neuen Akzente, betrieb aber im Gegensatz zu dieser offene Werbung für die NSDAP-AO. An einem „Parteitag" in der Gaststätte des Rechtsextremisten Thomas Dienel in der Nähe von Weimar nahmen am 15. Dezember 1990 auch Mitglieder der Hamburger „Nationalen Liste" (NL) und der im westfälischen Detmold ansässigen „Nationalistischen Front" (NF) teil. Bei diesem Anlaß wurde die erste Ortsgruppe der NO in den neuen Bundesländern gegründet.

Tabelle 20: Mitglieder der NO, 1990-1992

1990	70
1991	100
1992	56

Quelle: Verfassungsschutzberichte; Interview.

Seither gelang der Aufbau weiterer Gruppen – unter anderem in Dresden, Leipzig und Rostock. In Dresden entstand 1992 ein regionaler Stützpunkt unter der Leitung des NO-Landesvorsitzenden von Sachsen, Konstantin Mayer. Seit 1992 versuchte die Organisation, sich in die ehemaligen deutschen Ostgebiete auszudehnen. Im oberschlesischen Dziewkowice wurden zwei Häuser als Schulungs- und Propagandazentrum erworben. Als Nebenorganisation der NO entstand dort die „Reichstreue Deutsche Jugend" (RDJ). Begreiflicherweise war das Verhältnis der NO zur FAP sehr gespannt. Der NO-Bundesvorsitzende Michael Swierczek wurde im FAP-Organ „Neue Nation" mehrfach beschuldigt, ein Verfassungsschutzagent zu sein.[122] Im Dezember 1992 wurde die NO durch den Bundesinnenminister verboten.

Swierczek fungiert seit dem Verbot seiner Organisation als

Herausgeber der Schrift „Rechtskampf. Informationen zum Stand der Klagen gegen die Parteienverbote".

Frühere Mitglieder der NO, angeführt von Christian Sennlaub, standen im März 1994 in Dortmund vor Gericht. Sie hatten Häuserwände mit Parolen wie „Ausländer raus" und „Deutschland erwache" beschmiert und ein Asylantenheim mit Steinen beworfen.

Ergänzende Organisationsdaten:

Bundesgeschäftsstelle: Augsburg[123]

Bundesvorstand:

Vorsitzender:	Michael Swierczek
1. Stellvertreter:	Constantin Mayer
2. Stellvertreter:	Carlo Bauer
Beisitzer:	Martin Freling, Wilhelm Keller, Christian Sennlaub
Bundeskassierer:	Stefan Jahnel

Landesverband Bayern: Vorsitzender: Carlo Bauer; Stellvertreter: Joachim Schmidt, Michael Buchholz; Beisitzer: Frank Schulz; Kassenwart: Stefan Jahnel.
Landesverband Sachsen: Vorsitzender: Constantin Mayer; Stellvertreter: Ronny Laudel; Beisitzer: Andreas Bauer, Silke Reipschläger; Kassenwart: Dirk Meise.
Landesverband Berlin-Brandenburg: Vorsitzender: Bernd Kasulke; Stellvertreter: Guy Müller; Kassenwart: Jens Bellmann.

Publikationen

Deutscher Beobachter; 1990-1992 monatlich; Auflage: 500; 1992 600.
Der politische Soldat (Erwachsenenbildung); 1991; unregelmäßig.
Schlesien Report; seit 1992; unregelmäßig.

Wahlergebnisse

Landtagswahl in Baden-Württemberg (5. April 1992):
Die NO erhielt im Wahlkreis Konstanz 95 Stimmen (0,2 %) und im Wahlkreis Singen 88 Stimmen (0,2 %).

3.2.8. Deutsch Nationale Partei

Wie die NO wurde auch die „Deutsch Nationale Partei" (DNP) unabhängig vom organisatorischen Netzwerk der Kühnen-„Gesinnungsgemeinschaft" am 19. April 1992 (am Vorabend des 103. Geburtstags von Adolf Hitler) in Wechselburg (Landkreis Rochlitz/Sachsen) gegründet. Im Gegensatz zur Namensbezeichnung trat von Anfang an die neonationalsozialistische Ausrichtung offen zutage.

Der Anführer der Vereinigung, Thomas Dienel (Jahrgang 1961), hatte sich zu DDR-Zeiten eher stromlinienförmig verhalten. Er galt als „das Musterbeispiel eines braven DDR-Bürgers. Von Lenins Werken inspiriert, landete er im Philosophiezirkel der Schule, und während seiner Ausbildung zum Koch sorgte der engagierte Lehrling für die ordnungsgemäße Durchsetzung der sozialistischen Gesetzlichkeit. Dem charismatischen FDJ-Sekretär gelang es, in kurzer Zeit die Mitgliederzahl seiner HO-Grundorganisation von 15 auf 110 zu erhöhen. Selbstverständlich diente Thomas Dienel drei Jahre in der NVA. Dann folgte die Delegierung des jungen Genossen an die Bezirksparteischule der SED in Erfurt".[124] Dienel war Mitglied des Stadtausschusses Weimar der Nationalen Front und Vorsitzender des Wohnbezirksausschusses 41 (WBA 41). Noch im September 1989 nahm er an einer Vietnam-Reise mit „Jugendtourist" teil. Nach dem Fall der Mauer trat er aus der SED aus und engagierte sich bald am anderen Ende des politischen Spektrums. Zeitweilig trat er als Geschäftsführer der „Deutschen Sexliga" für Stadt und Landkreis Weimar in Erscheinung, bevor er rasch in die vordersten Linien der sich in Thüringen konstituierenden NPD aufrückte. Auf dem Vereinigungsparteitag der NPD in Erfurt am 7. Oktober 1990 wurde er zum thüringischen NPD-Landesvorsitzenden gewählt. Dieses Amt hatte er bis November 1991 inne, als er wegen seiner neonationalsozialistischen Kontakte suspendiert wurde. Ende Januar 1992 verließ er die NPD.

Am 19. April 1992 gehörte Dienel zu den Gründern der DNP. Etwa 40 Personen nahmen an der Gründungsversammlung in der Brückenschänke in Wechselburg teil. In ihrer Satzung bezeichnete sich die DNP als der „radikal-nationale Stoßtrupp in Mitteldeutschland". Als Mitglieder kämen „alle Bürger deutscher Rasse und Kultur" in Frage.[125] Das Programm zeigt deutliche Anklänge an das der NSDAP von 1920 („Brechung der Zinsknechtschaft") und fordert zum „Kampf gegen Ausländer und Kommunisten" auf.

In der Folgezeit inszenierten Dienel und seine Gefolgschaft spektakuläre Aktionen in der Öffentlichkeit – teilweise in Zusammenarbeit mit anderen neonationalsozialistischen Gruppierungen wie FAP, NO, DA und NL. Am 20. Juli 1992 – nach dem Tod des früheren Vorsitzenden des Zentralrats der Juden in Deutschland, Heinz Galinski – warfen Dienel und weitere drei Personen „Schweinskopfhälften in den Vorgarten der Jüdischen Gemeinde in Erfurt [...] Dem Hausmeister sagten die Täter, man ‚feiere den Tod von Heinz'. In die Schweinemäuler waren Zettel gesteckt, auf die Dienel geschrieben hatte: ‚jedes Schwein stirbt, auch Du Heinz'." Vor Gericht sagte Dienel später, die Bundesrepublik sei eine „schlimmere Diktatur als es vorher war". „Wenn es das Bonner Judenregime nicht anders will, dann brennen eben noch mehr Neger und Vietnamesen".[126] Im September 1992 meldete „Spiegel-TV", Mitglieder der DNP hätten „Wehrsport-Gruppen" auf einem Truppenübungsplatz bei Erfurt für den Einsatz gegen Asylbewerberheime trainiert. Ein Ermittlungsverfahren der Staatsanwaltschaft mußte jedoch mangels Beweisen eingestellt werden. Das Kreisgericht Rudolstadt verurteilte Dienel am 9. Dezember 1992 unter anderem wegen Volksverhetzung und Verunglimpfung des Andenkens Verstorbener zu einer Freiheitsstrafe von zwei Jahren und acht Monaten. Die Bundesregierung stellte am Tag der Urteilsverkündung beim Bundesverfassungsgericht den Antrag, Dienel (wie auch Heinz Reisz) gemäß Art. 18 GG politische Grundrechte zu entziehen.

Nach eigenen Angaben will die DNP im September 1992 600 Mitglieder gehabt haben. Die Verfassungsschutzbehörden bezifferten deren Zahl für Ende 1992 hingegen auf ca. 50. Nach der Verurteilung des Anführers gingen die Aktivitäten der DNP merklich zurück.

Ergänzende Organisationsdaten:
Sitz des Bundesvorstandes: Weimar[127]
Bundesvorstand:

Bundesvorsitzender:	Thomas Dienel
Stellvertretender Bundesvorsitzender:	Frank Bonkowski
Generalsekretär:	Wilhelm Köberich
Schatzmeister:	Heiko Taubeneck

3.2.9. Förderwerk Mitteldeutsche Jugend – Direkte Aktion Mitteldeutschland

„Förderwerk Mitteldeutsche Jugend" (FMJ) lautete ursprünglich der Name einer Jugendorganisation der „Sozialrevolutionären Arbeiterfront" (SrA), die 1992 als Abspaltung von der NF entstanden war. Nach dem Verbot der NF im November 1992 wurde das FMJ zur Anlaufstelle für NF-Aktivisten. Im Zuge einer bundesweiten Großrazzia fanden im Januar 1994 insgesamt 52 Durchsuchungen bei „Szene"-Angehörigen statt. Dabei wurde umfangreiches neonationalsozialistisches Propagandamaterial beschlagnahmt. Der Kreis von ca. 100 Personen war zuvor auch unter anderen Organisationsbezeichnungen in Erscheinung getreten: „Direkte Aktion Mitteldeutschland", „Unabhängiger Jugendverband", „Kameradschaftsverbund Mitteldeutschland".

Die Gruppierungen um das FMJ geben die Zeitschrift „Angriff" heraus. Der Schwerpunkt der Aktivitäten lag 1993 im brandenburgischen Kreis Oranienburg (Kremmen, Hennigsdorf, Velten, Oranienburg). „Kameradschaften" und „Stützpunkte" der konspirativ arbeitenden Kadervereinigung existierten u.a. in Frankfurt/Oder, Schwedt, Königs Wusterhausen, Luckenwalde und Potsdam. Um einem Verbot zuvorzukommen, löste sich die FMJ (zusammen mit der SrA) im Sommer 1993 auf. Eine Neuformierung erfolgte unter der bereits früher verwendeten Organisationsbezeichnung „Direkte Aktion Mitteldeutschland". Aktionsschwerpunkte sind nach wie vor Brandenburg und Berlin. Das brandenburgische Innenministerium forderte mehrfach ein Verbot der Vereinigung. Da sich deren Aktionsfeld jedoch auch auf Berlin erstreckt, fällt ein Vereinigungsverbot in den Zuständigkeitsbereich des Bundesinnenministeriums.

Angesichts der Verbotsdiskussion veröffentlichte die „Mitteldeutsche Jugendbewegung (JF)" im Mai 1994 eine Erklärung mit folgendem Inhalt: „[...] Wir werden nicht dieselben Fehler wie die anderen nationalen Organisationen machen, die vom Verbotsterror hypnotisiert, weitere Schritte abwarten oder ihre Aktivitäten darauf begrenzt haben, die Verbote durch die Anwendung rechtlicher Mittel aufzuheben. Jedoch: Wir können, wollen und werden von diesem System keine Gerechtigkeit verlangen. Gerechtigkeit wird erkämpft und mit ihr die neue, bessere Weltordnung. Wir werden uns also nicht zu Reaktionen auf den Systemterror verleiten lassen, sondern selber agieren, das System überraschen und es zu Verteidigungsreaktionen veranlassen. Sonst werden wir berechenbar, ulkig und schlagbar. Mit Wirkung vom 20. Januar 1994 haben wir unseren Verein, die Symbolik und die kameradschaftsübergreifende Organisationsstruktur aufgelöst. Die Stützpunkte werden in die vollständige Autonomie entlassen. Ein Auftreten unter dem Namen FMJ/JF ist zu unterlassen. Für Aktionen sind eigene Wortschöpfungen zu finden. Ständig wechselnde Bezeichnungen sind angebracht. Zur ideologischen Orientierung erscheinen ‚Der Angriff' und eine weitere Zeitung, die sich mit aktueller Tagespolitik beschäftigen wird und einmal monatlich herauskommt. Außerdem gibt es Propagandamaterial und Schulungsunterlagen über einen Versand zu beziehen. Wir betrachten die Arbeit der Vorfeldorganisationen für abgeschlossen und halten die Kampfform der unzähligen Kameradschaften, Zellen und Strukturen vor Ort in seiner Gesamtheit für unangreifbar und entscheidend für den politischen Erfolg. Wichtig hierbei ist, daß die bereits gewonnenen oder noch zu gewinnenden Kameradschaftsführer Vertrauenspersonen sind, die Initiativen und Maßstäbe in unserem Sinne setzen. Im Sinne der Kontinuierlichkeit unseres Kampfes ist es zu vermeiden, mit den Systemgesetzen in Konflikt zu kommen. Das betrifft vor allem schuldhaftes Auffliegen von NS-Propagandamaterial. Diese Sachen sprechen niemanden an und bewirken nichts. Das gilt auch für klischeehaftes Benehmen und unvorsichtiges Auftreten in der Öffentlichkeit. Man kann in diesem Staat nicht immer und überall seine Meinung sagen."[128b]

Publikationen

Angriff, dreimonatlich, Aufl. 1993: 1.500.

3.2.10. Aktionspartei Nationalrevolutionärer Kameraden

Die ANK entstand am 23. März 1993 aufgrund der Umbenennung der seit 1992 bestehenden „Aktionsfront Nationaler Kameraden" in Heidelberg. Die ANK betrieb zeitweilig die offizielle Zulassung als politische Partei und reichte die entsprechenden Unterlagen Ende März 1993 beim Bundeswahlleiter in Wiesbaden ein.

Die ANK grenzte sich verbal gegen DVU und REP ab, unterhielt aber gute Kontakte zu NPD und JN. Der Gründer der ANK, der aus Sinzheim bei Baden-Baden stammende gelernte Maurer und Kfz-Mechaniker Manfred Hermann Huck (Jahrgang 1960) unterhielt Kontakte zum JN-Landesvorsitzenden von Baden-Württemberg, Stefan Wollenschläger, und zu Günter Deckert. Nach eigenen Angaben war Huck erstmals als Siebzehnjähriger im Karlsruher Wildparkstadion im Fanblock des KSC mit der NPD in Berührung gekommen. Während einer kurzen Zivildienstzeit habe er Kontakte zu linksextremen „Autonomen" und zur Schwulenszene geknüpft, gleichzeitig aber auch mit Skinhead-Gruppen sympathisiert. Tatsächlich veröffentlichte Huck in der Karlsruher Homosexuellen-Zeitung „going public" und arbeitete beim Aufbau eines „Autonomen Zentrums" in Heidelberg mit. Das Pendel schlug schließlich zur extremen Rechten aus. Huck engagierte sich zeitweilig für die NPD, dann für die FAP, später wieder für die NPD. Auf deren Landesliste kandidierte er bei der baden-württembergischen Landtagswahl von 1988 als Ersatzbewerber. Huck beteiligte sich an NPD-Aktivitäten ebenso wie an neonationalsozialistischen Treffen, etwa bei Gärtnermeister Müller in Mainz-Gonsenheim. 1992 machte er sich mit einer Gruppe von Gleichgesinnten selbständig und gründete die „Aktionsfront Nationaler Kameraden", aus der 1993 die „Aktionspartei Nationalrevolutionärer Kameraden" hervorging. Sie erreichte den im Namen beanspruchten Parteistatus freilich rechtlich nicht und zerfiel schon nach sechs Monaten wieder. Nach Angaben Hucks gehörten der ANK ca. 40 Mitglieder an.

Die ANK-Programmatik vereinte nationalistische und sozialistische Elemente. Die „schwere Gesamtkrise" der Gesellschaft wollte die ANK „durch einen Sozialismus nationaler Prägung" lösen. Zu den Forderungen im „basisdemokratischen Aktionsprogramm“ gehörten: Arbeit und Wohnungen für alle, Ausstieg aus der Atomenergie, Austritt aus NATO und EG, „Förderung der nationalen Eigenheiten und Gebräuche; Hilfe für Kulturrückimmigranten“, „Auflösung der Emulsionsituation; Reimmigration“.[128] In dem ANK-Informationsorgan „Der Kampf“ und in Flugblättern wurde zum Kampf gegen Politiker, Polizei, Presse und Justizbehörden aufgerufen.

Im Juni 1993 kam es zu einem Streit innerhalb der ANK. Anlaß war die Homosexualität von Manfred Huck. Zusammen mit Michael Petri verließen die meisten Gruppenmitglieder die ANK und gründeten die Vereinigung „Deutsche Nationalisten“.

Das Landgericht Karlsruhe verurteilte Manfred Huck im Februar 1994 zu einer einjährigen, auf Bewährung ausgesetzten Freiheitsstrafe – wegen Volksverhetzung, Aufstachelung zum Rassenhaß und der Verbreitung verfassungswidriger Propagandamittel. Huck habe seit 1992 gegen Juden und Ausländer gehetzt, nationalsozialistische Ideen verbreitet und die freiheitliche demokratische Grundordnung der Bundesrepublik Deutschland bekämpft. Als mildernden Faktor erkannte die Staatsschutzkammer u.a. an, Huck habe die ANK inzwischen aufgelöst.

3.2.11. Deutsche Nationalisten

Die Vereinigung „Deutsche Nationalisten“ (DN) wurde am 21. Juli 1993 in Mainz gegründet. Die meisten Mitglieder hatten vorher der ANK angehört. Wegen der Homosexualität Manfred Hucks gründeten Michael Petri (Jahrgang 1972) und eine Anzahl weiterer Aktivisten die Vereinigung „Deutsche Nationalisten“ (DN), die seit dem Sommer 1993 als Partei beim Bundeswahlleiter registriert ist. Vor seinem Engagement in der ANK war Petri Vorsitzender des rheinland-pfälzischen DA-Landesverbandes gewesen.

Im Programm der DN wird der Austritt Deutschlands aus der NATO gefordert. Es gelte, die „vollständige Einheit Deutschlands“ zu erreichen. Eine „Zusammenarbeit Deutschlands mit kommunistischen, imperialistischen und kapitalistischen Staaten“ wird abgelehnt. Alle „National- und Freiheitsbewegungen in anderen Ländern“ seien zu unterstützen, u.a. diejenigen in Kroatien, Bosnien, Palästina und Nordirland. Innerhalb der Grenzen

Deutschlands halten die Verfasser des Programms eine „Ausländerrückführung für dringend geboten, damit eine „multikulturelle und multikriminelle Gesellschaft" vermieden werde. Ansonsten sterbe „die Seele des deutschen Volkes". Für die schwierige Lage der deutschen Wirtschaft wird vor allem die EG verantwortlich gemacht und der Austritt aus der EG gefordert. Das „Großkapital" sei zu bekämpfen, der „Mittelstand" zu fördern. Der Staat solle „Wohnungsmieten", „Zinswirtschaft" und „kapitalistische Großbetriebe[n]" kontrollieren. „Arbeitsplatzabbau darf nur noch in wirtschaftlich großer Not stattfinden. Verbot von Entlassungen, welche nur darauf zielen, den Betrieb mit Maschinen auszustatten, welche den Arbeiter ersetzen. Verbot von sogenannten Leiharbeitern, welche zu Billigpreisen die Arbeit verrichten".

Nach Angaben des Verfassungsschutzes gehörten der Vereinigung Ende 1993 ca. 50 Mitglieder an. Petri bezifferte die Zahl der DN-Mitglieder im Mai 1994 auf gut 200. Bis dahin waren Landesverbände in Bayern, Hessen, Nordrhein-Westfalen und Thüringen gegründet worden.

Ergänzende Organisationsdaten:

Sitz: Mainz

Bundesvorstand[129]

1. Vorsitzender:	Michael Petri
2. Vorsitzender:	Ilias Casteas
Schatzmeister :	Dirk Poser

3.2.12. Deutscher Kameradschaftsbund Wilhelmshaven

Der von Aktivisten der neonationalsozialistischen „Szene" aus Wilhelmshaven und Hamburg am 8. November 1991 gegründete „Deutsche Kameradschaftsbund Wilhelmshaven" (DKB) beschränkte seine Aktivitäten auf den Raum Niedersachsen und verfügte Ende 1991 über ca. 30 Mitglieder. Einen Schwerpunkt der politischen Agitation bildete das „Nein zur multikulturellen, multikriminellen Gesellschaft auf deutschem Boden". Der Anführer, Thorsten de Vries (Jahrgang 1962), wurde im November 1992 vom Landgericht Oldenburg zu 16 Monaten Gefängnis ohne Bewährung verurteilt – wegen mehrerer Fälle von Bedrohung mit und ohne Waffe, Nötigung, Widerstand gegen die Staatsgewalt, Beleidigung und Störung des öffentlichen Friedens. De Vries hatte sich nach eigenen Angaben seit 1977 innerhalb der rechtsextremen „Szene“ betätigt – bei der NPD und in der WJ. Ende der achtziger Jahre schloß er sich den Skinheads an. Zugang zu militanten neonationalsozialistischen Kreisen habe er über „Leute von der ‚Deutschen Alternative‘“[130] bekommen, die ihn auf einen Rudolf-Heß-Gedenkmarsch mitnahmen: „Mich überraschte die Disziplin der 2.000 Kameraden und wie der Marsch geleitet wurde. Total beeindruckt war ich vor allem davon, wie Christian Worch die Leute im Griff hatte. Da habe ich mit Kameraden beschlossen, so was Ähnliches aufzubauen.“ Nach seiner Verurteilung kündigte de Vries seinen Ausstieg aus der „Szene“ an. Als Gründe nannte er den Brandanschlag in Mölln („Ich mußte mich ja fragen, ob das Zufall war, daß so ein Durchgeknallter in Mölln das Ding machte, oder nicht. Das hätte ja auch einer von hier sein können.“) und die mangelnden Aussichten auf politischen Erfolg: „Selbst wenn wir die wirtschaftlichen Zustände hätten, die wir uns herbeisehnen, also totales Chaos, Super-Inflation, hätten wir einfach nicht die Strukturen, die die NSDAP schon Anfang der 20er Jahre hatte. Wir könnten das also gar nicht auffangen, auch nicht in 15 Jahren. Es fehlt einfach an Kadern.“[131]

Der niedersächsische Minister des Innern stellte am 18. Dezember 1992 gegen den DKB eine Verbotsverfügung aus. Nach Angaben der Sicherheitsbehörden hatten dem Bund ca. 60 Mitglieder angehört. De Vries erklärte in einem Interview, der DKB habe „300 feste Leute“ gehabt – „zwischen der holländischen Grenze und Bremen“. Die Organisationsverbote beurteilte er zwiespältig: „Diese Organisationsverbote haben die rechte Szene ziemlich geeint. Man mußte danach enger zusammenrükken. Vorher gab's ja auch Rivalitäten. Aber ansonsten – man sucht sich halt einen neuen Namen für seine Gruppe und macht weiter. Worch haben sie doch schon vier oder fünf Vereine verboten, den stört das nicht. Aber auf viele junge Kameraden hat das Ganze schon abschreckende Wirkung.“[132]

3.2.13. Hilfsorganisation für nationale politische Gefangene und deren Angehörige

Die „Hilfsorganisation für nationale politische Gefangene und deren Angehörige e.V." (HNG) wurde im Juli 1979 in Frankfurt am Main gegründet. Ihre Mitglieder sammeln Spenden und unterstützen damit inhaftierte Gesinnungsgenossen. Sie versteht sich als „partei- und organisationsübergreifend, weil auch die politische Verfolgung in unserem Lande nicht vor Partei- und Organisationsgrenzen halt macht".[133] Aufgrund interner Meinungsverschiedenheiten trat die langjährige HNG-Vorsitzende Christa Goerth 1991 von ihrem Amt zurück. Zur Nachfolgerin wurde Ursula Müller (Jahrgang 1933) gewählt, die Ehefrau des neonationalsozialistisch ausgerichteten Gärtnermeisters Curt Müller aus Mainz-Gonsenheim. In den Vorstand wurden darüber hinaus mehrere Aktivisten der FAP gewählt.

Tabelle 21: Mitglieder der HNG, 1982-1993

1982	230
1983	400
1984	(mehr als) 250
1985	(mehr als) 200
1986	250
1987	220
1988	180
1989	180/210
1990	180/200
1991	200
1992	200
1993	220

Quelle: Verfassungsschutzbehörden.

Als Mitteilungsblatt erscheinen seit 1984 monatlich „Nachrichten der HNG". Die Auflage betrug zuletzt ca. 300 Exemplare.

3.2.14. Internationales Hilfskomitee für Nationale Politische Verfolgte und deren Angehörige

Das „Internationale Hilfskomitee für Nationale Politische Verfolgte und deren Angehörige" (IHV) wurde 1987 von Ernst Tag (Jahrgang 1947) als Konkurrenzunternehmen zur rechtsextremen Häftlingshilfeorganisation HNG gegründet. Aus dieser seit 1979 bestehenden Vereinigung war Tag Anfang 1987 ausgeschlossen worden, weil er den Neonationalsozialisten Michael Kühnen wegen dessen Homosexualität scharf angegriffen hatte. In den Jahren zuvor hatte der lange Zeit in Ludwigshafen am Rhein wohnhafte Ernst Tag sich um die Übernahme einer Schlüsselrolle innerhalb der Neo-NS-Szene bemüht. Diesem Ziel diente die Monatsschrift „Der Schulungsbrief" und der Ausbau eines im Juni 1985 erworbenen Anwesens in Weidenthal (Kreis Bad Dürkheim) zu einem „Zentrum des NS-Gedankens". Doch der sehr auf die eigene Person fixierte Tag konnte nur einen kleinen Kreis von Anhängern um sich scharen. In der Öffentlichkeit trat Tag als Leiter zahlreicher von ihm ins Leben gerufener Vereinigungen in Erscheinung, die allesamt mehr auf dem Papier als in der Realität existierten: „Aktion Sauberes Deutschland", „Bundesrepublikanisch-jüdischer Wiedergutmachungsclub", „Grüne Aktion Deutschland – Landesverband Rheinland-Pfalz", „Verein zur Förderung der Wiederherstellung der Einheit Deutschlands und des Deutschen Volkes in Frieden und Gleichheit vor allen Völkern – Vereinigtes Deutsches Reich" (VDR). Auch das IHV konnte sich neben der HNG nicht behaupten.

Die Aktivitäten Ernst Tags fanden eine erzwungene Unterbrechung, als ihn das Landgericht Gießen am 15. März 1988 wegen Beihilfe zur schweren räuberischen Erpressung, Hehlerei und Verstoßes gegen das Waffengesetz zu einer Freiheitsstrafe von 5 Jahren verurteilte. „Das Gericht sah es als erwiesen an, daß Tag sein als ‚Nationales Zentrum' bezeichnetes Anwesen in Weidenthal teilweise mit Geldern finanziert habe, die der NS-Aktivist Markus Mössle (25) bei zwei Banküberfällen erbeutet hatte. Tag habe dies gewußt und außerdem für einen weiteren Banküberfall Mössle eine Maschinenpistole zur Verfügung gestellt."[134] Der Bundesgerichtshof hob dieses Urteil „wegen fehlerhafter Beurteilung strafrechtlicher Konkurrenzfragen“[135] teilweise auf. Das Strafmaß reduzierte sich infolgedessen nur geringfügig. Tag wurde am 31. März 1989 zu vier Jahren und sechs Monaten Haft ohne Bewährung verurteilt. Sein Anwesen in Weidenthal mußte er veräußern. 1992 aus der Haft entlassen, engagierte sich Tag erneut im Rahmen des IHV.

3.2.15. Nationalistische Front

Die 1985 gegründete „Nationalistische Front“ (NF) wurde am 27. November 1992 – wie DA und NO – durch den Bundesinnenminister verboten. Die in Bielefeld entstandene, später in der Nähe des westfälischen Detmold ansässige Organisation knüpfte in ihrer Programmatik an die Frühzeit der NSDAP und deren Straßer-Flügel an und übernahm Begriffe und Konzepte, wie sie von der „Neuen Rechten“ verbreitet worden waren. Sie forderte den politischen „Zusammenschluß aller Deutschen“, die „schrittweise Ausweisung aller Ausländer“, trat für die „Brechung der Zinsknechtschaft“ ein und propagierte eine „solidarische Volksgemeinschaft“.[136] Der Einfluß der Neuen Rechten zeigte sich in der Befürwortung eines „sozialrevolutionären Befreiungsnationalismus“. Der Gegensatz von „rechts“ und „links“ müsse überwunden und „imperialistischen Mächten“ der Kampf angesagt werden.

Trotz des Aufbaus von Stützpunkten in Brandenburg, Thüringen und Sachsen kam die NF über 100 Mitglieder nicht weit hinaus. Als sie erstmals seit ihrem Bestehen im September 1991 bei der Bremer Bürgerschaftswahl antrat, erhielt sie 106 Stimmen (0,03 %).[137] Die Staatsanwaltschaft nahm Ermittlungen gegen die NF auf, nachdem ihr Anführer Meinolf Schönborn (Jahrgang 1955) Ende 1991 den Aufbau eines „Nationalen Einsatzkommandos“ (NEK) angekündigt hatte. Der Gründungsaufruf richtete sich an „alle gesunden und sportlichen Kameraden ab 16 Jahre“. Um den „Kampf für ein völkisches Deutschland besser, zielgerichteter, sicherer und noch erfolgreicher durchführen zu können“, sei die „Aufstellung kadermäßig gegliederter hochmobiler Verbände“, die „Ausbildung von sportlichen und gesunden Kameraden für den politischen Kampf auf der Straße" und die „Planung und Durchführung von überraschend durchgeführten zentralen Aktionen"[138] erforderlich. Nach einer Durchsuchungsaktion der Polizei wurde Schönborn aus der NF ausgeschlossen – seine militanten Aktivitäten seien nicht von der NF getragen worden. Auf dem Parteitag in Kremmen bei Oranienburg wurde der aus Berlin stammende Andreas Pohl zum neuen Bundesvorsitzenden gewählt. Künftig sollte die NF sich auf ihre Schulungstätigkeit beschränken und die Herausbildung einer festgefügten Kaderorganisation betreiben, militante Aktionen sollten in einem anderen organisatorischen Rahmen durchgeführt werden.

Die NF unterhielt in Berlin-Charlottenburg ein Schulungsheim, in dem u.a. Mitglieder aus den neuen Bundesländern unterwiesen wurden. Seit ihrer Gründung bemühte sich die NF um Kontakte zur Skinhead-„Szene". Verbindungen bestanden besonders zu Ostberliner Gruppen. Nach dem Fall der Mauer baute die NF Gruppen im östlichen Deutschland auf. Zuletzt bestanden Stützpunkte u.a. in Arnstadt, Eberswalde, Frankfurt/Oder, Königs Wusterhausen, Neustrelitz, Oranienburg und Schwedt. Diese Bemühungen blieben nicht ganz erfolglos, wie Sympathiebekenntnisse in Skinhead-„Fanzines" wie „Glorreiche Taten" und „Clockwork Orange" belegen.[139] Im östlichen Deutschland konnten erfolgreich neue Mitglieder geworben werden, die zumeist aus der Skinhead- und Hooligan-„Szene" stammten.

Wegen des Verdachts der Fortführung der verbotenen NF führte die Polizei im Februar 1994 eine Durchsuchungsaktion in Ostwestfalen-Lippe durch. U.a. wurde das Haus des ehemaligen NF-Anführers Meinolf Schönborn in Detmold-Pivittsheide durchsucht. Die Sicherheitskräfte stellten in den Räumen des von Schönborn betriebenen „Deutschen Spielwarenverlages" (früher: Klartext-Verlag) u.a. eine Kartei der Kunden sicher, die rechtsextremes Material bezogen hatten. Zu den angebotenen Waren zählten Hakenkreuzaufkleber mit einer Nürnberger Postfachadresse.

Tabelle 22: Mitglieder der NF, 1986-1992

1986	50
1987	80
1988	80
1989	60
1990	60-80
1991	130
1992	400, davon 200 in den neuen Bundesländern

Quelle: Verfassungsschutzbehörden; Interview.

Ergänzende Organisationsdaten:
Bundesgeschäftsstelle: bis zum Sommer 1991 in Bielefeld, dann in Detmold-Pivittsheide. Für Ende 1992 war eine Übersiedlung nach Berlin geplant.

Bundesvorstand[140]

Bundesvorsitzender:	Andreas Pohl (Berlin)
Stellvertretende Bundesvorsitzende:	Mathias Schwier, Jürgen Dehmer, Enno Gehrmann
Kassenwart:	Helmut Braun
Beisitzer:	Steffen Hupka
Bundesschiedskommission:	Axel Grunov, Reiner Teske, Lutz Bentro.

Publikationen
Wille und Weg (1986, Westberlin)
Hetzer (1987, unregelmäßig)
Nachrichten aus der Szene (1988/89, alle drei Monate, Aufl. 2000)
Klartext (1986-1989, unregelmäßig; Aufl. mehrere tausend);
Aufbruch (seit 1990, alle sechs Wochen; Aufl. 1991 über 100)

Verlage
Klartext-Verlag, Detmold-Pivittsheide.
Deutscher Spielwarenverlag, Detmold-Pivittsheide.

3.2.16. Nationalsozialistische Deutsche Arbeiterpartei – Auslands- und Aufbauorganisation

Die NSDAP-AO wurde Anfang der siebziger Jahre unter streng konspirativen Bedingungen gegründet. Die Aufhebung des NSDAP-Verbots und die Wiederzulassung einer Nachfolgeorganisation waren die zentralen politischen Ziele. Um ein Verbot durch die Behörden zu umgehen, übernahm der Deutsch-Amerikaner Gary („Gerhard") Rex Lauck (Jahrgang 1953) die „Propagandaleitung". 1973 begann der Aufbau illegaler „Zellen" (Gruppen mit mehr als zwei Personen). Ihre Hauptaufgabe war die Verbreitung in den USA hergestellter Propagandamaterialien. Die NSDAP-AO verstand sich als „Dienstleistungsunternehmen für alle Nationalsozialisten, die propagandistische Untergrundarbeit durchführen wollen". Die Anhänger des Hakenkreuzes sollten sich als „konsequenteste und härteste" Opposition gegen das „System" profilieren, um im Falle einer ernsten Krise die Massen des Volkes für sich zu gewinnen.[141]

Ende 1974 wurde Lauck in der Bundesrepublik festgenommen und wegen seiner neonationalsozialistischen Aktivitäten ausgewiesen. Zwei Jahre später erneut in der Bundesrepublik verhaftet, erhielt er wegen seiner propagandistischen Tätigkeit eine sechsmonatige Freiheitsstrafe. Gegen Lauck besteht beim Einwohnerzentralamt in Hamburg eine unbegrenzte Ausweisungs- und Abschiebeverfügung. Zu den Mitgliedern der NSDAP-AO, die in der an Umfang gewinnenden „Szene" der siebziger Jahre erste „Stützpunkte" aufbaute, zählten Wolf Dieter Eckart (Jahrgang 1939) und Michael Kühnen. Lauck nutzte die liberalen gesetzlichen Bestimmungen in den Vereinigten Staaten, um dort unbehelligt von behördlichen Eingriffen große Mengen an Propagandamaterial (Flugblätter, Plakate, Zeitschriften, Bücher und Broschüren) herzustellen und in der Bundesrepublik zu verbreiten. Als Auslandszentrale fungiert eine Postfach-Adresse in Lincoln/Nebraska.[142]

Tabelle 23: Mitglieder der NSDAP-AO, 1987-1992

1987	100
1988	100
1992	80

Quelle: Verfassungsschutzbehörden; US-Quelle.

Seit 1973 gibt Lauck das deutschsprachige Organ „NS-Kampfruf" heraus. Es erschien von 1983 bis 1987 dreimonatlich (Unterbrechung 1985) und kommt seit 1988 alle zwei Monate heraus (Auflage 1988-1991: 2.000). Seit Anfang der neunziger Jahre finden Ausgaben in englischer, schwedischer und ungarischer Sprache Verbreitung. Das Nachrichtenblatt „The New Order" bietet zahlreiche Propagandamaterialien zum Verkauf an. 1992 erschien erstmals ein „US News Bulletin" in mehreren Sprachen. Über die heutige Zahl der Mitglieder der NSDAP-AO liegen keine Angaben vor. Sie sind in der Regel zugleich in anderen neonationalsozialistischen Gruppierungen aktiv.

Publikationen

NS-Kampfruf; erscheint seit 1979; seit 1988 zweimonatlich; Auflage zuletzt mehrere Tausend.

3.2.17. Neonationalsozialistenkreis um Curt Müller

Das Ehepaar Curt (Jahrgang 1930) und Ursula Müller (Jahrgang 1933), das in Mainz-Gonsenheim eine Gärtnerei betreibt, trat seit Ende der sechziger Jahre in der rechtsextremen „Szene" in Erscheinung – zunächst im Rahmen der NPD. Anfang der siebziger Jahre setzte ein Radikalisierungsprozeß ein, bis hin zur offenen Propagierung neonationalsozialistischer Ideologie. Das Anwesen des Ehepaares entwickelte sich zu einem Treffpunkt für neonationalsozialistische Aktivisten aus dem ganzen Bundesgebiet. Da bei den regelmäßigen „Sonnwend-" und Hitler-Geburtstagsfeiern vielfach über 100 Personen aus unterschiedlichsten Gruppierungen zusammenkommen, nahm der Kreis den Charakter eines Kontakt- und Schaltzentrums der „Szene" an. Ursula Müller wurde 1991 zur Vorsitzenden der

HNG gewählt, ihr Ehemann zu deren Stellvertreter (siehe oben). Beide haben es verstanden, sich über die Grenzen der diversen Gruppierungen hinweg eine gewisse Vertrauensbasis bei neonationalsozialistischen Aktivisten zu erwerben. Nach Angaben der Verfassungsschutzbehörden hat das Anwesen des Ehepaars aufgrund mehrfacher Hausdurchsuchungen durch die Polizei für die „Szene" an Attraktivität eingebüßt. Bei einer Durchsuchungsaktion Mitte April 1994 (im Vorfeld des in der „Szene" als „Führergeburtstag" gefeierten 20. April) wurden u.a. antisemitische Schriften und NS-Kultgegenstände beschlagnahmt. Eine bronzene Hitlerbüste hatte Müller in einer von ihm als „Walhalla" bezeichneten Scheune auf einer Art Altar ausgestellt.

3.2.18. Deutsche Bürgerinitiative

In einer Zeit, in der überall im westlichen Deutschland Bürgerinitiativen mit eher linksgerichteten Zielen entstanden, gründete Manfred Roeder seine rechtsextreme „Deutsche Bürgerinitiative" (DBI). Der 1929 in Berlin geborene Roeder war durch seine Familie vorgeprägt. Der Vater hatte bereits vor 1933 der SA und der NSDAP angehört. Der Sohn besuchte eine „National-Politische Erziehungsanstalt" und war seit 1943 in einem der SS zugeordneten Internat.[143] Roeder machte 1947 das Abitur und studierte anschließend Rechtswissenschaft. 1966 wurde das Studium mit dem Assessorexamen abgeschlossen. Ein Jahr zuvor war Roeder der CDU beigetreten. Er engagierte sich besonders in der Initiative „Moralische Aufrüstung" und beteiligte sich an Kampagnen gegen die Liberalisierung des Sexualstrafrechts. Sein Engagement gegen „Pornographie" und „Sittenverfall" brachte ihn zu Beginn der siebziger Jahre in Kontakt mit rechtsextremen Kreisen, deren politische Orientierungen er mehr und mehr übernahm und im eigenen Sinne interpretierte. Dabei wurden geistige Vorprägungen, die er in Elternhaus und NS-Erziehungsanstalten erhalten hatte, zumindest teilweise reaktiviert.

Die im November 1971 ins Leben gerufene DBI erhielt zunächst die Anerkennung als „gemeinnütziger Verein". Roeder scharte einen Kreis von Gesinnungsgenossen um sich und agitierte für eine „Erneuerung der Staats- und Sittenordnung“. Nachdem er den Agrarjournalisten Thies Christophersen kennengelernt hatte, unterstützte er dessen publizistische Aktivitäten („Die Auschwitz-Lüge“) und setzte sich verstärkt für eine Beendigung der NS-Prozesse ein. Mitte der siebziger Jahre trat Roeders Freundeskreis durch Aktionen gegen die Kasseler Kunstausstellung „Documenta“ („entartete Kunst“) und für die Freilassung von Rudolf Heß in Erscheinung. 1975 wurde im nordhessischen Schwarzenborn ein Anwesen als Stütz- und Treffpunkt der Anhänger erworben, auf dem Roeder und seine vielköpfige Familie zu „Sonnwendfeiern“ einluden. Roeder ernannte sich selbst zum „Reichsverweser“ und sein Anwesen firmierte als „Reichshof“. Wegen seiner propagandistischen Aktivitäten wurde er im Verlaufe der siebziger Jahre mehrfach zu Gefängnisstrafen von einigen Monaten verurteilt. Anfang 1978 floh er vor den Strafverfolgungsbehörden ins Ausland (Schweiz, Österreich, Süd- und Nordamerika, Naher Osten, Großbritannien), wo er Kontakte zu neonationalsozialistischen Kreisen und palästinensischen Organisationen knüpfte und unterhielt. Hier scheint der Entschluß gefallen zu sein, den politischen Zielen künftig mit Brachialgewalt zum Durchbruch zu verhelfen.

Im Sommer 1979 kehrte Roeder heimlich in die Bundesrepublik zurück. In Kirchheim unter Teck lernte er den Facharzt Heinz Colditz und dessen Assistentin Sibylle Vorderbrügge kennen, die so sehr unter den Einfluß Roeders gerieten, daß sie schließlich bereit waren, mit ihrem bisherigen bürgerlichen Leben radikal zu brechen. Der Arzt, dessen Assistentin und ein Patient begingen im Laufe des Jahres 1980 mehrere schwere Sprengstoff- und Brandanschläge („Deutsche Aktionsgruppen“). Bei dem Brandanschlag gegen eine Ausländerunterkunft in Hamburg kamen zwei Menschen ums Leben. Noch im September 1980 wurde die Gruppe verhaftet. Wie sich vor Gericht herausstellte, hatte Roeder an keinem der Attentate direkt mitgewirkt. Dennoch wurde er 1982 wegen „Mittäterschaft durch Unterlassen“ der Verhinderung der begangenen Attentate zu 13 Jahren Haft verurteilt. Roeder stritt jede Verantwortung für die Taten der Gruppe ab und distanzierte sich in der Haft von terroristischen Praktiken.

In den Jahren 1986/87 wandte er sich in Eingaben und Briefen an den Deutschen Bundestag gegen die gesetzliche Fixierung der „Kronzeugenregelung“ und forderte statt dessen ein „befristetes Angebot an den harten Kern der RAF, den Kampf einzustellen, sich den Behörden zu stellen und sich für fünf oder zehn Jahre an bestimmte Auflagen zu halten; z.B. Meldepflicht, Aufenthaltsbeschränkungen u.ä. Als Gegenleistung verzichtet der Staat auf einen Prozeß“.[144] An seinen politischen Zielen hat der von der eigenen Mission überzeugte Roeder in der Haft festgehalten. Der „Deutsche Jahrweiser“, der „Europäische Freiheitsbewegungs-Brief“ und das Flugblatt „Deutsche Bürgerinitiative“ zirkulierten weiterhin im Roeder-Freundeskreis. Seit 1989 erhielt Roeder Freigang und wurde im Februar 1990 vorzeitig aus der Haft entlassen. Bereits kurze Zeit später nahm er zusammen mit Michael Kühnen und David Irving an einer „Revisionisten“-Konferenz im Münchener Löwenbräukeller teil.[145] Zu „Freundestreffen“ auf seinem Anwesen in Schwarzenborn reisen wieder Rechtsextremisten aus dem In- und Ausland an. Während des Golfkrieges malte er das Schreckbild einer „amerikanisch-jüdischen Weltherrschaft, die zu errichten das eigentliche Ziel der Judäo-Angloamerikaner“[146] sei.

Tabelle 24: Mitglieder der DBI, 1986-1992

1986	120
1987	120
1988	120
1989	120
1990	–
1991	–
1992	80 (Schätzung)

Quelle: Verfassungsschutzbehörden; Interview.

Seit einiger Zeit wirbt Roeder in seinen Publikationen für ein „Deutsch-Russisches Gemeinschaftswerk – Förderverein Nord-Ostpreußen" („Preußenwerk"), das sich vor allem der Ansiedlung von Rußlanddeutschen im nördlichen Teil des ehemaligen Ostpreußens widmet.

Publikationen

Deutsche Bürgerinitiative e.V. – weltweit (seit 1987, zweimonatlich, Aufl. 2.000 in den Jahren 1990/91); 1993 monatlich, Aufl. mehrere Tausend
Deutscher Jahrweiser (seit 1986, dreimonatlich, Aufl. 1.000)
Der Fackelträger (1987-1989, unregelmäßig, Aufl. 1.000)
Europäische Freiheitsbewegung (Rundbrief; 1979-1986)
Der Fackelträger für Freiheit, Recht und Ehre – Hilfswerk Manfred Roeder (1984)
Rundbrief der Europäischen Freiheitsbewegung (1983).

3.2.19. Die Deutsche Freiheitsbewegung

Die Vereinigung „Der Bismarck-Deutsche. Die Deutsche Freiheitsbewegung" wurde 1983 von Otto Ernst Remer gegründet. Remer wurde 1912 in Neubrandenburg als Sohn eines Justizinspektors geboren.[147] Als Gymnasiast schloß er sich der bündischen Jugend an. Nach dem Abitur 1933 wurde Remer Berufssoldat, 1935 Leutnant im Infanterie-Regiment Nr. 4. Am Zweiten Weltkrieg nahm er zunächst als Kompanieführer teil und erhielt hohe Auszeichnungen. 1943 wurde er zum Major der Panzerdivision Großdeutschland befördert. Seit Mai 1944 war er in Berlin als Kommandeur des Wachregiments Großdeutschland stationiert. In dieser Eigenschaft beteiligte er sich maßgeblich an der Niederschlagung der Widerstandsaktion vom 20. Juli 1944. Bis dahin war Remer politisch nicht hervorgetreten und hatte auch während der kritischen Stunden des 20. Juli keine entschlossene Haltung gezeigt. Aber die nationalsozialistische Propaganda stellte ihn anschließend als Helden in den Mittelpunkt. Er wurde zum Oberst befördert, im Januar 1945 zum Generalmajor der Führerbegleitdivision und war bis Kriegsende im Einsatz an der Ostfront. Um nicht in russische Kriegsgefangenschaft zu geraten, habe Remer, berichtete Wolfgang Mischnick in seinen Memoiren, „seine Truppe im Stich gelassen“[148] und sich nach Westen abgesetzt.

Er stellte sich den Amerikanern bereitwillig für die historische Aufarbeitung der Endperiode des Dritten Reiches zur Verfügung. Danach arbeitete er zunächst als Maurer. 1949 beteiligte er sich an der Gründung der „Gemeinschaft unabhängiger Deutscher“ und gehörte im Oktober 1949 zu den Gründern der „Sozialistischen Reichspartei“ (SRP). Im Juni 1950 wurde er Landesvorsitzender der SRP in Schleswig-Holstein. Bei seinen zahlreichen öffentlichen Auftritten als Propagandaredner strich er seine Heldenrolle bei den Ereignissen des 20. Juli heraus und äußerte sich geringschätzig und verächtlich über die Widerstandskämpfer. Gerichtliche Auseinandersetzungen waren die Folge. Von paradigmatischer Bedeutung für die justizielle Aufarbeitung des NS-Regimes wurde der Prozeß vor dem Landgericht Braunschweig, in dem die historischen Vorgänge des 20. Juli 1944 und die Frage der Legitimität des Widerstandes im Vordergrund standen. Remer wurde im März 1952 zu drei Monaten Gefängnis verurteilt. Der Vollstreckung der Strafe entzog er sich jedoch durch Flucht nach Ägypten. Im April 1952 stellte die Bundesregierung (erstmalig) einen Antrag beim Bundesverfassungsgericht, Remer gemäß Art. 18 GG Grundrechte zu entziehen. Erst 1960 entschied das Gericht abschlägig. Lange zuvor war Remer, nachdem eine allgemeine Amnestie erlassen worden war, im September 1954 nach Deutschland zurückgekehrt. Er trat politisch nicht mehr in Erscheinung, betätigte sich als Handelsvertreter und Geschäftsführer einer Landmaschinenfabrik. Aber auch im Zusammenhang mit seinen beruflichen Aktivitäten kam es zu gerichtlichen Auseinandersetzungen. Nach einer Verurteilung floh Remer im November 1962 wieder in den Nahen Osten. Nach seiner Rückkehr im Mai 1963 wurde er festgenommen.

Danach trat Remer politisch über lange Jahre hinweg nicht mehr in Erscheinung. Erst mit der Gründung der DDF 1983 meldete er sich wieder in der rechtsextremen „Szene“ zurück. Die DDF propagierte einige Jahre lang eine Annäherung an die Sowjetunion und sah in einem neutralistischen Europa die besten Aussichten für ein wiedervereinigtes Deutsches Reich. Zudem betrieb Remer NS-Apologie und äußerte sich wiederholt zum „Gaskammerproblem". Im Juli 1989 wurde Remer als Vorsitzender der DDF von Georg Albert Bosse (Jahrgang 1927) abgelöst. Die Organisation, der bundesweit ca. 160 Mitglieder angehören sollen, beschränkte sich auch unter der neuen Führung auf die Herausgabe von Schriften wie dem Mitteilungsblatt „Recht und Wahrheit".

Seit 1991 erscheint als Flugblatt-Serie eine „Remer-Depesche" (heute unter der Herausgeberschaft von Gerhard Körner), in der die historische Tatsache der massenhaften Vernichtung von Juden in Gaskammern geleugnet wird. In diesem Zusammenhang wurde Remer am 22. Oktober 1992 durch das Landgericht Schweinfurt zu einer Freiheitsstrafe von einem Jahr und zehn Monaten verurteilt. Das Gericht sah von einer Strafaussetzung ab, da keine günstige Sozialprognose gestellt werden könne.[149] Ein Revisionsverfahren scheiterte vor dem Bundesgerichtshof. Remer trat jedoch die Haft nicht an, sondern floh in Begleitung seiner Frau ins Ausland. Die März-Nummer der neonationalsozialistischen Flugblatt-Serie „Halt" präsentierte auf der Titelseite ein Foto von einem in der Abflughalle eines Flugplatzes im Rollstuhl sitzenden Remer in Begleitung von seiner Frau und dem ebenfalls flüchtigen Österreicher Gerd Honsik.[150] Im Rahmen eines Berichtes über die rechtsextreme „Szene" sendete das spanische Fernsehen Mitte Mai ein Interview mit Remer, das in einem Hotel der Provinz Málaga geführt worden war. Remer wurde wiederum von Gerd Honsik begleitet, der gegenüber den Journalisten erklärte, er habe bei den spanischen Behörden um politisches Asyl für Remer ersucht. Spanien sei ein freieres Land als andere westeuropäische Staaten, allerdings würden Remer und er umfassenderen Schutz genießen, wäre General Franco noch an der Macht. Aufgrund eines Auslieferungsbegehrens der Bundesrepublik Deutschland wurde Remer am 2. Juni 1994 auf dem Flughafen in Málaga festgenommen. Ob eine Auslieferung erfolgen könne, erschien zweifelhaft, da der Staatsanwalt des zuständigen spanischen Gerichtes, der Audiencia Nacional, Einspruch erhob. Das Delikt der Volksverhetzung existiere in Spanien nicht.

Tabelle 25: Mitglieder der DDF, 1987-1993

1987	130
1988	160
1989	160
1990	160
1991	200
1992	160
1993	140

Quelle: Verfassungsschutzbehörden; Interview.

Publikationen

Der Bismarck-Deutsche (1984-1988, monatlich, Auflage mehrere Tausend).
Recht und Wahrheit (seit 1989, zweimonatlich, Aufl. 2.500, 1989-1991).
Remer-Depesche (seit 1991, monatlich).

3.2.20. Internationale Kontakte

Die neonationalsozialistische „Szene" weist einen deutlich höheren Grad internationaler Verflechtung auf als das Spektrum der nationalistischen und national-populistischen Protestparteien. Hierfür gibt es verschiedene Gründe. Zum einen hängen die neonationalsozialistischen Gruppierungen einer Ideologie an, die über den nationalen Rahmen hinausweist. Appelliert wird an die Gemeinschaft der „Germanen", der „Arier" oder gar der „weißen Rasse". So bestehen von seiten deutscher Neonationalsozialisten seit Jahren besonders enge Kontakte zu flämischen, niederländischen, britischen, dänischen und skandinavischen Gesinnungsgenossen. Zum anderen legen die zumeist jugendlichen Aktivisten ein besonders hohes Maß grenzüberschreitender Mobilität an den Tag – bis hin zu Formen eines politisch motivierten Veranstaltungs- und Demonstrationstourismus. Anlaß für periodische Treffen der „Szene" bieten etwa Hitlers Geburtstag (20. April), der Todestag des spanischen Diktators Franco (17. November), die Yser-Wallfahrt (im August) im westflandrischen Diksmuide, der Rudolf-Heß-Gedenkmarsch am 14. August (in den vergangenen Jahren in Wunsiedel, Bayreuth, Fulda). Auch Sonnwendfeiern sind häufig Anlaß für Treffen mit internationalem Teilnehmerkreis. So versammelten sich deutsche und französische Neonationalsozialisten am 19./20. Juni 1993 in Vellexon/Franche-Comté.

Besondere Aufmerksamkeit erregte in den vergangenen Jahren das Auftauchen von Propagandamaterial des legendenumwobenen „Ku Klux Klan" (KKK) in Deutschland. Unter der traditionsreichen Bezeichnung existieren in den USA mehr als 20 regionale, zum Teil rivalisierende rassistische und antisemitische Vereinigungen. Als ihr Ziel gilt ein „freies, weißes, gesundes Amerika". In Deutschland trat der KKK erstmals zu Beginn der achtziger Jahre aufgrund der Aktivitäten eines amerikanischen Soldaten in Erscheinung. In den folgenden Jahren blieben Meldungen zum KKK aus. Erst Anfang der neunziger Jahre sorgte der KKK wieder für Berichte in der deutschen Presse, nachdem der Amerikaner Dennis W. Mahon angeblich im Auftrag der in Missouri und Oklahoma verbreiteten „Imperial Dragon of the White Knights of the KKK" zusammen mit neonationalsozialistischen Aktivisten mehrmals öffentlich aufgetreten war und zum Kampf gegen Ausländer aufgefordert hatte. KKK-Gruppen wurden in Königs Wusterhausen („Kameradschaftsführer": Rolf Luchow) und Berlin gegründet. 1991 tauchten im Kreis Königs Wusterhausen Drohschreiben an Ausländer mit „Grüße[n] vom Ku Klux Klan" auf. Bei einer großangelegten Durchsuchungsaktion in der norddeutschen neonationalsozialistischen „Szene" wurden am 26. Mai 1992 auch Unterlagen des KKK beschlagnahmt.

Eine der wichtigsten Quellen für neonationalsozialistisches Propagandamaterial sind seit Jahren die Vereinigten Staaten, wo Schriften dieser Art aufgrund einer liberalen Strafgesetzgebung frei hergestellt und verbreitet werden dürfen. Auch in den USA besteht eine „Szene" neonationalsozialistischer Aktivisten, von denen die meisten allerdings keine Kontakte in das Ausland unterhalten. Dies gilt nicht für Gary Rex Lauck, der einer „National Socialist German Workers Party, Gau USA" vorsteht. Lauck, Jahrgang 1953, stammt aus Millwaukee, lange Zeit die Stadt mit den meisten deutschstämmigen Einwanderern, wo bereits in den zwanziger und dreißiger Jahren Schwerpunkte nationalsozialistischer Aktivitäten bestanden. Lauck wuchs in einer deutschstämmigen Familie auf und bezeichnet sich als „Auslandsdeutscher". Schon in der Schule zeigte sich ein starkes Interesse für Militär und Krieg; früh engagierte sich Lauck in rechtsextremen Gruppierungen. Während eines zweijährigen Studiums der Fächer Deutsch und Philosophie an der Universität von Nebraska übernahm er die Funktion des Propagandachefs der „National Socialist Party of America" (Sitz: Chicago). 1972 gründete Lauck in Lincoln die NSDAP-AO. Im gleichen Jahr begannen seine Aktivitäten in der Bundesrepublik und der Aufbau von „Stützpunkten" seiner Organisation im „Reichsgebiet". Seit seiner ersten Festnahme durch die deutschen Sicherheitsbehörden im Jahre 1974 besteht gegen Lauck Einreiseverbot in die Bundesrepublik. 1976 verbüßte Lauck in der Bundesrepublik eine mehrmonatige Haftstrafe. In den Jahren danach gelang es ihm immer wieder, illegal in das westliche Deutschland einzureisen. Die NSDAP-AO erwies sich als bedeutendste Propagandazentrale im Ausland, die in erheblichem Umfang Propagandamaterial in das Bundesgebiet verschickt – auf illegalen Wegen. Als eine wichtige Finanzquelle der NSDAP-AO gelten Altnazi-Kreise in Südamerika. Die technische Abwicklung der propagandistischen Aktivitäten erfolgt mit vergleichsweise bescheidenem Aufwand: „Die Faschisten in Nebraska verfügen über ein funktionsfähiges Büro mit mehreren Telephonleitungen, zwei Faxgeräten und einem DTP-System von Atari, auf dem jeden dritten Tag eine großformatige Hetzschrift in insgesamt zehn Sprachen gesetzt und gestaltet wird. Über Modems bestehen Datenverbindungen zu elektronischen Netzwerken der Nazis in Deutschland, Skandinavien und Amerika, wie A.R.I.E.S. (Aryan Resistance Information Exchange Service) in Tennessee oder das Nationale Info Telephon in Wiesbaden. Etwa zehn Personen arbeiten in Laucks Büro, die meisten davon allerdings nur wenige Stunden pro Woche. Alle sind sogenannte „Auslandsdeutsche", Amerikaner mit deutschstämmigen Vorfahren. Zu ihnen gehört Michael Storm, ein rechtsextremer Aktivist, der zuletzt die Post- und Verpackungsstelle leitete. Der eigentliche Versand der

Haßpropaganda erfolgt aber nur zum Teil von Lincoln aus. Die Nazis befürchten, daß die deutschen Behörden solche Sendungen beschlagnahmen könnten. Versandpostämter sind deshalb auch Houston, Los Angeles, New York City, St. Louis und Chicago, wo die meisten Publikationen gedruckt werden."[151]

Eine der international aktivsten Gruppen neonationalsozialistischer Observanz war seit den achtziger Jahren der „Circulo Español de Amigos de Europa" (CEDADE). Die CEDADE wurde 1965 im franquistischen Spanien gegründet, unter Beteiligung ehemaliger SS-Männer wie Walter Matthaei und des Mussolini-Befreiers Otto Skorzeny. Das langjährige Hauptquartier der Vereinigung befand sich in Barcelona, wo sich noch heute die „Europabücherei" befindet (Séneca 12), von der aus rechtsextremes Propagandamaterial auch ins Ausland verschickt wird – u.a. auch Schriften des Deutsch-Kanadiers Ernst Zündel. Gleiches gilt für die Flugschrift „Halt" des Österreichers Gerd Honsik (Jahrgang 1941), der 1992 nach seiner Verurteilung wegen NS-Wiederbetätigung nach Spanien flüchtete. Dort fand er bei CEDADE-Chef Pedro Varela Aufnahme. Die ca. 300 Mitglieder umfassende CEDADE wurde angeblich aus Geldmangel im Oktober 1993 aufgelöst. Ein Ableger der CEDADE existiert(e) in Portugal. CEDADE-Chef Varela war häufig Gast auf Veranstaltungen der „Szene" in Deutschland und Österreich.

Varela beteiligte sich u.a. an „revisionistischen" Veranstaltungen, die von den Neonationalsozialisten Ewald Althans und Ernst Zündel organisiert worden waren. Zündel (Jahrgang 1939) stammt aus Schwaben und wanderte 1970 nach Kanada aus. Er leitet in Toronto den Verlag „Samisdat Publishers Ltd.", der Ton- und Bilddokumente aus der NS-Zeit anbietet und in Deutschland u.a. die „Germania"-Rundbriefe verbreitet. Wichtigster Propaganda-„Stützpunkt" Zündels in Deutschland war eine zeitlang das von dem Neonationalsozialisten Ewald Althans in München betriebene sogenannte „Amt für Volksaufklärung und Öffentlichkeitsarbeit" (AVÖ). Althans avancierte aufgrund einer geschickten Regie in den Sensationsmedien zeitweilig zum „Neonazi Nr. 1" – eine Rolle, in der er auch in dem umstrittenen Film „Beruf Neonazi" von Wilfried Bonengel posierte. Althans und Zündel organisierten mehrere Veranstaltungen, an denen Revisionisten aus dem In-

und Ausland teilnahmen, u.a. der US-Amerikaner Fred Leuchter, der Franzose Robert Faurisson, der Brite David Irving und der dänische Neonationalsozialist Poul Riis-Knudsen („Dänische Nationalsozialistische Bewegung“).

Seit dem Juni 1993 verbreitet Zündel seine Propaganda auch über den Rundfunk. In Nordamerika wird ein englischsprachiges Fernsehprogramm und für Deutschland ein Radioprogramm von einer Station im Libanon ausgestrahlt. Seit Februar 1994 können die Propagandasendungen Samstag abends um 22.30 Uhr und am Sonntag um 21.00 Uhr auf vier Frequenzen empfangen werden. Auf diese Weise will Zündel einen „Beitrag zum geistigen Freiheitskampf der Deutschen in Deutschland und rund um die Welt“ leisten. Experten der „Deutschen Welle“ stellen freilich fest: „Tatsächlich sind seine Propaganda-Sendungen in Deutschland kaum störungsfrei zu empfangen – auch wenn Zündel in – wahrscheinlich fingierten – Hörerbriefen das Gegenteil behauptet.“[152]

Eine ähnliche Funktion wie Zündel innerhalb der „Szene“ des zeitgeschichtlichen Revisionismus spielt der vor den Strafverfolgungsbehörden nach Dänemark geflüchtete Thies Christophersen. Christophersen wurde am 27. Januar 1918 in Kiel als Sohn eines Landwirts und einer Lehrerin geboren.[153] Die Familie bewirtschaftete später den Hof Kälberhagen. Seit 1930 war Christophersen in der HJ. Über die NS-Zeit äußerte er im Rückblick: „Ich vergesse diese Zeit in meinem Leben nie. Es war eine Freude und Begeisterung, wie die Welt sie noch nie erlebte. Ich war dabei und schäme mich nicht. Gerne denke ich an meine Jugendzeit zurück“.[154] Im Frankreichfeldzug 1940 wurde er schwer verwundet und verbrachte lange Zeit im Lazarett. 1943 kam er als SS-Sonderführer im Rang eines Leutnants nach Rußland und arbeitete 1944 als „wissenschaftlicher Assistent“ in Auschwitz, wo er sich „mit der Züchtung von Pflanzenkautschuk befaßt“[155] habe. Christophersen verließ nach eigenen Angaben im Dezember 1944 Auschwitz, ohne auch nur das Geringste über Vergasungsanlagen erfahren zu haben. Nach 1945 bewirtschaftete er den elterlichen Hof.

In der zweiten Hälfte der sechziger Jahre engagierte er sich gegen die Agrarpolitik der Bundesregierung und wurde 1968 Landesgeschäftsführer der rechtsgerichteten „Notgemeinschaft Deutscher Bauern“ (NDB). Er fungierte gleichzeitig als Schriftführer und Herausgeber der NDB-Zeitschrift „Deutscher Bauer“, die 1968 dem Presseimperium des Münchener Verlegers Frey einverleibt wurde. Christophersen blieb Mitarbeiter Freys, bis er nach redaktionellen Unstimmigkeiten 1969 eine eigene Zeitschrift, „Die Bauernschaft“, gründete. Inzwischen hatte er seinen Hof an den Sohn übergeben und widmete sich forthin politischer und journalistischer Tätigkeit. 1971 lernte er den Rechtsanwalt Manfred Roeder kennen, unter dessen Einfluß im November die „Bauern- und Bürgerinitiative“ (BBI) gegründet wurde. Aus Protest gegen den „gesteuerten Kunstzerfall“ luden Christophersen und Roeder 1972 eine Fuhre Mist vor der „entarteten Kunstausstellung“[156] in Kassel ab. Im gleichen Jahr wurde Christophersen Inhaber und Herausgeber der „Kritik“-Reihe im neugegründeten „Kritik-Verlag“. Dort erschien 1973 die Broschüre „Die Auschwitz-Lüge“, ein „Erlebnisbericht“ über den Auschwitz-Aufenthalt Christophersens im Jahre 1944, in dem von der (angeblichen) Unkenntnis des Autors hinsichtlich der Vergasungsanlagen auf deren Nicht-Existenz geschlossen wurde. Der Auschwitz-„Bericht“ erreichte eine hohe Auflage und löste nicht nur in Kreisen von NS-Apologeten ein erhebliches Echo aus. Nachdem die Verbreitung des „Kritik“-Heftes im Jahre 1976 gerichtlich untersagt worden war, übernahm der Verlag des schweizerischen Rechtsextremisten Gaston-Armand Amaudruz in Lausanne den Vertrieb.

1978 wurde Christophersen erstmals wegen Volksverhetzung und der Verwendung verfassungswidriger Symbole verurteilt. Er verlagerte daraufhin seine Aktivitäten mehr und mehr ins Ausland, wo er sich an „revisionistischen“ Veranstaltungen beteiligte. Im Herbst 1981 floh er vor den deutschen Behörden über die Landesgrenze nach Dänemark. Dort arbeitete er mit dem dänischen Neonationalsozialisten Poul Riis-Knudsen zusammen, der als Vorsitzender der „Dänischen Nationalsozialistischen Bewegung“ (DNSB) fungiert. Im August 1983 wurde Christophersen an der deutsch-belgischen Grenze festgenommen, nachdem die belgischen Behörden einen Asylantrag abgelehnt hatten. Ein deutsches Gericht verurteilte ihn zu einer neunmonatigen Freiheitsstrafe wegen Verbreitens von Propagandamitteln verfassungswidriger Organisationen, Verunglimpfung des Staates und Volksverhetzung. Im August 1984 freigelassen und erneut zu einer Bewährungsstrafe verurteilt, floh er 1986 wieder nach Dänemark, wo er seit 1987 lebt (in Kollund, einem Ort an der Ostsee, unweit der dänisch-deutschen Grenze) und publiziert (u.a. im „Nordland Vorlag" Riis-Knudsens). Christophersen hat von Dänemark aus seine Zeitschrift „Die Bauernschaft" fortgeführt. Sie wurde zumeist über den norddeutschen Ort Mohrkirchen und ein Flensburger Postfach verschickt. Im Dezember 1993 beschlagnahmte die Staatsanwaltschaft fast die gesamte Ausgabe der Zeitschrift in der Druckerei Kölle in Preußisch-Oldendorf (Kreis Minden), wo sie heimlich gedruckt worden war. Christophersen gibt auch weiterhin die Zeitschrift „Kritik. Die Stimme des Volkes" heraus, die in unregelmäßiger Folge erscheint. Von Zeit zu Zeit veranstaltet er Freundestreffen oder „Nordische Dichtertage". Im September 1992 fand eine solche Veranstaltung, an der zahlreiche Aktivisten der Neo-NS-Szene teilnahmen, in Antwerpen statt. Ein Auslieferungsbegehren der deutschen Behörden gegen Christophersen wurde von dänischen Gerichten abschlägig beschieden, da die ihm in der Bundesrepublik zur Last gelegten Delikte für eine Verurteilung in Dänemark nicht ausreichten.

Die dänische Neo-NS-„Szene" hat auch in anderen Fällen deutschen Gesinnungsgenossen Hilfestellung geboten. Im Impressum der rechtsextremen Schrift „Der Einblick", die Ende 1993 in der „Szene" kursierte und eine schwarze Liste als feindlich geltender „Antifaschisten" enthielt, wurde eine Postfach-Nummer im dänischen Ort Randers genannt. Über sie verfügt der dänische Neonationalsozialist Henrik Asferg Kristensen, der Stellvertreter Riis-Knudsens in der DNSB. Kristensen ist in Deutschland als Redner auf dem „Rudolf-Heß-Gedenkmarsch" in Fulda (August 1993) in Erscheinung getreten. Sein Postfach gilt auch als Kontaktadresse der NSDAP-AO. Anfang April 1994 nahmen Vertreter der DNSB am Parteitag der FAP im Berliner Grunewald teil. Gegenstand von Gesprächen war u.a. das gemeinsame Engagement im Rahmen der „Anti-Antifa".[157]

Organisatorische Verflechtungen bestehen auch zwischen

der deutschen und der niederländischen Neo-NS-„Szene". In den Niederlanden existiert seit den achtziger Jahren eine Suborganisation der früheren ANS Michael Kühnens. Die niederländische ANS um ihren Anführer Eite Homan betont ihren nationalrevolutionären und sozialistischen Charakter. Homan war in den vergangenen Jahren regelmäßig Gast auf Veranstaltungen der GdNF und der NO.

Traditionell die engsten Beziehungen bestehen zwischen dem deutschen und dem österreichischen Rechtsextremismus. Österreich firmiert vielfach als „Ostmark" und selbstverständlicher Teil eines künftigen Deutschen Reiches. Infolgedessen sind die „Szenen" in beiden Ländern eng miteinander verflochten. Die Verurteilung des Wiener Neonationalsozialisten Gottfried Küssel durch das Landgericht Wien wegen „Wiederbetätigung im nationalsozialistischen Sinne" wurde vor diesem Hintergrund als Rückschlag gewertet. Küssel, der sich seit Januar 1992 in Haft befindet, war zeitweise Nachfolger des 1991 verstorbenen Michael Kühnen. Deutsch-österreichische Kontakte spielten vermutlich auch bei der Serie von Briefbombenattentaten vom Dezember 1993 eine Rolle. Interpol fahndet in diesem Zusammenhang nach einem Aktivisten der Berliner „Szene", Bendix Wendt, der im Verdacht steht, bei der Konstruktion von Sprengsätzen entscheidende Hilfeleistungen geboten zu haben.

Seit 1991 kämpfen deutsche Rechtsextremisten in Kroatien und Bosnien gegen die Serben. Sie sehen sich dabei in der Tradition der nationalsozialistischen Unterstützung für die kroatisch-faschistische Ustascha. Die Zahl der deutschen Söldner im ehemaligen Jugoslawien wird von seiten der deutschen Verfassungsschutzbehörden auf ca. 25 veranschlagt. Anfang März 1994 nahm die Polizei in Bad Reichenhall einen 26jährigen Skinhead namens Michael H. beim Grenzübertritt fest. Der aus dem niedersächsischen Nörten-Hardenberg stammende junge Mann gehört zu einer Gruppe militanter Rechtsextremisten, die auf der Seite Kroatiens an Kampfhandlungen teilgenommen haben. Der Sold soll 400 DM monatlich betragen. Michael H. zählte zum engeren Kreis um den niedersächsischen FAP-Landesvorsitzenden Thorsten Heise. Er hatte sich ein Jahr zuvor wegen einer drohenden Verurteilung nach Kroatien abgesetzt. Dem FAP-Aktivisten wird von der Göttinger Staatsanwaltschaft vorgeworfen, einen abtrünnigen Skinhead mit einem Schlagstock verprügelt und gezwungen zu haben, über einem Klappmesser Liegestützen zu machen. Das zum Tatzeitpunkt 23jährige Opfer brach zusammen und verletzte sich schwer.

Hinweise auf die Aktivitäten deutscher Rechtsextremisten in Südafrika ergaben sich im März 1994, als vier Deutsche bei einer Fahrzeugkontrolle der südafrikanischen Polizei mit Maschinengewehren das Feuer eröffneten. Einer der Deutschen, Thomas Kunst aus Itzehoe, wurde bei dem sich anschließenden Schußwechsel getötet. Der in Südafrika lebende gebürtige Hamburger Alfred Horst Klenz (Deckname: Heinrich Siems; Jahrgang 1936) konnte zunächst fliehen, wurde aber später gefaßt. Klenz arbeitete mit Leonard Veenendaal, dem Anführer einer militanten rechtsextremen Burengruppe, zusammen und warb Kampfgenossen in Deutschland an. Beide waren 1989 in Namibia wegen Mordverdachts verhaftet worden und später aus dem Gefängnis ausgebrochen. Von der Polizei festgenommen wurden auch Alexander Neidnelein und Stephan Rays, der der rechtsextremen Szene in Hamburg zugerechnet wird.

3.3. Rechtsextreme Skinheads

Die Subkultur der Skinheads entstand Ende der sechziger Jahre im Londoner Eastend im Sinne eines eher unpolitischen Aufbegehrens sozial benachteiligter Jugendlicher. Anfang der achtziger Jahre existierten erste Gruppen im westlichen und östlichen Deutschland. Die Jugendlichen stammten zumeist aus schwierigen sozialen Verhältnissen, hatten Probleme in der Schule und ungünstige berufliche Perspektiven. Das Gefühl des Ausgestoßenseins war ein wesentliches Motiv für den Zusammenschluß in hierarchisch gegliederten Gruppen, die sich in ihrem äußeren Erscheinungsbild (kurz geschorene Haare oder Glatze; Bomberjacken, Springerstiefel) scharf von der gesellschaftlichen Umgebung abgrenzten. Der Männlichkeitskult (weibliche Gruppenmitglieder sind Ausnahmen), das martialische Auftreten, die Betonung „deutscher Tugenden" wie Ordnung und Sauberkeit (in Abgrenzung zu anderen Jugendgruppen wie den „Punks"), die Neigung zur Gewalttätigkeit begründeten von Anfang an Affinitäten zu rechtsextremen Inhalten.

Doch war die „Szene" in ihren Anfängen eher unpolitisch. Die Vorliebe für bestimmte Musikgruppen und harte Klänge (Rap-Musik, „Heavy Metal") – die Kultbands kamen zunächst aus Großbritannien (z.B. die 1977 gegründete Gruppe „Skrewdriver") und den Vereinigten Staaten, erst später entstanden deutsche Formationen („Böhse Onkelz", „Commando Pernod", „Noie Werte", „Störkraft", „Sturmtrupp", „Sturmtruppen", „Radikahl", „Volkszorn", „Werwolf")[158] – war und ist ein zentrales Bindeglied. Gemeinschaftsbildend wirken darüber hinaus die in der „Szene" verbreiteten „Fanzines" (von „Fan-Magazine"), Zeitschriften, die zumeist mit einfachen Mitteln und in unregelmäßiger Folge hergestellt und verbreitet werden. Nach Beobachtungen der Sicherheitsbehörden[159] lassen sich die Fanzines drei Kategorien zuordnen:

1. Rechtsextreme Fanzines mit offen neonationalsozialistischen Tendenzen: „Aggressiv", „Der Angriff", „Der Patriot", „Der Skinhead", „Der Sturm", „Endsieg", „Erwache", „Eisenschädel", „Glorreiche Taten", „Nahkampf", „Nordwind", „Outsider", „Pan-

zerfaust", „Proiszens Gloria", „Querschläger", „radi-kahl", „Schlachtruf", „Hass und Gewalt", „Heimatfront", „Kahlschlag", „Graft durch Froide", „Macht und Ehre", „Midgard", „Stahlfront", „Totenkopf", „Unterm Kroiz", „White Power", „Zeitbombe".
2. Tendenziell ausländerfeindliche und nationalistische Fanzines: „Clockwork Orange", „Der Kampftrinker", „OI-Deutsches Echo", „Shock Troops", „The new Breed", „Voice of Esslingen".
3. Unpolitische Fanzines: „Big one, Keen on Streep", „Short Hair", „Spasz und Froide", „Skintonic", „S.O.S. Bote", „Sunday Stripper", „The Moon".

Seit Mitte der achtziger Jahre versuchten neonationalsozialistische Gruppen im westlichen Deutschland, das Potential der „Skinheads" (und der „Hooligans", Fußballfan-Rabauken) anzuzapfen. Nicht zuletzt unter diesem Einfluß politisierte sich die „Szene": Neben den unpolitischen „Oi-Skins" formierten sich die rechtsextremen Ideen aufgeschlossen gegenüberstehenden „Faschos" auf der einen und die „antifaschistisch" ausgerichteten „Red-" oder „SHARP-Skins" („Skinheads Against Racial Prejudice") auf der anderen Seite. In den Mittelpunkt der öffentlichen Aufmerksamkeit rückte die „Szene" erst nach der Vereinigung der beiden deutschen Staaten. Der Zusammenbruch der politischen, sozialen und ökonomischen Ordnung in der Ex-DDR und die Schwierigkeiten beim Neuaufbau schufen ein günstiges Klima für die Entfaltung jugendlicher Subkulturen. Die schon seit langem existierenden Skinhead-Gruppen erhielten besonders in den neuen Bundesländern Zulauf. Rechtsextreme, ausländerfeindliche Orientierungen bestimmten das Erscheinungsbild. Neben dem harten Kern neonationalsozialistischer Gruppen entstand so ein militantes Potential von mehreren tausend Personen, das in einem bislang unbekannten Ausmaß fremdenfeindlicher Gewalt seinen Niederschlag fand.

Einige wenige Musikgruppen sind für die Identität der Skinhead-Subkultur von zentraler Bedeutung. Wegbereitend wirkte die britische Gruppe „Skrewdriver", die bei „White-Power-Skins" zum Gegenstand eines wahrhaftigen Heldenkultes wurde. Die Texte und die Musik des Gründers und Anführers der Gruppe, Ian Stuart Donaldson, haben die Skin-„Kultur" im vergangenen Jahrzehnt geprägt. Die Gruppe „Skrewdriver" wurde 1977 gegründet und arbeitete zunächst mit der nationalrevolutionären „British National Front“ (NF) zusammen. Bis 1985 gehörte „Skrewdriver“ dem „White Noise Club“ der NF an, einer Zentrale für rassistische Skin-Musikgruppen, die ihren Einfluß auf die noch wenig politisierte Skinhead-„Szene“ zu vergrößern trachteten. Die NF leistete finanzielle Unterstützung. 1985 brach Ian Stuart infolge interner Auseinandersetzungen mit der NF und verließ den „White Noise Club“. Andere Gruppen wie „No Remorse“ und „Brutal Attack“ folgten seinem Beispiel. Stuart gründete die Vereinigung „Blood & Honour“, die Skin-Gruppen eine ideologische Plattform bot. Ohne direkte organisatorische Anbindung bildete die Idee von der Überlegenheit der „weißen Rasse“ eine Konsensgrundlage. Stuart forderte in seinen Texten zum Überlebenskampf der „weißen Rasse“ gegen die „zionistische Weltverschwörung“ auf. In der Einleitung zu einem „Songbook“ beschrieb er die Gründe für sein musikalisches Engagement.[160] Die weiße Welt werde aufwachen und sich gegen die kommunistischen, kapitalistischen und jüdischen Mächte erheben. Seinen Anhängern empfahl er, sich in nationalistischen Gruppierungen zu organisieren. Ein zweites ideologisches Standbein bildete der Antikommunismus. Dem linken „Rock against Fascism“ setzten Ian Stuart und seine Anhänger den „Rock against Communism“ (RAC) entgegen. Diese Tendenz verstärkte sich, nachdem Ian Stuart Anfang der achtziger Jahre wegen rassistischer Tendenzen strafrechtliche Konsequenzen drohten.

Im April/Mai 1991 veröffentlichte das deutsche Fanzine „Querschläger“ ein Interview mit Ian Stuart, in dem dieser sich radikaler als jemals zuvor äußerte und orthodoxe nationalsozialistische Positionen bezog. Rudolf Heß sei ein „Held der weißen Rasse“ und der Nationalsozialismus das beste politische System, das jemals existiert habe. Adolf Hitler wurde als „politisches und menschliches Vorbild“ gepriesen, weil er sich zu keinem Zeitpunkt dem internationalen Druck gebeugt und „Korruption“ und „Lügen“ der Juden angeprangert habe. „Skrewdriver“ trat regelmäßig in der Bundesrepublik Deutschland auf, allein viermal 1991. Gerade in den neuen Bundesländern erlangte die Gruppe in der „Szene“ Popularität. Nachdem

Stuart am 24. September 1993 bei einem Verkehrsunfall ums Leben gekommen war, kursierten Gerüchte, er sei einem Attentat der Linken zum Opfer gefallen. Auf diese Weise wurde der Musiker zum Märtyrer stilisiert.

Die Gruppe „No Remorse" wurde in der Skin-Musikszene wegen ihres Slogans berühmt: „One Day the world will know that Adolf Hitler was right". Dieses Glaubensbekenntnis findet sich in dem bekannten Song „Bloodsucker" im Album „This Time the World". Die Gruppe wandte der „jüdischen Frage" besondere Aufmerksamkeit zu. Ihr bekanntestes Lied trägt den Titel: „6 Million Lies".

„Légion 88" ist eine Pariser Musikgruppe, deren Mitglieder dem rechtsextremen PNFE angehören. Zwei ihrer Titel fanden besondere Beachtung in der deutschen „Szene": „Thulé" und „Légion 88". Die Gruppe tritt für eine europäische Einigung unter der Ägide eines erneuerten Nationalsozialismus ein. Eines der historischen Vorbilder ist Léon Degrelle, Kommandant der Waffen-SS-Division „Wallonie".

Die Gruppe „Arresting Officers" wurde 1987 in Philadelphia gegründet. Sie will die „weiße Arbeiterklasse" mobilisieren. Unübersehbar ist das antikapitalistische Moment ihrer an den Nationalsozialismus angelehnten Ideologie.

Die italienische Gruppe „Peggior Amico" beruft sich auf den historischen Faschismus. Zwar teilt sie die Auffassung der italienischen Skingruppe „Verde Bianco Rosso" nicht, die den „Duce" für den ersten Skinhead erklärte, aber ihre Botschaft ist rassistisch und antizionistisch. Im deutschen Fanzine „Totenkopf" (Nr. 1) äußerte „Peggior Amico": „Wir verabscheuen die Araber, aber mehr noch hassen wir die USA und Israel. Wir fühlen uns jedenfalls besser, wenn eine Skud im Judenstaat explodiert".

Dieser Überblick zur internationalen „Szene" der Skin-Musik-Bands läßt keinen Zweifel an ihrer ideologischen Orientierung zu. Auch in Deutschland entstanden in den achtziger Jahren Skinhead-Bands mit rechtsextremer Orientierung. Dies galt etwa für die Frankfurter Gruppe „Böhse Onkelz", die in ihren Texten über „Deutschland", „Fußball und Gewalt" oder „Vereint" stilbildend wirkte. Ende der achtziger Jahre wandte sich die Band von nationalistischen Orientierungen ab. Doch erfreuen sich alte Texte nach wie vor großer Beliebtheit. Im Gegensatz zu den „Böhsen Onkelz“ blieb die Nürnberger Gruppe „Radikahl“ ihrem Bandnamen treu. Sie trat seit 1991 an die Öffentlichkeit und fand mit ihrem Lied „Hakenkreuz“ vor allem in den neuen Bundesländern Anklang. Darin wird gefordert: „Hängt dem Adolf Hitler den Nobelpreis um“. „Radikahl“ war eine der Gruppen (neben „Macht und Ehre“, Berlin, „Landser“, Berlin, „Commando Pernod“, Hamburg, „Oi Dramz“, Hamburg, „Stuka“, Bottrop, „Werwolf“, Gütersloh, „Störkraft“, Andernach, „Bomber“, Meerane, „Kroizfoier“, Lobstädt/Sachsen und dem Hersteller „Rock-O-Rama“, Brühl), gegen die die Polizei am 3. Februar 1993 eine großangelegte Durchsuchungsaktion einleitete. Im März 1993 wurden vier Mitglieder der Band zu Geldstrafen zwischen 10.800 und 7.300 DM verurteilt – wegen Verbreitens von Propagandamitteln verfassungswidriger Organisationen.[161] Vor Gericht beteuerten die zwischen 22 und 25 Jahre alten Angeklagten, sie seien „vom Mob gezwungen“ worden, das Hakenkreuzlied zu spielen. Man wolle mit den „hirnlosen Idioten, die Steine auf Asylantenheime werfen“ nichts zu tun haben. Die 1990 gegründete Band „Volkszorn“ publizierte zwei Demo-Tapes mit den Titeln „Ali“ und „Blut und Ehre“. In „Blut und Ehre“ wird das Horst-Wessel-Lied in abgewandelter Form präsentiert. Der Manager der Gruppe, Thomas Gängel, war für die NF aktiv und verbreitete bis Juni 1992 ein Fanzine mit dem Titel „Endsieg“. Im Januar 1993 waren folgende Bands und Titel Gegenstand einer Indizierung durch die Bundesprüfstelle für jugendgefährdende Schriften: die Gruppe „Störkraft“ (Andernach) mit der LP/CD „Dreckig, kahl & hundsgemein“ (Hersteller: Rock-O-Rama Records, Brühl); die Gruppe „Kraftschlag“ mit der LP/CD „Kraftschlag – Trotz Verbot nicht tot“ (Hersteller: Skull Records, Geislingen-Steige); die Gruppe „Werwolf“ (Gütersloh) mit einer neuen LP/CD (Hersteller: Rock-O-Rama Records, Brühl). Die Gruppe „Störkraft“ ist inzwischen von ihren früheren Texten abgerückt. Die 1994 auf den Markt gekommene Platte „Mordbrenner“ wendet sich gegen fremdenfeindliche Gewalttaten. Ob damit freilich eine politische Konversion verbunden ist, erscheint eher zweifelhaft. In einem neueren Text der Gruppe heißt es: „Reden ist Silber, Schweigen ist Gold, bedenkt, was ihr sagt ...!“[162]

Zu den Herstellern von Skin-Musik gehört die Geislinger Firma Skull Records. Der 26jährige Inhaber wurde im Februar 1994 zu einer einjährigen Freiheitsstrafe und einer Geldstrafe von 15.000 DM verurteilt. Das Amtsgericht Göppingen sah es als erwiesen an, daß der Angeklagte zusammen mit seinem ebenfalls vor Gericht stehenden jüngeren Bruder ca. 8.000 Platten und CDs mit gewaltverherrlichendem und rassistischem Inhalt vertrieben hatte. Einige davon hatten die Brüder Staffelhuber selbst produziert. Sie verstießen damit gegen die Tatbestände der Volksverhetzung und der Anstachelung zum Rassenhaß. Zu den beanstandeten Texten gehörten Musiktitel wie „Parasiten", „Ausländerhure" und „Du bist stolz".[163]

Die meisten Gruppen – deutsche wie ausländische – waren bei einer deutschen Firma unter Vertrag: „Rock-O-Rama Record" (ROR) in Brühl. Amerikanische und britische Skin-Musik wurde also in erster Linie in Deutschland hergestellt und von dort in alle Welt verbreitet. Die deutsche Skin-„Szene" ließ sich von diesen Exportprodukten inspirieren. Die wachsende Radikalität der Skin-Musik blieb allerdings nicht ohne Konsequenzen für ROR. Skin-Musikgruppen kritisierten die kommerzielle Ausrichtung ihres Inhabers, des ehemaligen Malermeisters Herbert Egoldt. Offenbar verfolgte Egoldt mit der Herstellung von Skin-Musik keine politischen Interessen. Seit 1991 übt ROR, nicht zuletzt aus Furcht vor strafrechtlichen Konsequenzen, eine gewisse Zensur bei den Texten von Skin-Bands aus. Die Wende brachte eine Razzia der Polizei im Februar 1993. Ca. 30.000 Tonträger wurden im Brühler Plattenlager beschlagnahmt. Heute vertreibt Egoldt nur noch wenige Platten, die von der Bundesprüfstelle indiziert worden sind.

Manche Gruppen bemühten sich um einen neuen Vertrag bei einer französischen Firma: „Rebelles européens" (RE) in Brest. Diese von Gael Bodilis geleitete Firma ist finanziell schwächer als ROR, weniger einflußreich, aber politisch eindeutig ausgerichtet. Bodilis ist überzeugter Nationalist und sieht in der Musik ein hervorragendes Medium für den Kampf gegen das System.

3.4. Rechtsextreme Gewalt

Bereits 1991 wurde mit 1.483 schweren Gewalttaten mit rechtsextremem Hintergrund ein Höhepunkt seit Bestehen der Bundesrepublik erreicht. Erstmals lag die Zahl rechtsextremer Gewalttaten höher als die von Linksextremisten. Das Jahr 1992 brachte mit 2.285 Körperverletzungen, Tötungsdelikten, Brand- und Sprengstoffanschlägen eine weitere Steigerung. Fast täglich meldeten die Zeitungen Übergriffe auf Ausländer und Unterkünfte von Asylbewerbern.

Tabelle 26: Entwicklung der Gewalttaten mit erwiesener oder zu vermutender rechtsextremistischer Motivation (1982-1993)

	Gesamt	davon fremdenfeindlich
1982	88	43
1983	76	32
1984	91	36
1985	123	50
1986	189	117
1987	195	98
1988	193	103
1989	264	146
1990	296	152
1991	1.483	1.255
1992	2.639	2.277
1993	2.232	1.609

Quelle: Verfassungsschutzbehörden; Stand: April 1994.

Einen Motivationsschub in der militanten rechtsextremen „Szene" lösten die besonders spektakulären Vorgänge in Hoyerswerda (Sachsen; September 1991) und Rostock (August 1992) aus. In beiden Fällen bildeten Unterkünfte von Asylbewerbern das Angriffsziel, waren die örtlichen Behörden durch die große Zahl der unterzubringenden Menschen überfordert (Notquartiere,

Campieren unter freiem Himmel, unzureichende sanitäre Verhältnisse), entlud sich angestauter Unmut der Anwohner in zum Teil offenem Beifall für die Gewalttäter, schienen die Sicherheitsbehörden nicht Herr der Lage. Die durch das Fernsehen in die Wohnstuben der Bundesbürger übertragenen Bilder mußten den Eindruck eines gegenüber rechtsextremen Gewalttätern überforderten Staates erwecken. Sich ermutigt fühlende militante Skinheads und Neonationalsozialisten reisten in Rostock aus allen Himmelsrichtungen an und lieferten sich tagelang Auseinandersetzungen mit örtlichen und herbeigeholten Polizeieinheiten.

Die Welle der Gewalt erreichte nach Rostock im September 1992 einen Höhepunkt mit 536 registrierten Gewalttaten. In den folgenden Monaten war ein Nachlassen der Gewalt zu verzeichnen. Der Brandanschlag auf zwei von türkischen Familien bewohnte Häuser in Mölln (Schleswig-Holstein) in der Nacht zum 23. November, bei dem eine 51jährige Türkin, ihre Enkelin und ihre Nichte starben, löste keinen erneuten Anstieg der Gewaltkurve aus. Die abnehmende Tendenz hielt auch in den ersten Monaten von 1993 an, wurde jedoch von dem Brandanschlag auf ein von Türken bewohntes Haus in Solingen am 29. Mai unterbrochen, bei dem zwei Frauen und drei Kinder ums Leben kamen. Infolge zahlreicher Nachahmungstaten stieg die Gewaltstatistik in den folgenden Wochen vorübergehend wieder an. Ab September verminderte sich das Ausmaß der fremdenfeindlich motivierten Gewalt dann – auch gegenüber den Vergleichszahlen aus dem Jahr zuvor – deutlich.[164] Allerdings war selbst in der Jahresmitte 1994 noch kein Rückgang auf das Niveau der Jahre vor 1991 absehbar. Die Serie schwerster Gewaltdelikte mit rechtsextremem Hintergrund hielt an. Zwei Beispiele: In der Nacht zum 21. April 1994 wurde ein Brandanschlag auf ein von Türken bewohntes Haus in Bielefeld verübt. Es entstand hoher Sachschaden, Menschen wurden nicht verletzt. Die Polizei nahm noch in der gleichen Nacht sechs der Tat verdächtige Jugendliche im Alter zwischen 14 und 16 Jahren fest. Nach Angaben des Bielefelder Staatsschutzes stand der Anschlag im Zusammenhang mit dem Hitler-Geburtstag am 20. April. – Am 12. Mai 1994, dem Feiertag Christi Himmelfahrt, sorgten rechtsradikale Ausschreitungen in Magdeburg für Aufsehen in der

Öffentlichkeit. Unbehelligt von den Sicherheitsbehörden hatten ca. 30 Jugendliche Jagd auf Ausländer in der Magdeburger Innenstadt gemacht. Fünf Afrikaner flüchteten sich in eine Bar und wurden auch dort attackiert. In den folgenden Stunden wurde die Situation unübersichtlicher. Die Angreifer erhielten ebenso wie die Angegriffenen Zulauf, und letztere gingen ihrerseits zur gewaltsamen Gegenwehr über. Ein in der Presse veröffentlichter Polizeibericht über die Lage um 16.30 Uhr: „Zirca 20 Schwarzafrikaner und weitere 30 Ausländer (Türken und Araber) standen etwa 60 gewaltbereiten Deutschen gegenüber." Die Polizei nahm über 40 Personen fest, die aber mangels konkreter Beweise alsbald wieder auf freien Fuß gelangten. Erst in den folgenden Tagen wurden einige der Gewalttäter verhaftet und in Untersuchungshaft genommen.

Tabelle 27: Gewalttaten mit erwiesener oder zu vermutender rechtsextremistischer Motivation (Januar 1991 bis Dezember 1992)

	Gewalttaten gesamt	Ost	West	davon Fremdenfeindlichkeit	Ost	West
Jan 91	26	10	16	19	8	11
Feb 91	30	10	20	18	8	10
Mär 91	36	15	21	18	8	10
Apr 91	73	28	45	49	16	33
Mai 91	59	30	29	42	20	22
Jun 91	78	53	25	55	39	16
Jul 91	64	37	27	48	30	18
Aug 91	84	39	45	65	28	37
Sep 91	225	81	144	208	72	136
Okt 91	489	103	386	457	88	369
Nov 91	187	42	145	163	31	132
Dez 91	132	44	88	114	34	80
Jan 92	134	35	99	118	26	92
Feb 92	94	25	69	80	16	64
Mär 92	114	40	74	96	34	62
Apr 92	114	44	70	105	36	69

Mai 92	110	54	56	88	39	49
Jun 92	103	40	63	77	20	57
Jul 92	117	52	65	94	37	57
Aug 92	228	109	119	119	96	23
Sep 92	518	202	316	491	188	303
Okt 92	336	100	236	307	83	224
Nov 92	298	73	225	271	59	212
Dez 92	115	34	81	109	33	76

Quelle: Verfassungsschutzbehörden; Stand: 15. Januar 1993.

1992 wurde mit 17 Opfern die Höchstzahl der seit dem Zweiten Weltkrieg von rechtsextremen Tätern Getöteten erreicht (1993: 7). Festere Organisationsstrukturen waren bei den schweren Gewalttaten der Jahre 1991 bis 1994 freilich nicht erkennbar. Viele „Aktionen" erfolgten spontan, ohne detaillierte Planung, nicht selten unter erheblicher Alkoholeinwirkung. Von 1.088 Personen, die von den Sicherheitsbehörden im Zusammenhang mit Gewalttaten im Jahre 1991 ermittelt wurden, waren lediglich 4 % als Mitglieder oder Anhänger rechtsextremer Vereinigungen bekannt. Im März 1994 gab die Bundesregierung neue Erkenntnisse über den organisatorischen Hintergrund der rechtsextrem motivierten Gewalttaten bekannt. Demnach ergab sich für die Jahre 1992 (3.669 Tatverdächtige) und 1993 (2.971 Tatverdächtige) folgendes Erscheinungsbild:

	1992	1993
Mitglieder in rechtsextremen Organisationen	8,9%	7,1%
Skinheads	13,8%	8,6%
keine Organisationsmitgliedschaft	77,3%	84,3%

Demnach wäre der Anteil rechtsextrem Organisierter sogar noch abgesunken. Besondere Beachtung verdient der Tatbestand, daß Angehörige von Skinhead-Gruppen 1993 lediglich 8,6 % der Täter ausmachten. Neben den aufgrund ihres äußeren Erscheinungsbildes als Skinheads identifizierbaren Jugendlichen existiert folglich ein breiteres soziales Rekrutierungsfeld mit latenter Gewaltbereitschaft.

Entwicklung der Gewalttaten (1984-1993)

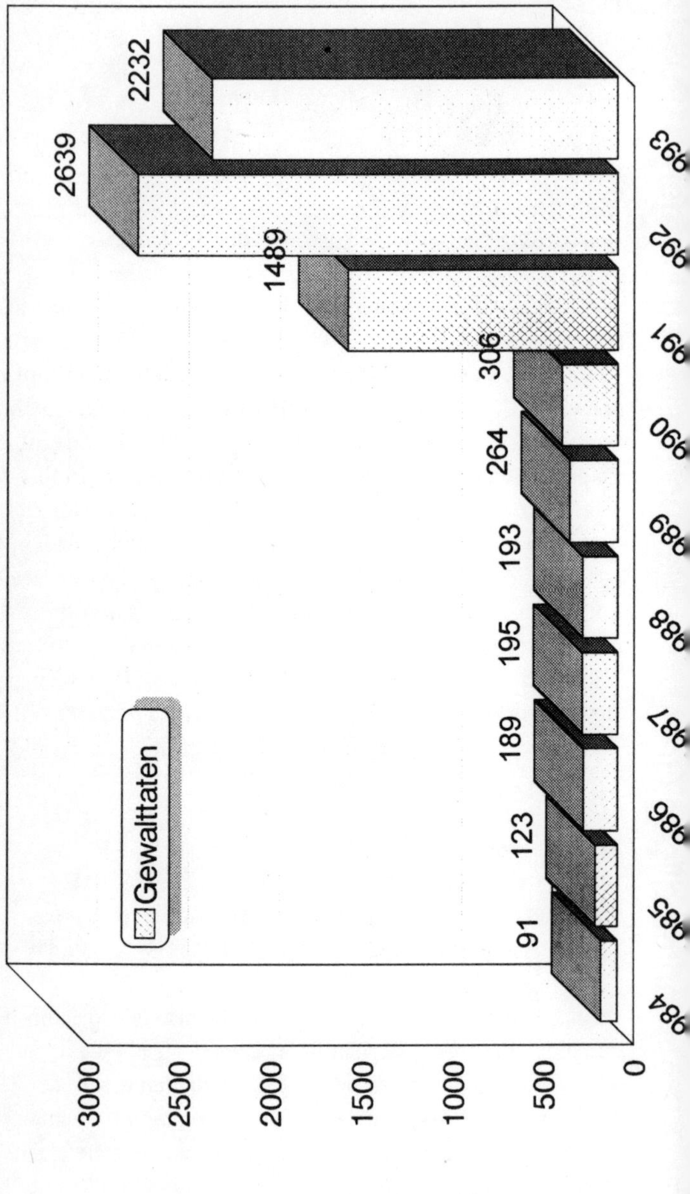

Fremdenfeindliche Gesetzesverletzungen in den Landern (1993)

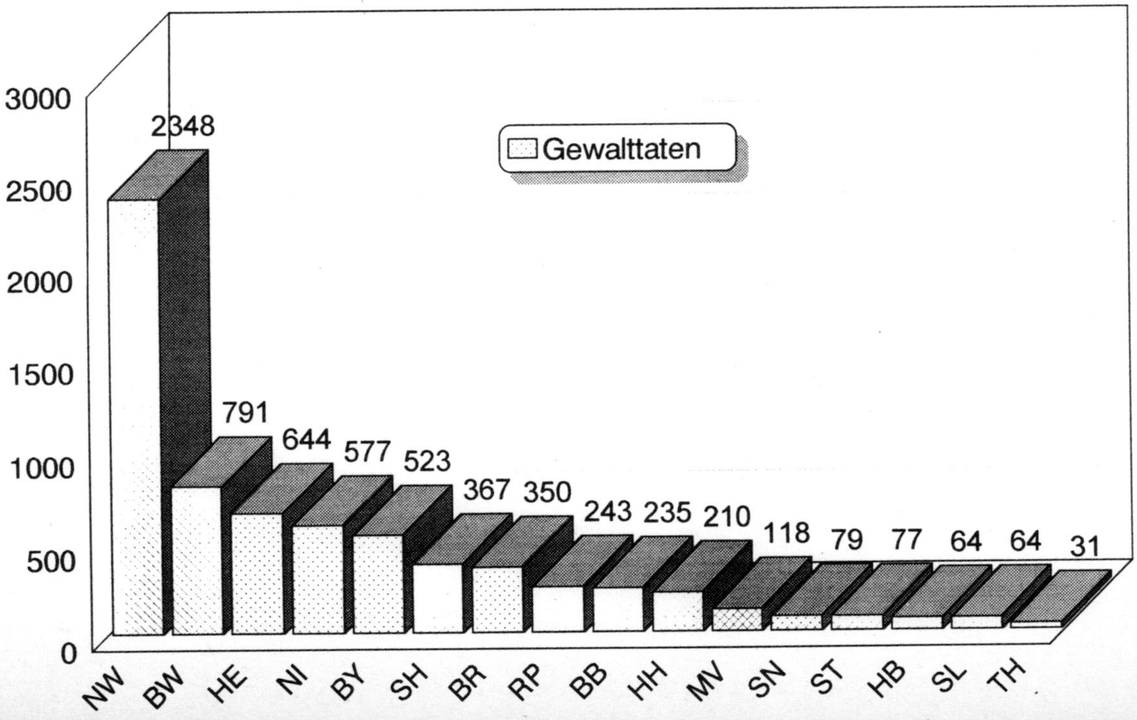

Lokale Skinhead-Cliquen erscheinen vor diesem Hintergrund als Teil einer jugendlichen Minderheitsströmung, die rechten Ideen zuneigt, feste Organisationsformen – ähnlich den Gruppen militanter „Autonomer" auf der extremen Linken – scheut und nur geringes Interesse an ideologisch-strategischer Planung an den Tag legt. Spontane Aktionen sind hier nicht die Ausnahme, sondern die Regel. 70 % der Täter waren 1991 20 Jahre alt und jünger. Der Anteil der über 30jährigen betrug lediglich 2,7 %.[165] An diesem Befund hat sich wenig geändert. Der durchschnittliche Grad formaler Bildung ist weiterhin eher gering, Gymnasiasten oder Studenten sind die Ausnahme. Gewaltanwendung gehört in diesen Gruppen zu den beinahe normalen Verkehrsformen – auch untereinander. Der „Kampf" gegen Andersartige stärkt die Gruppenidentität, dient dem Aggressionsabbau und der Kompensation von Minderwertigkeitsgefühlen. Das Gros der Gewalttaten richtete sich 1991-1994 gegen Ausländer, ein deutlich kleinerer Teil gegen politische Gegner und Juden. Ziel gewalttätiger Übergriffe waren außerdem Obdachlose, Behinderte und Homosexuelle.

Tabelle 28: Gewalttaten mit erwiesener oder zu vermutender rechtsextremistischer Motivation, 1991-1993

1991	Gesamt	Ost	West
Todesfälle	3	1	2
Brand- und Sprengstoffanschläge	383	123	260
Körperverletzung	449	198	251
Sonstige Sachbeschädigung (1)	648	171	477
	1.483	493	990
1992	**Gesamt**	**Ost**	**West**
Todesfälle	17	7	10
Brand- und Sprengstoffanschläge	701	218	483
Körperverletzung	598	280	318
Sonstige Sachbeschädigung (1)	969	303	666

	2.285	808	1.477

1993 (2)	Gesamt
Todesfälle	7
Brand- und Sprengstoffanschläge	314
Körperverletzung	899
Sonstige Sachbeschädigung	903
	2.123

1992 Fremdenfeindliche Gewalttaten	Gesamt	Ost	West
Todesfälle	8	3	5
Brand- und Sprengstoffanschläge	657	202	455
Körperverletzung	467	187	280
Sonstige Sachbeschädigung (1)	961	272	629
	2.033	664	136

(1) Mit Gewaltanwendung

(2) Angaben der Verfassungsschutzbehörden vom April 1994.

Quelle: Verfassungsschutzbehörden.

Tabelle 29: Angriffsziele der Gewalttaten mit erwiesener oder zu vermutender rechtsextremistischer Motivation 1992

Juden:	42 Fälle
Ausländer:	1.991 Fälle
Politische Gegner:	89 Fälle
Sonstige:	163 Fälle

Art der antisemitischen Gewalttaten	1991	1992
Todesopfer	0	0
Brand- und Sprengstoffanschläge	4	8
Körperverletzung	6	4

Sachbeschädigungen	30	30
Summe	**40**	**42**

Quelle: Verfassungsschutzbehörden; Stand: 15. Januar 1993.

Die Rangliste der Bundesländer im Hinblick auf die prozentuale Verteilung der Gewalttaten zeigte für 1992 folgendes Bild: An erster Stelle rangierte Mecklenburg-Vorpommern, gefolgt von Brandenburg. Zwei westliche Bundesländer schlossen sich mit einigem Abstand an: Schleswig-Holstein und das Saarland. Unmittelbar darauf kamen die übrigen der neuen Bundesländer. Das Phänomen der rechtsextremen Gewalt war also nicht auf die neuen Bundesländer beschränkt, dort jedoch überdurchschnittlich stark ausgeprägt. Die auf den „wilden Osten" konzentrierte Berichterstattung vieler Medien vermittelte somit ein schiefes Bild. Sensationell aufgemachte Fernsehbilder erweckten nicht selten den Eindruck einer völlig außer Kontrolle geratenen Situation. Daß Feindseligkeiten gegen Ausländer auch in den neuen Bundesländern lediglich von einer winzigen Minderheit ausgingen, während dies eine überwältigende Mehrheit entschieden verurteilte[166], geriet vielfach aus dem Blick.

Tabelle 30: Verteilung der Gewalttaten auf die Bundesländer (1992) und prozentuale Verteilung der Gewalttaten auf die Bundesländer bezogen auf 100.000 Einwohner (1992)

Bundesländer	Anzahl der Gewalttaten	% uale Verteilung	davon Fremdenfeindlichkeit	% uale Verteilung
M.-Vorpommern	184	9,52	156	8,07
Brandenburg	229	8,83	180	6,94
Schleswig-Holstein	110	4,19	108	4,11
Saarland	45	4,19	41	3,81
Sachsen-Anhalt	104	3,59	91	3,14
Sachsen	161	3,35	138	2,87

Thüringen	80	3,04	58	2,78
Nordrhein-Westfalen	513	2,95	482	2,45
Berlin	92	2,68	67	2,20
Baden-Württemberg	256	2,61	240	2,15
Niedersachsen	177	2,40	159	2,14
Hessen	133	2,31	123	2,12
Hamburg	36	2,18	35	1,95
Rheinland-Pfalz	54	1,43	51	1,35
Bayern	110	0,95	103	0,90
Bremen	2	0,29	1	0,14

Quelle: Verfassungsschutzbehörden; Stand: 15. Januar 1993.

Gewalttaten mit erwiesener oder zu vermutender rechtsextremistischer Motivation (1992-1993)

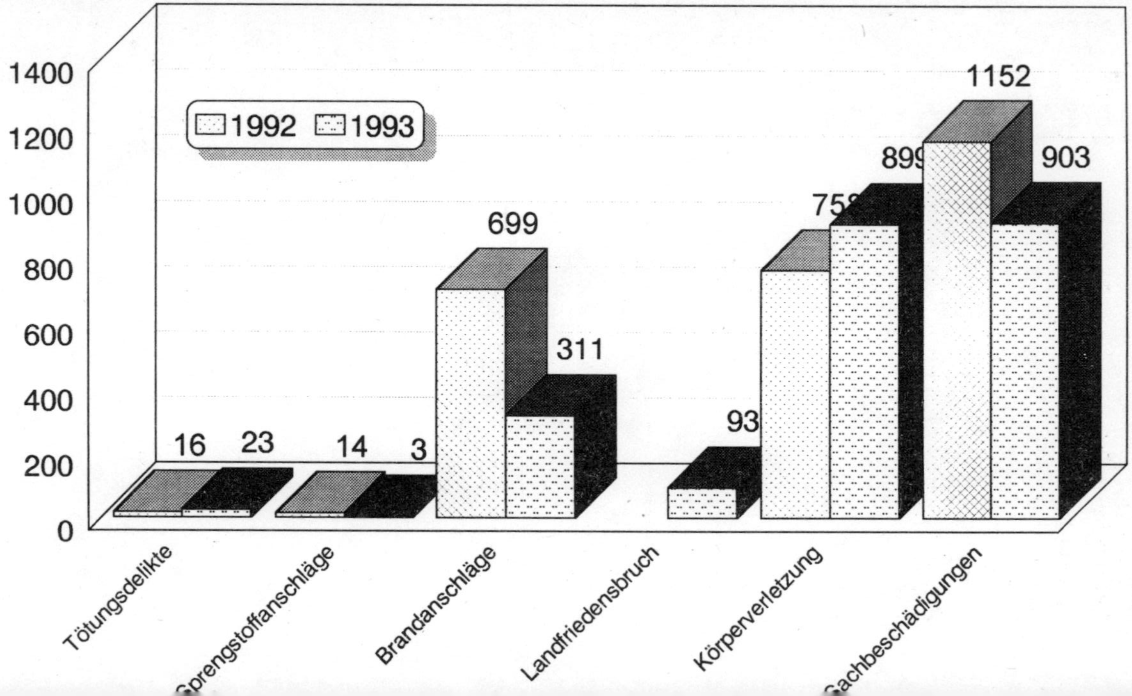

Fremdenfeindlich motivierte Gesetzesverletzungen (1992-1993)

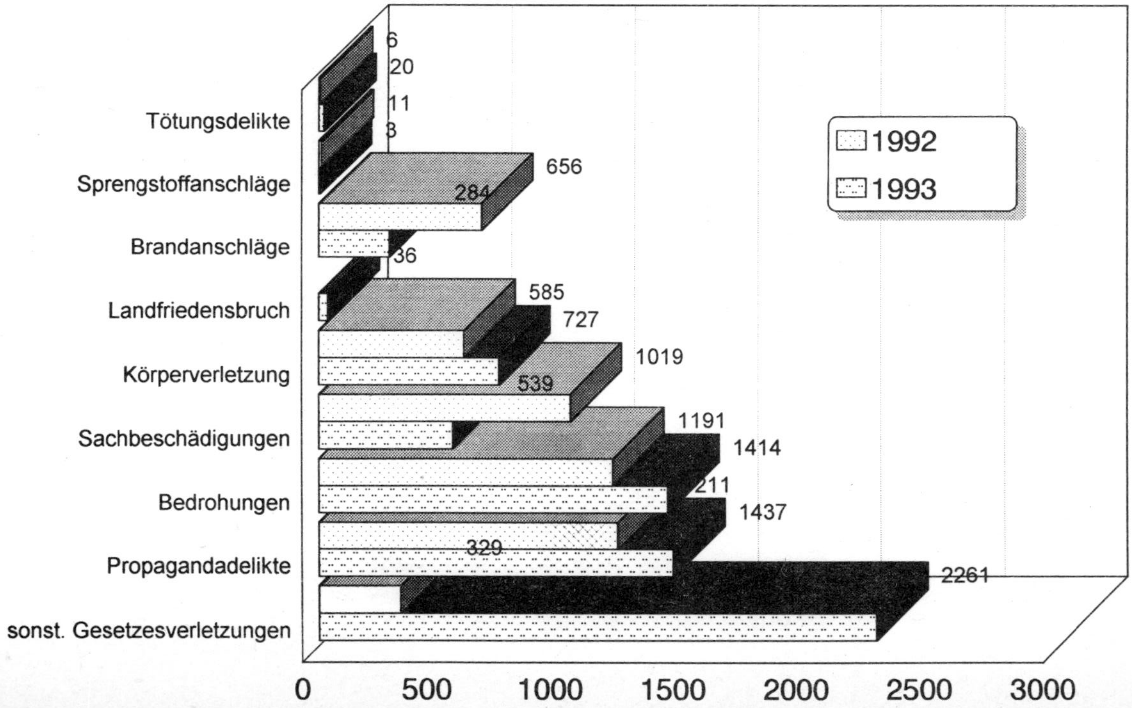

3.5. Sonstige Vereinigungen

3.5.1. Aktion Freies Deutschland

Die Vereinigung „Aktion Freies Deutschland" (AFD) wurde 1987 im hessischen Felsberg-Böddiger gegründet. Ihr führender Propagandist und Vorsitzender ist der Diplom-Verwaltungswirt Wolfgang Juchem (Jahrgang 1940), der früher Mitglied der DVU war und heute der DL nahesteht. In einer 1992 erschienenen Broschüre „Wahrheit und Recht gegen Lüge und Hetze" zieht Juchem gegen die „Feinde Deutschlands" zu Felde, geißelt die „Bonner Altparteien" und beschwört die Gefahren des „multikulturellen Chaos". Aktionsschwerpunkte der deutlich unter 100 Mitglieder zählenden AFD sind Hessen, Thüringen und Berlin.

3.5.2. Arbeitskreis Deutsche Interessen

Der „Arbeitskreis Deutsche Interessen" wurde am 21. März 1993 gegründet. Bundesgeschäftsführer der Organisation mit Sitz in Solingen ist der Maschinenarbeiter Bernd Koch, der zuvor bereits in diversen Vereinigungen der rechtsextremen „Szene" (u.a. NPD, „Bergische Front", FAP, DL) engagiert war. Der sich als „Gesprächs- und Aktionskreis im volkstreuen Spektrum" definierende ADI verfügt über Niederlassungen in Solingen, Gelsenkirchen und Berlin. In Berlin fungierte er zeitweilig als Auffangorganisation der verbotenen DA. Eine Zusammenarbeit besteht mit einem „Bund deutscher Arbeitsloser und sozialschwacher Bürger" (BdAS) mit Sitz in Castrop-Rauxel. Bundesgeschäftsführer Koch war früher stellvertretender Vorsitzender des von Ernst Tag geführten „Internationalen Hilfskomitees für nationale politische Verfolgte und deren Angehörige" (IHV). Heute polemisiert er in dem ADI-Organ „Sprachrohr" heftig gegen Tag und dessen Aktivitäten.

3.5.3. ASGARD-Bund/Wotans Volk

Die Vereinigung „ASGARD-Bund" wurde im Jahre 1979 gegründet. Langjähriger Vorsitzender ist der 1948 geborene Betriebswirt Arnulf-Winfried Priem. Der in der DDR wegen Unzucht an Minderjährigen, Körperverletzung und rechtsextremen Umtrieben verurteilte Priem wurde 1968 von der Bundesregierung als politischer Häftling freigekauft. In den siebziger Jahren betätigte er sich bei Organisationen wie NPD und DVU und gründete in Freiburg im Breisgau eine „Kampfgruppe Priem“, mit der er Ende der siebziger Jahre auch in Westberlin in Erscheinung trat. Wegen neonationalsozialistischer Propaganda wurde er im November 1979 zu einer einjährigen Bewährungsstrafe verurteilt. Seit Anfang der achtziger Jahre engagierte sich Priem im „ASGARD-Bund“, der als „Gemeinschaft heidnisch-germanischer Weltanschauung“ firmiert. Der ca. 20 Mitglieder (Ende 1991) umfassende Bund gibt einen „Nordisch-Germanischen Jahrweiser“ heraus, der „Abbildungen aus germanisierender Literatur der NS-Zeit und deutschtümelnde Sentenzen faksimiliert“.[167]

Im Rahmen des „ASGARD-Bundes“ rief „Nazi-Rocker“ Priem, der als Berliner Vertreter der NSDAP-AO gilt, 1987 eine Jugendgruppe „Wotans Volk“ ins Leben. Die Gruppe hat seit der „Wende“ zahlreiche Kontakte zu Gesinnungsgenossen im östlichen Deutschland geknüpft und veranstaltet Wehrsportübungen in der Berliner Umgebung. Priem tritt als Leiter eines „Hauptschulungsamtes Wotans Volk“ hervor, das Lehrtafeln herausgibt, etwa über „Rassetypen des Deutschen Volkes“ und „Altgermanische Keilzeichen“.

3.5.4. Aufbruch ’94 – Deutscher Freier Wählerbund

Unter der Bezeichnung „Aufbruch ’94 – Deutscher Freier Wählerbund“ konstituierte sich 1993 eine politische Vereinigung mit dem Ziel, bei den Europa- und Bundestagswahlen von 1994 zu kandidieren. Als Programmpunkte wurden u.a. genannt: Reduzierung des Parteienstaates durch Dezentralisierung, Stärkung der inneren Sicherheit, Abbau der Staatsverschuldung durch „Rückführung des sozialen Wildwuchses“. Zu den Mitgliedern der Parteiführung zählten die frühere hessische CDU-Abgeordnete Eva-Maria Geier ebenso wie der ehemalige REP-Europaabgeordnete Prof. Emil Schlee. Innerhalb der Parteiführung kam es bald darauf zu schweren Auseinandersetzungen. Einer der Streitpunkte war die befürchtete Unterwanderung durch Kreise aus der Partei der REP und deren Umfeld. Diese Gruppierungen konnten sich bald darauf auch durchsetzen, so daß zwei Abtrünnige des rechten REP-Flügels Spitzenränge auf der neuaufgestellten Kandidatenliste für das Europaparlament besetzten: der bereits genannte Prof. Emil Schlee und die ehemalige REP-Europaabgeordnete Johanna Grund. Der Richtungskampf führte schließlich dazu, daß die Gruppe um Eva-Maria Geier und Franz-Josef Becher das Feld räumte und eine neue Vereinigung gründete.

3.5.5. Berliner Kulturgemeinschaft Preußen

Die „Berliner Kulturgemeinschaft Preußen" wurde 1983 von abtrünnigen NPD-Mitgliedern als „Deutsche Kulturgemeinschaft Berlin" gegründet. Die treibende Kraft war die inzwischen hochbetagte Dr. Ursula Schaffer, eine Integrationsfigur der rechtsextremen „Szene" Berlins. Obgleich die 1991 in „Berliner Kulturgemeinschaft Preußen" umbenannte Vereinigung nur über wenige Mitglieder verfügt (1991: 25), schuf sie mit Vortragsveranstaltungen, Sonnwend- und Reichsgründungsfeiern Verbindungen zwischen ganz unterschiedlichen Personen und Gruppierungen des „nationalen Lagers". Seit der Öffnung der Mauer fanden zunehmend Veranstaltungen im Umland Berlins statt. 1990 und 1991 organisierte die „Kulturgemeinschaft" Gedenktage auf dem Soldatenfriedhof in Halbe/Brandenburg.

3.5.6. Bund deutscher Arbeitsloser und sozialschwacher Bürger

Der „Bund deutscher Arbeitsloser und sozialschwacher Bürger" (BdAS) hat seinen Sitz in Castrop-Rauxel. Geschäftsführer des BdAS ist Adolf Steiner, der zugleich dem Landesvorstand der nordrhein-westfälischen DL als Beisitzer angehört. Der Bund will im Wahljahr 1994 Bestrebungen der DL für ein „Deutsches Bündnis" unterstützen. Die Vereinigung bietet „deutsch gesinnten Kaufleuten" preisgünstige Mithilfe bei Werbemaßnahmen an. Enge Kontakte bestehen zwischen dem BdAS und dem 1993 gegründeten „Arbeitskreis Deutsche Interessen".

3.5.7. Bund Heimattreuer Jugend

Der „Bund Heimattreuer Jugend" (BHJ) wurde 1960 als Jugendorganisation in der Tradition der bündischen Jugend vor 1933 gegründet. Im Handlungsstil und in der Rhetorik moderater als die „Wiking Jugend" (WJ), will die Vereinigung Jugendliche im Bekenntnis für die Werte der nationalen Gemeinschaft erziehen. Der BHJ veranstaltet regelmäßig Fahrten und Lager. Bis Anfang der achtziger Jahre trat die nationalistische und völkische Orientierung deutlich hervor. Seither schwächten sich die (vor-)politischen Aussagen ab, versuchte die BHJ-Führung, sich mit einer Öffnung für Themen der neuen sozialen Bewegungen aus der Isolierung zu lösen. Seit 1984 wird der BHJ nicht mehr im Verfassungsschutzbericht geführt. Dennoch versteht er sich nach wie vor als eine Vereinigung des „nationalen Lagers" und eröffnet Jugendlichen mit seiner pfadfinderähnlichen Organisation nicht selten den Zugang zu „härteren" Vereinigungen der „Szene".

Tabelle 31: Mitglieder des BHJ, 1979-1992

1979	400
1982	150
1983	100
1992	30

Quelle: Verfassungsschutzbehörden; Interview.

Der BHJ steht Kindern ab sieben Jahren offen. Derzeitige Bundesführerin ist Reike Hörig aus Braunschweig. In Göttingen erscheint die Zeitschrift „na klar!". In den letzten Jahren hat der BHJ an Bedeutung verloren und einen Gutteil seiner Mitglieder eingebüßt.

3.5.8. Bund Vaterlandstreuer Volksgenossen

Beim „Bund Vaterlandstreuer Volksgenossen" (BVV) handelt es sich um eine seit 1988 in Westberlin existierende neonationalsozialistische Kleinstgruppe, die in den Jahren 1989/90 vor allem zu den Kühnen-Gruppierungen Kontakte unterhielt. Seit

1991 sind die Verbindungen zur DA in Cottbus intensiviert worden. Aktivisten des BVV nahmen am 17. November 1991 an einer „Heldengedenkfeier" auf dem Soldatenfriedhof Halbe/Brandenburg teil.

3.5.9. Deutsche Jugendinitiative Berlin

Die „Deutsche Jugendinitiative Berlin" (DJI) ist eine seit 1986 bestehende lockere Interessenvereinigung von ca. 30 (Ende 1991) Neonationalsozialisten, die teils anderweitig organisiert (FAP, NF), teils unorganisiert sind. Die Vereinigung beteiligte sich seit 1988 mehrfach an Vortragsveranstaltungen der „Berliner Kulturgemeinschaft Preußen" (zuvor „Deutsche Kulturgemeinschaft Berlin") und verteilte Flugblätter wie „Den Zionismus stoppen!" Sie warb im September 1991 für eine von der NF organisierte Veranstaltung mit dem in der „Szene" beliebten Liedermacher Frank Rennicke („Nationale Lieder für Deutschland"), an der sich ca. 250 Personen beteiligten. Auch in den Jahren 1992 und 1993 trat die DJI als Veranstalterin von Rennicke-Konzerten auf.

3.5.10. Die Deutschen Konservativen

Der in Hamburg ansässige Verein entstand 1986 als Rechtsabspaltung von der – später wegen Erfolglosigkeit aufgelösten – „Konservativen Aktion". Als Vorsitzender fungiert der ehedem für „Bild" und „Hör zu" tätige Journalist Joachim Siegerist (Jahrgang 1947). Siegerist trat in der Öffentlichkeit mit geifernden politischen Pamphleten gegen die Linke hervor. Wegen seiner Äußerungen in dem Buch „Willy Brandt – das Ende einer Legende", die den Tatbestand der Beleidigung erfüllten, wurde Siegerist 1989 zu einer Geldstrafe verurteilt.

Siegerist engagierte sich seit 1990 politisch im Baltikum und erwarb Ende 1992 die lettische Staatsbürgerschaft. Im Sommer 1993 zog er als Abgeordneter der „Bewegung für nationale Unabhängigkeit Lettlands" (LNNK) in das lettische Parlament, die Saeima, ein. Wegen seiner „rechtsradikalen" Ansichten und Aktivitäten wurde Siegerist Ende 1993 aus der Fraktion der LNNK ausgeschlossen.

Anfang Februar 1994 attackierte Siegerist in einem Rundschreiben der „Deutschen Konservativen" den Vorsitzenden des Zentralrats der Juden in Deutschland, Ignatz Bubis. Dieser mische sich überall in deutsche Angelegenheiten ein und gefalle sich in der Rolle des „‚politischen Moralapostels' – zu Lasten der Konservativen". Dem müsse klar entgegengewirkt werden.

3.5.11. Deutscher Arbeitnehmer-Verband

Im Januar 1993 erklärte der nordrhein-westfälische Innenminister gegenüber der Öffentlichkeit, der Verfassungsschutz werde künftig den „Deutschen Arbeitnehmer-Verband" (DAV) mit nachrichtendienstlichen Mitteln beobachten, da er mehr und mehr unter den Einfluß der NPD geraten sei. Auf einflußreichen Positionen des in Nordrhein-Westfalen über ca. 4.000 Mitglieder verfügenden Verbandes säßen NPD-Mitglieder. Von den im November 1992 in den Hauptvorstand gewählten Personen hätten sieben eine rechtsextreme Vergangenheit. Außerdem seien programmatische Anklänge an die NPD-Programmatik unübersehbar. Der DAV geriet mehrfach in die Schlagzeilen, weil er NPD-Mitglieder für Ehrenämter an nordrhein-westfälischen Gerichten vorgeschlagen hatte. U.a. war der nordrhein-westfälische NPD-Landesvorsitzende Peter Markert (Jahrgang 1945) im Jahre 1990 auf Vorschlag des Verbandes zum ehrenamtlichen Richter am Arbeitsgericht Bochum ernannt worden. Bemühungen des Düsseldorfer Arbeits- und Sozialministeriums um eine Amtsenthebung des umstrittenen Richters hatten im Januar 1993 Erfolg, nachdem rassistische Äußerungen Markerts an die Öffentlichkeit gelangt waren: „Denn das Blut der Deutschen ist ein besonderer Saft und unterscheidet sich gründlich von übelriechendem Schleim".[168] Vom DAV vorgeschlagen worden war auch der ehemalige WJ-Bundesführer und NPD-Europawahl-Kandidat Wolfgang Nahrath. Er wurde im April 1994 seiner Funktion als ehrenamtlicher Richter am Sozialgericht Aachen enthoben.

3.5.12. Der Deutsche Weg

Die Vereinigung „Der Deutsche Weg" (DW) wurde am 20. Oktober 1991 in Bielefeld von Anhängern Michael Kühnens als nordrhein-westfälische Landesorganisation gegründet. Die Ende 1991 ca. 30 Mitglieder umfassende Gruppierung sollte als Nachfolgeorganisation der früheren DA fungieren, trat jedoch in der Öffentlichkeit kaum hervor.

3.5.13. Förderkreis Freies Deutschland

Der „Förderkreis Freies Deutschland" (FFD) trat im Oktober 1992 in der Köln-Bonner Neo-NS-„Szene" in Erscheinung. Ein Mitteilungsschreiben, in dem die neue Vereinigung als „Bindeglied zwischen den einzelnen nationalen Aktivisten jeder der existenten Organisationen"[169] vorgestellt wurde, trug die Unterschrift von Stephan A. Niemann und René Mauritz. Niemann hatte zuvor als Geschäftsführer des Münchener Zündel-Büros von Ewald Althans fungiert und war wegen interner Auseinandersetzungen dort ausgeschieden. Mauritz kam aus der Ende 1992 verbotenen NF.

3.5.14. Freie Gewerkschaftsbewegung

Bei der „Freien Gewerkschaftsbewegung" (FGB) handelt es sich um eine Suborganisation der neonationalsozialistischen GdNF, die nicht über einen eigenen organisatorischen Apparat verfügt. Die FGB trat am Maifeiertag 1990 in Neukirchen bei Eisenach als Organisatorin einer 1. Mai-Veranstaltung auf. Anwesend war auch Michael Kühnen. Im Jahr darauf versammelten sich am 1. Mai führende Aktivisten aus Ost- und Westdeutschland zu einer FGB-Feier in Cottbus. Der hessische Neonationalsozialist Heinz Reisz, der Vorsitzende des FGB, empfahl in seiner Rede die „Deutsche Arbeitsfront" (DAF) als nachahmenswert.

3.5.15. Freie Wählergemeinschaft Düsseldorf

Die aus den Reihen der REP hervorgegangene, seit den Kommunalwahlen von 1989 im Düsseldorfer Stadtrat vertretene „Freie Wählergemeinschaft" (FWG) weist unübersehbare rechtsextreme Tendenzen auf. Ein von der Gruppierung ins Leben gerufener „Jugend-Opposition-Stammtisch" organisierte 1992 eine Fahrt nach Köln zu einem Konzert der rechtsextremen Skinhead-Band „Störkraft". Der zeitweilige Manager der Musikgruppe, Torsten Lemmer (Jahrgang 1970), war bis Januar 1993 Geschäftsführer der FWG-Fraktion im Düsseldorfer Stadtrat.[170] Fraktionsvorsitzender ist der Altstadtbäcker Herbert Zaunbrecher. Nach eigenen Angaben verfügte die FWG im Januar 1993 über 370 Mitglieder.[171]

3.5.16. Freie Wählergemeinschaft Frankfurt

Die „Freie Wählergemeinschaft Frankfurt" (FWF) kandidierte bei den hessischen Kommunalwahlen vom 7. März 1993 ausschließlich in der Stadt Frankfurt am Main. Sie erzielte 1.371 Stimmen (0,6 %). Ihr Vorsitzender ist der ehemalige Frankfurter NPD-Stadtverordnete Karl Gerhold. Gerholds Wohnung wurde im Februar 1994 aufgrund einer Anzeige des Frankfurter Oberbürgermeisters Andreas von Schoeler durchsucht. Auf einem „Infotelefon"-Band hatte Gerhold den Oberbürgermeister „der Amtsanmaßung, der Volksverhetzung und des Rassenhasses gegen das deutsche Volk" bezichtigt.

3.5.17. Freiheitliche Nationale Partei

Die „Freiheitliche Nationale Partei" (FNP) wurde 1993 in Dresden gegründet. Vorsitzender ist Dr. Johannes Hertrampf, der als Autor in dem rechtsextremen Fanzine „Der Pranger" (Sebnitz) und in der Monatsschrift „Nation + Europa" hervorgetreten ist. Am Aufbau der FNP beteiligte sich auch der ehemalige sächsische Landesvorsitzende der seit 1992 verbotenen „Nationalen Offensive" (NO), Constantin Mayer.

3.5.18. Freundeskreis Freiheit für Deutschland

Der aus den „Freundeskreisen Unabhängige Nachrichten" (um die in Bochum erscheinende Zeitschrift „Unabhängige Nachrichten" [UN]) im Mai 1989 hervorgegangene „Freundeskreis Freiheit für

Deutschland" (FFD) wurde von Werner Gebhardt geleitet. Gebhardt war bereits Anfang der fünfziger Jahre Mitglied der zeitweilig bei Wahlen erfolgreichen neonationalsozialistischen SRP, die 1956 durch das Bundesverfassungsgericht verboten wurde. Nach dem Wechsel zur DRP gehörte er Anfang 1962 zu den sozialrevolutionären Nationalneutralisten, die die „Deutsche Freiheits-Partei" (DFP) ins Leben riefen. Sie ging Mitte der sechziger Jahre in der AUD auf, von der sich Gebhardt wiederum Ende der sechziger Jahre trennte, nachdem die Organisation mehr und mehr in ein „linkes" Fahrwasser geraten zu sein schien. Anfang der siebziger Jahre gehörte er zu den Gründern „Unabhängiger Freundeskreise" um die Zeitschrift UN.

Der FFD verbreitete aggressive ausländerfeindliche Propaganda. In einem Flugblatt vom Januar 1993 wurde eine „gigantische Bartholomäusnacht" beschworen, der alle Deutschen zum Opfer fallen würden: „Die vernichtungswürdigen Feinde des deutschen Volkes gehen systematisch vor. Überall werden Asylantenwohnheime flächendeckend errichtet [...]. Wie Krebsmetastasen werden diese Überfremdungsstützpunkte über ganz Deutschland verbreitet. Dann kommt die Nacht, in der gegen das deutsche Volk losgeschlagen wird. In diesen Ausländerzentren werden Waffen gehortet und bereitgelegt. Sind diese ausländischen Machtzentren genügend zahlreich und genügend groß, wird zum Endschlag ausgeholt."[172] Offenbar wollte die FFD in der Bevölkerung Angst vor Ausländern schüren. Das nordrhein-westfälische Innenministerium urteilte bereits 1992 über den FFD: „Diesen von einem großen Spenderkreis unterstützten Vereinigungen kommt eine besondere Bedeutung zu, weil sie das theoretische Rüstzeug für den politischen Kampf der Rechtsextremisten liefern. Sie spielen mit ihren Publikationen und Flugblättern eine nicht zu unterschätzende Rolle als Multiplikator rechtsextremistischen Gedankenguts. Die eigentliche Gefahr der rechtsextremistischen Propaganda liegt jedoch darin, daß sich rechtsextremistische Weltbilder aus ihrem gedanklichen Ghetto, in das sie bisher verbannt waren, heraus verbreiten und zumindest ansatzweise gesellschaftsfähig werden."[173] Am 2. September 1993 wurde der FFD verboten. Bei der damit verbundenen Durchsuchungsaktion wurden Hakenkreuzabzeichen, Schriften der HNG und Aufkleber der NA sichergestellt.

3.5.19. Freundeskreis Ulrich von Hutten

Der deutsch-österreichische „Freundeskreis Ulrich von Hutten" wurde im Februar 1982 gegründet. Sein Zentrum befindet sich in Starnberg. Vorsitzende ist die ehemalige Gau-Unterführerin im „Bund Deutscher Mädel" (BDM) und heutige Präsidentin der „Deutschen Kulturgemeinschaft" (DKG) in Österreich, Lisbeth Grolitsch (Jahrgang 1922). Die DKG war Ende der siebziger Jahre durch Abspaltung von dem seit 1950 bestehenden „Deutschen Kulturwerk europäischen Geistes" (DKEG) entstanden. DKG und DKEG sind nahezu bedeutungslos geworden. Die darin (noch) erfaßten Personenkreise dürften zu einem beachtlichen Teil mit den Mitgliedern des „Freundeskreises Ulrich von Hutten" übereinstimmen. Diese Vereinigung tritt nach außen hin vor allem durch die Herausgabe der Schrift „Huttenbriefe – für Volkstum, Kultur, Wahrheit und Recht" in Erscheinung. Darin wird ein geschöntes Bild vom NS-Regime gezeichnet und der multikulturellen Gesellschaft der Kampf angesagt.

Tabelle 32: Mitglieder des Freundeskreises Ulrich von Hutten, 1986-1993

1986	mehrere hundert
1987	300
1988	300
1989	300
1990	300
1991	300
1992	300
1993	300

Quelle: Verfassungsschutzbehörden; Interview.

Publikationen

Huttenbriefe – für Volkstum, Kultur, Wahrheit und Recht (seit 1985, zweimonatlich, Aufl. ca. 4.000).

Hamburger Liste für Ausländerstopp (HLA)
Rechenschaftsbericht 1992

* Einnahmen
A = Mitgliedsbeiträge und ähnliche regelmäßige Beiträge
B = Einnahmen aus Vermögen
C = Einnahmen aus Veranstaltungen, Vertrieb von Druckschriften und Veröffentlichungen und sonstiger mit Einnahmen verbundener Tätigkeit der Partei
D = Einnahmen aus Spenden
E = Einnahmen aus Chancenausgleich
F = Einnahmen aus der Wahlkampfkostenerstattung
G = Zuschüsse von Gliederungen
H = sonstige Einnahmen
I = Gesamteinnahmen

	A	B	C	D	E	F	G	H	I
Hamburger Liste für Ausländerstopp	1.900,00		957,10	12.149,83				65,16	15.072,09

* Ausgaben
A = Personalausgaben
B = Ausgaben des laufenden Geschäftsbetriebes
C = Ausgaben für innerparteiliche Gremienarbeit und Information
D = Ausgaben für Offentlichkeitsarbeit und Wahlen
E = Zuschüsse an Gliederungen
F = Zinsen
G = sonstige Ausgaben
H = Gesamtausgaben

	A	B	C	D	E	F	G	H
Hamburger Liste für Ausländerstopp		2.782,43	356,20	911,38			2.143,65	15.072,09

* Anlagevermögen
A = Haus- und Grundvermögen
B = Geschäftsstellenausstattung
C = Finanzanlagen

* Umlaufvermögen
D = Beitragsforderungen
E = Forderungen auf Erstattung von Wahlkosten
E = Forderungen auf Chancenausgleich
F = Geldbestände
G = sonstige Vermögensgegenstände
H = gesamte Besitzposten

	A	B	C	D	E	F	G	H	I
Parteivorstand				225,00			3.999,96		4.225,96

* Schuldposten
A = Rückstellungen
B = Beitragsverbindlichkeiten
C = Verbindlichkeiten gegenüber Kreditinstituten
D = Sonstige Verbindlichkeiten
E = Gesamte Schuldposten
F = Reinvermögen (positiv oder negativ)

	A	B	C	D	E	F
Hamburger Liste für Ausländerstopp						4.225,96

Erläuterungen: 68 beitragspflichtige Mitglieder per 31. Dezember 1992 (106 per 31. Dezember 1991)

3.5.20. Gesamtdeutscher Arbeitskreis

Bei dem seit 1988 bestehenden „Gesamtdeutschen Arbeitskreis" (GAK) handelt es sich um einen Zusammenschluß von ca. 20 rechtsextremen Aktivisten im südniedersächsischen Raum. Sie traten hauptsächlich durch das Verteilen von Propagandamaterial verschiedener rechtsextremer Organisationen (u.a. der FAP) in Erscheinung und unterhielten Kontakte zu dem nach Österreich ausgewiesenen ehemaligen niedersächsischen FAP-Vorsitzenden Karl Polacek.[174]

3.5.21. Hamburger Liste für Ausländerstopp

Die „Hamburger Liste für Ausländerstopp" (HLA) wurde 1982 von NPD-Mitgliedern in Hamburg gegründet. Seither kandidierte die NPD nicht mehr in Hamburg. Bei der Bürgerschaftswahl von 1987 erreichte die HLA 0,3 %. 1991 steigerte sie diesen Stimmenanteil auf 0,7 %. Der stellvertretende Vorsitzende der HLA, Michael Andrejewski (Jahrgang 1959) ließ im Frühjahr 1992 in Rostock Flugblätter verteilen mit der Überschrift „Rostock bleibt deutsch!" Es wurde zur Bildung einer „Ausländerstop"-Initiative in Rostock aufgerufen. Mitgliederzahl Ende 1992 (nach eigenen Angaben): 68.

3.5.22. Heimattreue Vereinigung Deutschlands

Die am 16. Dezember 1988 gegründete „Heimattreue Vereinigung Deutschlands" hatte ihren Aktivitätsschwerpunkt in Baden-Württemberg, arbeitete aber eng mit einer befreundeten „Heimattreuen Vereinigung Elsaß" (HVE) zusammen. Beide Vereinigungen waren nach paramilitärischen Prinzipien organisiert, führten gemeinsame Wehrsportübungen durch und trainierten den Umgang mit Schußwaffen, Sprengstoff und Molotow-Cocktails. Der militante Charakter der HVD wurde durch die Beteiligung eines Aktivisten an einem Anschlag auf ein Aussiedlerheim in Heidenheim unterstrichen. Verfügte die HVD anfänglich über ca. 30 Mitglieder, verdoppelte sich der Personenkreis bis 1993. Lokale „Stützpunkte" existierten u.a. in Göppingen, Reutlingen und Stuttgart.

Die HVD wurde am 14. Juli 1993 durch das baden-württembergische Innenministerium verboten. Am 1. September 1993 folgte das Verbot der HVE durch die französische Regierung. Die französischen und deutschen Behörden stellten bei Hausdurchsuchungen Waffen, Sprengstoff und umfangreiche Propagandamaterialien sicher.

3.5.23. Hilfskomitee Südliches Afrika

Das „Hilfskomitee Südliches Afrika" (HSA) wurde 1976 auf Initiative des Coburger Verlegers Peter Dehoust („Nation + Europa") und des heutigen bayerischen DL-Vorstandsmitglieds Klausdieter Ludwig gegründet. Dehoust und Ludwig kennen sich seit gemeinsamen BDS-Tagen in Heidelberg. Heutiger Vorsitzender des HSA ist der promovierte Historiker Martin Pabst (Jahrgang 1959), regelmäßiger Autor in der neu-rechten Wochenzeitung „Junge Freiheit". Das „Komitee" wirbt für „Solidarität mit Weiß-Afrika", tritt als Reiseveranstalter auf und setzt sich für den Jugendaustausch zwischen Deutschland und Südafrika/Südwestafrika (Namibia) ein.

3.5.24. Hooligans

Begriff und Erscheinung der „Hooligans" stammen aus Großbritannien, wo sich derartige Gruppen seit den siebziger Jahren am Rande von Fußball-Fanclubs bildeten. Im westlichen Deutschland traten seit Anfang der achtziger Jahre verstärkt randalierende Fußball-Anhänger mit gewalttätigen Ausschreitungen während und nach Fußballspielen in Erscheinung, die sich nationalistischer Symbole als Provokationsmittel bedienten. Bei Clubs wie den Hamburger „Löwen" oder der Dortmunder „Borussenfront" kam es in Mode, Tore mit dem Ruf „Sieg Heil" zu feiern. SS-Tätowierungen, Hakenkreuze auf Fahnen, die Reichskriegsflagge oder „Juden raus"-Schreie zeugten jedoch zumeist nicht von einer gefestigten rechtsextremen Gesinnung. Allerdings unternahmen neonationalsozialistische Gruppierungen wie Kühnens ANS schon zu Beginn der achtziger Jahre Versuche, das Potential der „Hooligans" anzuzapfen. Bei den überwiegend auf Krawall und Randale erpichten Jugendlichen geschah dies ohne durchgreifenden Erfolg. Immerhin konnte eine Minderheit rekrutiert werden. Ein Beispiel bietet der Dortmunder Siegfried Borchardt („SS-Siggi"), der die „Borussenfront" auf einen rechtsextremen Kurs brachte. Borchardt ist heute Vorsitzender des FAP-Landesverbandes Nordrhein-Westfalen. Auch in der DDR entstanden im Laufe der achtziger Jahre Hooligan-Gruppen am Rande von Oberliga-Clubs wie BFC und FC Union. Andreas Pohl, Mitglied des Hertha-BSC-Fanclubs „Endsieg", zeitweilig Texter und Sänger bei der Skinhead-Band „Kraft durch Froide", baute als Vertreter der „Nationalistischen Front" bereits vor der „Wende" bestehende Kontakte zu Gleichgesinnten im Osten bis zum Verbot seiner Organisation weiter aus. Seine Person verdeutlicht die Vernetzung zwischen den „Szenen" der Neonationalsozialisten, Skinheads und Hooligans.

Der Anteil von Rechtsextremisten bei den in Deutschland mehrere tausend Personen umfassenden Hooligans ist schwer abzuschätzen, differiert von Ort zu Ort. Eine kommunikative Verbindung zwischen den unterschiedlichen Gruppierungen stellt die Zeitschrift „Fan Treff. Das Sprachrohr für Fans" her, die von Sandhausen bei Heidelberg aus nahezu monatlich erscheint. Sie enthält Berichte über gewalttätige Auseinandersetzungen in der sogenannten „dritten Halbzeit". In Anzeigen werden unter anderem Aufnäher in den Farben schwarz-weiß-rot oder mit dem Eisernen Kreuz angeboten.

3.5.25. Kameradschaftsbund Deutschland

Der „Kameradschaftsbund Deutschland" wurde im März 1993 in Frankfurt/Oder von dem Berliner Neonationalsozialisten Sven Ruda (Jahrgang 1970) gegründet. Ruda hatte der Berliner NA angehört und einen Ableger dieser Vereinigung im brandenburgischen Müncheberg gegründet. Infolge des Verfalls der NA verlegte Ruda seine Aktivitäten nach Frankfurt/Oder, wo er eine Gruppe von 14- bis 17jährigen Jugendlichen um sich scharte und in einer „Arier-Schule" in die Grundlagen nationalsozialistischer Ideologie einwies. Außerdem wurden Abenteuer- und Geländespiele veranstaltet. Von Ruda verwendete „Schulungsbriefe" waren „weitgehend mit solchen der ehemaligen NVA textidentisch, außer daß ein bestimmter Begriffsaustausch (beispielsweise statt: Sozialismus – Nationalsozialismus, statt: SED – NSDAP, statt: Kapitalismus – Judentum usw.) vorgenommen wurde".[175] Nachdem die Medien auf die Gruppe um Ruda aufmerksam geworden waren, löste sie sich im Sommer 1993 wieder auf.

Das Amtsgericht Strausberg verurteilte Ruda im April 1994 zu einer Freiheitsstrafe von einem Jahr und neun Monaten ohne Bewährung. Das Gericht hielt es für erwiesen, daß der Angeklagte im September 1992 zusammen mit einigen „Kameraden" in den jüdischen Friedhof von Müncheberg eingedrungen war und Grabsteine mit SS-Runen, Hakenkreuzen und Parolen wie „Jude verrecke" besprüht hatte.

3.5.26. Kameradschaftsbund Greifswald

Der „Kameradschaftsbund Greifswald" entstand 1992 infolge der Auflösung der „Greifswalder Nationalsozialisten" (GNS), einer seit Sommer 1991 bestehenden Vereinigung von ca. 70-80 Anhängern. Die GNS war zerfallen, nachdem ihr Anführer, Maik Spiegelmacher, im Dezember 1991 inhaftiert worden war. Angehörige des „Kameradschaftsbundes Greifswald" nahmen im Sommer 1992 in der Nähe der Stadt Greifswald an Wehrsportübungen teil, die von dem später aus der „Szene" ausgestiegenen Berliner Neonationalsozialisten Ingo Hasselbach (Jahrgang 1967) geleitet wurden.[176]

3.5.27. Kommando NORD

Mit „Kommando NORD" waren Rechtfertigungsschreiben unterzeichnet, die im Jahre 1991 nach mehreren Brandanschlägen auf Rostocker Firmen bei der Polizei eingingen. Die Bezeichnung fand auch in anonymen Briefen Verwendung, in denen gegen die Adressaten eine Morddrohung ausgestoßen wurde. Ein Ermittlungsverfahren der Generalstaatsanwaltschaft Berlin blieb ohne Ergebnis.

3.5.28. Nationale Initiative Freiheit für Gottfried Küssel

Die Vereinigung wurde im Oktober 1993 von dem Neonationalsozialisten Michael Petri (Jahrgang 1973) gegründet, um anläßlich der Verurteilung des Wiener Neonationalsozialisten Gottfried Küssel propagandistisch in der Öffentlichkeit zu wirken. Die Mitgliedschaft bekannter Anführer der „Szene" wie Frank Hübner, Thomas Brehl und Arnulf-Winfried Priem könnte darauf hindeuten, daß darüber hinaus an die Koordination überregionaler Aktivitäten gedacht ist. Kenner der „Szene" vermuteten zeitweilig eine Zusammenarbeit mit dem „untergetauchten" ehemaligen Rechtsterroristen Ekkehard Weil und den Hintermännern der österreichischen Serie von Briefbombenattentaten im Dezember 1993.[177] Der 1949 in Berlin geborene Weil hat wegen diverser terroristischer Delikte ein langes Strafregister, blieb aber bis zuletzt der „Szene" treu, wobei er das Licht der Öffentlichkeit mied. Doch der Verdacht gegenüber Weil erwies sich als unbegründet. Weil mußte sich im April 1994 vor der 8. Strafkammer des Bochumer Landgerichts wegen Volksverhetzung, Aufstachelung zum Rassenhaß, Beleidigung und Verunglimpfung des Andenkens Verstorbener verantworten. Interpol fahndet nach dem flüchtigen Berliner Neonationalsozialisten Bendix Wendt (alias Dr. Vanda), der als einer der deutschen Helfershelfer der österreichischen Briefbombenattentäter gilt.

3.5.29. Die Nationalen

Das Berliner Wahlbündnis „Die Nationalen" entstand im Vorfeld der Wahlen zu den Berliner Bezirksverordnetenversammlungen am 24. Mai 1992. Beteiligt waren Mitglieder verschiedener rechtsextremer Organisationen (REP, DL, NPD, FAP, NA), die eine Einzelkandidatur als weniger erfolgversprechend beurteilten als ein gemeinsames Auftreten. Sie gründeten am 3. September 1991 die „Freiheitliche Wählergemeinschaft ‚Wir sind das Volk'" (WSDV), die seit Januar 1992 unter der Bezeichnung „Die Nationalen" auftrat. Ende 1992 sollen dem Wahlbündnis ca. 50 Mitglieder angehört haben.

Bei der Wahl zu den Bezirksverordnetenversammlungen vom Mai 1992 erzielte die Wählergemeinschaft durchschnittlich

0,2 % der Stimmen. Überdurchschnittliche Ergebnisse waren in den östlichen Bezirken Lichtenberg (0,46 %), Marzahn (0,38 %), Treptow (0,29 %) und Pankow (0,26 %) und in den westlichen Bezirken Wedding (0,69 %), Tempelhof (0,38 %) und Neukölln (0,35 %) zu verzeichnen. Der NA-Vorsitzende Oliver Schweigert (Jahrgang 1968), ein früherer Vertrauter Michael Kühnens, trat als Kandidat in Berlin-Lichtenberg an.

Als Publikationsorgan der Wählergemeinschaft erscheint seit 1992 die „Berlin-Brandenburger Zeitung“ – in zweimonatlicher Folge (Auflage April/Mai 1994 nominell 18.500). Als Leitender Redakteur fungiert Christian Wendt. Ständige Redaktionsmitglieder: Christian Wendt, Frank Schwerdt (früher REP, heute DL-Landesvorsitzender von Berlin-Brandenburg), Christian Sydow, Kerstin Krüger, Andreas Storr, Dr. Walter Menz. Weitere Mitarbeiter: Dr. Bernd Witte, Georg Daniel, Jörg Seiffert, Katrin Berger.

3.5.30. Nordische Jugend

Die im nordbadischen Sinsheim ansässige „Nordische Jugend“ wurde 1992 von Aktivisten der GdNF gegründet. Sie will Jugendlichen ein ähnliches Freizeitangebot wie BHJ und WJ bieten. Die Ehrung des „deutschen Soldaten“ wird als besonderes Anliegen genannt.

3.5.31. Ordensgemeinschaft der Ritterkreuzträger

Die „Ordensgemeinschaft der Ritterkreuzträger“ ist eine Interessenvereinigung ehemaliger Wehrmacht-Angehöriger, die während des Zweiten Weltkrieges mit dem Ritterkreuz ausgezeichnet worden waren. Die ca. 900 Mitglieder (Ende 1992) umfassende Organisation wird von Walther-Peer Fellgiebel und Wolfram Kertz geleitet und gibt ein vierteljährlich erscheinendes Mitteilungsblatt mit dem Titel „Das Ritterkreuz“ heraus. Darin wird die „Umerziehung“ der Deutschen beklagt und mit einer territorialen Revision der Gebietsverluste Deutschlands im Osten geliebäugelt.[178]

3.5.32. Taunusfront

Die neonationalsozialistische „Taunusfront" wurde im März 1985 gegründet und trat über Jahre hinweg gegenüber der Öffentlichkeit vor allem durch Propagandamaterial und Flugblätter mit aggressiven Parolen in Erscheinung. Seit 1990 im hessischen Hofheim beheimatet, gehörten ihr 1990 ca. 30 Aktivisten an. Die Gruppe war organisatorisch mit der 1992 verbotenen „Nationalistischen Front" verbunden. Zu den Mitgliedern zählte Peter Hübner, der ältere Bruder des DA-Aktivisten Frank Hübner. In einer „Rostocker Erklärung" distanzierte sich die „Taunusfront" von den gewalttätigen Ausschreitungen auf Asylantenunterkünfte, da sie nicht die wirklich Verantwortlichen träfen. Schuldig seien „die herrschenden Mächte in Bonn, die seit 1945 permanent [...] unser Land mit einer Flut von fremdrassigen Ausländern und Asylanten überfremden".[179]

Im Februar 1994 wurde einer der Hauptaktivisten der „Taunusfront", Wolfgang Kempken (Jahrgang 1968) aus Rüsselsheim, wegen des Verdachts der Mitarbeit an der rechtsextremen Terrorliste „Der Einblick" und der Mitgliedschaft in einer terroristischen Vereinigung verhaftet. Seit längerem unterhielt Kempken Kontakte zu Eberhard Hefendehl (Jahrgang 1930), dem Inhaber des Verlages „Der Scheinwerfer" im oberfränkischen Rodach, wo „Der Einblick" gedruckt worden war. Ein „Nationales Infotelefon" in Hamburg beschuldigte Mitte Februar 1994 den 23jährigen Wiesbadener Rechtsextremisten Stefan Cumic, Kempken als Verfasser des „Einblick" an die Polizei verraten zu haben. Cumic hatte sich zuvor von der rechten „Szene" losgesagt. Wegen Mangels an Beweisen hob der Ermittlungsrichter des Bundesgerichtshofs am 13. April 1994 den Haftbefehl gegen Wolfgang Kempken wieder auf.

3.5.33. Unabhängige Arbeiter-Partei (Deutsche Sozialisten)

Die „Unabhängige Arbeiter-Partei (Deutsche Sozialisten)" (UAP) wurde am 21. Januar 1962 in Essen gegründet. Sie entstand als Zerfallsprodukt des Strasserismus. In Nordrhein-Westfalen nimmt sie seither ohne nennenswerte Erfolge an Wahlen teil.

Ihre Programmatik verbindet das Plädoyer für einen mächtigen deutschen Nationalstaat mit dem Eintreten für eine durch Überwindung des Kapitalismus zu schaffende „Volksgemeinschaft“. Als Vertreterin eines „neuen Nationalismus“ versuchte sich die UAP zeitweilig als „sozialistischer“ Gegenpol zur „bürgerlichen“ NPD innerhalb des „nationalen Lagers“ zu profilieren. Doch weder die Akzentuierung national-revolutionärer Positionen noch die Öffnung für neue ideologische Fronten (Ökologie) vermochten ihre von Anfang an schwache Mitgliederbasis dauerhaft zu verbreitern.

Ergänzende Organisationsdaten:
Sitz: Essen/Ruhr.
Bundesvorstand[180] (Zentralbüro):

1. Zentralbüro-Vorsitzender	Erhard Kliese (Organisation)
2. Zentralbüro-Vorsitzender	Ulrich Villmow (SG)
3. Zentralbüro-Vorsitzender	Horst Bosbach (Schulung)
Zentralbüro-Mitglied	Ernst Pajonk (Geschäftsführer)
Zentralbüro-Mitglied	Heinz W. Walkendorf (Kasse)
Zentralbüro-Mitglied	Wolfgang Kirschstein (Presse-Information)
1. Zentralbüro-Kandidat	Franz Muhri (PL-Mitglied)
2. Zentralbüro-Kandidat	Heinz-W. Fandrey (PL-Mitglied)
3. Zentralbüro-Kandidat	Rainer Weber (PL-Mitglied)
	Walter Sittel (PL-Mitglied)
	Oskar Beck (PL-Mitglied)
	Wilfried Arendt (PL-Mitglied)
	Dieter Beul (PL-Mitglied)
	Dieter Schneider (PL-Mitglied)
	Liesa Bosbach (PL-Mitglied)
	Ferdinand Schwarzer (PL-Mitglied)

Landesverband Nordrhein-Westfalen
Landesleiter: Ernst Pajonk (Ref. Geschäftsf.); stellvertretender Landesleiter: Heinz W. Walkenhorst (Ref. Presse-Inform.); 3. Landesleiter: Franz Muhri (Ref. Organisation); Beisitzer: Wilfried Arendt (Ref. besondere Aufg.), Rainer Weber (Ref. Kasse und Schulung).

Landesverband Hessen
Landesleiter: Oskar Beck (Ref. Kasse).
Landesverband Bayern
Landesleiter: Ferdinand Schwarzer (Ref. Kasse); Stellvertretende Landesleiterin: Barbara Keßler (Ref. Presse-Inform.); 3. Landesleiter: Wolfgang Kirschstein (Ref. Schulung); Beisitzer: Norbert Keßler (Ref. Geschäftsf. u. Organisation).
Landesverband Berlin
Landesleiter: Detlef Doliwa (Ref. Kasse).

3.5.34. Völkischer Bund

Der „Völkische Bund" wurde 1985 als „Arbeitsgemeinschaft Nationaler Verbände" von dem Wiesbadener Peter Naumann (Jahrgang 1953) gegründet. Naumann kann auf eine lange „Karriere" in der rechtsextremen „Szene" zurückblicken. Anfang der siebziger Jahre trat er der NPD-Jugendorganisation JN bei und stieg im Umkreis Günter Deckerts bis zum stellvertretenden JN-Bundesvorsitzenden (1976) auf. In dieser Funktion unterhielt er Kontakte auch zu ausländischen Gruppen – vor allem in Frankreich und Österreich. Naumann durchlief einen Radikalisierungsprozeß und trat bald mit rechtsterroristischen Aktionen hervor. 1978 war er an einem Sprengstoffanschlag auf das Denkmal an den Fosse Ardeantine in Rom beteiligt, wo die SS als Vergeltungsmaßnahme gegen einen Partisanenüberfall auf das Polizeiregiment „Bozen" im März 1944 100 unschuldige italienische Geiseln erschossen hatte. Während der Ausstrahlung des Fernsehfilms „Holocaust" soll Naumann 1979 an der Sprengung von Fernseh-Sendemasten beteiligt gewesen sein. 1982 versuchte er eine eigene Terrorgruppe aufzubauen und verhandelte zeitweilig mit den Rechtsterroristen Odfried Hepp und Walter Kexel. Nach der Zerschlagung der Hepp-Kexel-Gruppe setzte Naumann seine Aktivitäten alleine fort. Das Oberlandesgericht Frankfurt verurteilte ihn im Oktober 1988 zu einer Freiheitsstrafe von viereinhalb Jahren. Im Dezember 1990 vorzeitig auf Bewährung aus der Haft entlassen, setzte Naumann seine Aktivitäten in dem 1985 gegründeten „Völkischen Bund" fort, der nur wenige Mitglieder zählt und sich vorwiegend auf propagandistische Aktivitäten beschränkt. So feierte der „Bund" 1993 anläßlich des 50. Jahrestages der Schlacht um Stalingrad den „Tatenruhm" der gefallenen deutschen Soldaten. Außerdem verbreitet Naumann einschlägige Propagandamittel wie Aufkleber, Plakate, Tonträger und Broschüren.

3.5.35. Völkischer Freundeskreis

Im Jahre 1989 von Abtrünnigen aus der „Kameradschaft Berlin" der GdNF gegründet, wurde der „Völkische Freundeskreis" nach einer Phase der Untätigkeit im Sommer 1991 unter der Regie der FAP reaktiviert. Als Schulungs- und Bildungsvereinigung soll der Freundeskreis Gesinnungsgenossen sammeln und für die FAP rekrutieren.

3.5.36. Weißer Arischer Widerstand

Unter diesem Namen gingen 1993 Drohbriefe bei der PDS-Geschäftsstelle in Weißensee ein. Im Januar 1994 durchsuchte die Polizei in Berlin mehrere Wohnungen von Personen, die der Gruppe zugerechnet wurden. Dabei konnte u.a. Propagandamaterial der verbotenen „Nationalistischen Front" (NF) sichergestellt werden. Die Männer wurden außerdem verdächtigt, die rechtsextreme „Szene"-Zeitschrift „NS-Denkzettel" herausgegeben zu haben.

3.5.37. Werwolf Jagdeinheit Senftenberg

Im Oktober 1992 verhaftete die Polizei mehrere Mitglieder einer „Werwolf"-Gruppe, die im Raum Cottbus Waffen gehortet und mit Sprengstoff geübt hatten. Bei Durchsuchungen wurde ein umfangreiches Waffenlager mit Maschinenpistolen, Handgranaten und Militaria aus der NS-Zeit sichergestellt. Nach der Festnahme ermittelte die Staatsanwaltschaft wegen des Verdachtes auf Bildung einer kriminellen Vereinigung. Diese Ermittlungen wurden eingestellt, nachdem der Bundesgerichtshof im Dezember 1992 entschieden hatte, dieser Vorwurt lasse sich trotz eines begründeten Anfangsverdachtes nicht aufrechterhalten.

Ein Mitglied der Gruppe, Jens-Peter Klocke, wurde bereits im Januar 1994 zu einer Freiheitsstrafe von 15 Jahren verurteilt. Klocke hatte zusammen mit anderen Gruppenmitgliedern 1991 bei Senftenberg ein Auto zum Halten gezwungen, um sich des Wagens zu bemächtigen. Der Fahrer wurde erschossen. Vier weitere Mitglieder der „Werwolf"-Gruppe wurden am 30. Juni 1994 zu Freiheitsstrafen zwischen neun Monaten und einem Jahr und zehn Monaten auf Bewährung verurteilt. In der Urteilsbegründung hieß es, die Verbindungen der Angeklagten zur rechtsextremen „Szene" seien nicht so gefestigt gewesen, daß sie als zentrales Motiv für die Spannungen eine Rolle gespielt hätten. Das Verfahren gegen Uwe Bierhold wurde abgetrennt, da sich nachweisen ließ, daß die übrigen Angeklagten nicht an dessen umfangreichen Waffengeschäften beteiligt gewesen waren.

3.5.38. Wiking Jugend

Die „Wiking Jugend" (WJ) wurde am 2. Dezember 1952 von dem ehemaligen SRP-Funktionär Walter Matthaei als Zusammenschluß der von ihm 1950 gegründeten „Reichsjugend" mit Teilen der „Deutschen Unitarier Jugend" und dem „Vaterländischen Jugendbund" ins Leben gerufen. Sie ist damit die älteste noch bestehende rechtsextreme Jugendorganisation in Deutschland und sieht sich in der Tradition der „Hitler-Jugend". Sie ist streng hierarchisch nach dem Führerprinzip gegliedert. In ihren Schriften bekennt sie sich zu einer „Lebensgemeinschaft auf völkischer Grundlage". Leitbild ist die nordisch-germanische Rasse. Sie ist sozialdarwinistischen Prinzipien wie dem der Auslese der Starken und Gesunden verpflichtet. Durch körperliche Ertüchtigung in paramilitärisch organisierten Lagern soll die Jugend zu einer völkischen Elite herangebildet werden. „Rassenvermischung" wird abgelehnt: „Es ist ein Gebot des Selbsterhaltungstriebes, niemanden in unsere weiße Festung eindringen zu lassen. So grausam es christlich erzogenen Ohren klingen mag: Jeder Verhungerte in der Sahelzone und jeder bei Krawallen, Bürgerkriegen, Militärputschen und Stammeskämpfen in der Dritten Welt Umgekommene ist ein Glück für die Welt und ein zukünftiger Gegner weniger für uns. Jeder in die dritte Welt gelieferte Sack Lebensmittel und jeder gerettete Fortpflanzungsfähige in den Armutsländern ist für uns eine verlorene Schlacht der Zukunft und bringt die Erde dem Kollaps näher."[181]

Die WJ ist organisatorisch in „Horste" und „Gaue" gegliedert. Ihr Zentrum befindet sich in Stolberg. Auf dem 10. „Ordentlichen Bundesthing" übernahm Wolfram Nahrath (Jahrgang 1963) im Juli 1991 das Amt des Bundesführers von seinem Vater Wolfgang Nahrath (Jahrgang 1929). Damit ist die Bundesführung seit vier Jahrzehnten gleichsam in Familienbesitz, hatte doch bereits Wolfgang Nahrath das Amt des Bundesführers von seinem Vater Raoul, der dieses Amt seinerseits seit der Jahreswende 1954/55 innegehabt hatte, Anfang der sechziger Jahre übernommen. Raoul Nahrath war wie der WJ-Gründer Matthaei Funktionär der SRP gewesen. Wolfgang Nahrath sorgte im März 1994 für Presseberichte, da er vom „Deutschen Arbeitnehmer-Verband", einer von der NPD unterwanderten Vereinigung, zum ehrenamtlichen Sozialrichter in Aachen bestellt worden war. Seit Januar 1992 hatte er dieses Amt ausgeübt. Im April 1994 wurde Nahrath schließlich wegen „grober Pflichtverletzung" entlassen. Der von der NPD als Kandidat für die Europawahl nominierte Nahrath äußerte gegenüber der Presse, er werde sich für die „Rückgewinnung der nach dem Zweiten Weltkrieg verlorengegangenen deutschen Gebiete im Osten Europas"[182] einsetzen.

Der 10. „Ordentliche Bundesthing" der WJ fand im thüringischen Schmalkalden statt – ein Tagungsort, der die Ausdehnung der Jugendorganisation in die neuen Bundesländer verdeutlichte. Dort verfügte die Organisation 1992 über 100 bis 200 Mitglieder, die vielfach eng mit neonationalsozialistischen Gruppierungen zusammenarbeiten. So veranstaltete die WJ vom 17. bis 20. Mai 1991 mit DA-Aktivisten ein gemeinsames Pfingstlager am Stausee bei Spremberg (Niederlausitz). Delegierte der WJ nahmen an FAP-Parteitagen teil. Allerdings bestehen auch zur NPD gute Kontakte. An deren Deutschlandtreffen nahmen in den vergangenen Jahren regelmäßig auch WJ-Gruppen teil. Die WJ hat seit Anfang der siebziger Jahre, als sie Aufnahme in den „Freiheitlichen Rat" Gerhard Freys fand, einen Prozeß der Radikalisierung durchlaufen.

Tabelle 33: Mitglieder der WJ, 1979-1993

1979	400
1986	400
1987	380
1988	400
1989	380
1990	400
1991	400
1992	400
1993	400

Quelle: Verfassungsschutzbehörden; Interview.

Im Mai 1994 sorgt das traditionelle Pfingstlager der WJ im niedersächsischen Hetendorf (Kreis Celle) für Presseberichte. Ca. 150 Jugendliche waren in einheitlicher Kleidung aufmarschiert und zu Wehrsportübungen ausgerückt. Antifaschistische Gruppen hatten schon im Vorfeld ein Verbot der Veranstaltung gefordert. Zwischen dem niedersächsischen Landesamt für Verfassungsschutz und dem Landesinnenministerium bestand Uneinigkeit im Hinblick auf die Möglichkeit eines Verbotes. Nach dem WJ-Treffen erklärte ein Sprecher des Innenministeriums gegenüber der Presse, die Vereinigung stünde unübersehbar in der Tradition der Hitler-Jugend. Fotos und Videoaufzeichnungen belegten, daß Kennzeichen verfassungswidriger Organisationen verwendet worden seien. Künftig würden die jährlichen Treffen verboten.

Publikationen

Gäck (1982-1985)
Wikinger (1983, seit 1987; dreimonatlich, Aufl. bis zu 1.000)
Odalbrief (1988, 1991).

3.6. Verlage, Vertriebsdienste, Zeitschriften und Theoriezirkel

3.6.1. Arndt, Orion-Heimreiter

Die Verlage Arndt, Orion-Heimreiter werden von Dietmar Munier geleitet. Munier war stellvertretender Landesvorsitzender der JN in Schleswig-Holstein und Aktivist des BHJ. Munier engagiert sich beim „Wiederaufbau" Nordostpreußens, wo er u.a. Ansiedlungsprojekte von Rußlanddeutschen unterstützt. Das Unternehmen besitzt auch eine Reiseabteilung, die für Reisen in die ehemaligen deutschen Ostgebiete, ins Baltikum und in ehemalige deutsche Kolonien wirbt.

3.6.2. Arun-Verlag

Der Arun-Verlag wurde 1989 von einem jungen Diplom-Ingenieur für Physikalische Technik und Technischen Umweltschutz gegründet: Stefan Ulbrich (Jahrgang 1963). Ulbrich war bis 1984 Funktionär der rechtsextremen WJ, durchlief jedoch in der Folgezeit offenbar einen Prozeß der Umorientierung, der ihn in die Nähe der intellektuellen Neuen Rechten führte.[183] Der von ihm gegründete Verlag setzte sich zum Ziel, die traditionelle extreme Rechte aus ihrer ideologischen Ecke herauszuführen und durch die Befruchtung mit linken, alternativen und ökologischen Ideen wieder salonfähig zu machen. Ein Erfolg in diesem Sinne war der 1991 veröffentlichte Sammelband „Multikultopia. Gedanken zur multikulturellen Gesellschaft", in dem sich Autoren der extremen Rechten wie Alain de Benoist, Rolf Kosiek und Robert Steuckers ebenso zur Idee der multikulturellen Gesellschaft äußern wie zum Teil prominente Vertreter demokratischer Parteien (u.a. Heiner Geißler). Mit anderen Titeln bewegt sich das Verlagsprogramm im Dunstkreis des New Age, wo sich esoterische und rechtsextreme Strömungen verbinden. Die weitere Entwicklung des Verlages dürfte nicht zuletzt davon abhängen, inwieweit es der Neuen Rechten gelingt, ihre noch bescheidene kulturelle Einflußbasis in Deutschland zu verbreitern. Verleger Ulbrich ist zugleich Redaktionsmitglied des neu-rechten Intelligenzblatts „Junge Freiheit".

3.6.3. Verlagsgemeinschaft Berg

Die 1991 gegründete „Verlagsgemeinschaft Berg" in Berg am Starnberger See umfaßt mehrere Verlage, die zum Teil auf ein jahrzehntelanges Wirken zurückblicken. Der Druffel-Verlag wurde 1952 von Helmut und Ursula Sündermann gegründet. Helmut Sündermann (Jahrgang 1911) war seit 1931 Mitarbeiter der Reichspressestelle der NSDAP gewesen und hatte es bis 1945 zum stellvertretenden Reichspressechef gebracht. In seinem Verlag erschienen u.a. die Memoiren zahlreicher führender Personen des NS-Regimes: Ilse Heß, Julius Lippert, Joachim von Ribbentrop, Hans-Ulrich Rudel, Friedrich Christian Prinz zu Schaumburg Lippe. Nach dem Tod Sündermanns im Jahre 1972 wurde der Druffel-Verlag von dessen Stiefsohn Gert Sudholt weitergeführt. Sudholt (Jahrgang 1943) ist promovierter Neuzeit-Historiker. Vor dem Studium hatte er zwei Jahre lang journalistisch gearbeitet – in Südafrika und im heutigen Namibia.

Zur „Verlagsgemeinschaft Berg" gehör(t)en neben dem Druffel-Verlag die früher selbständigen Verlage Türmer und Vohwinkel. Der Türmer-Verlag wurde 1949 von Herbert Böhme (Jahrgang 1907) gegründet, der seit 1944 Professor für Philosophie an der neugegründeten deutschen Universität Posen gewesen war. In seinem Verlag erschienen u.a. die von Henriette von Schirach gesammelten „Anekdoten um Hitler", die 1982 von der Bundesprüfstelle für jugendgefährdende Schriften indiziert wurden. 1992 wurde der Türmer-Verlag aufgelöst. Der Vohwinkel-Verlag bestand schon seit den zwanziger Jahren und wurde nach einer Verbotsperiode von dem Buchhändler Kurt Vohwinkel (geb. 1895, gest. 1977) 1952 wiedergegründet. Ähnlich wie bei Druffel und Türmer lag der Schwerpunkt der Verlagsproduktion auf einer spezifischen Art der Bewältigung des NS-Regimes – nämlich durch Verklärung, Aufhellung, Verdrängung und schlichte Verfälschung der historischen Wirklichkeit.

Das heutige Programm der Verlagsgemeinschaft wird von Titeln wie „Die Reichsparteitage der NSDAP 1923-1939", „Der Afrikafeldzug in Farbe", „In Pflicht und Freude – Das Erlebnis Hitlerjugend", „Zions Griff zur Weltherrschaft" oder „Die Israel-Lobby" bestimmt. 1989 begann Sudholt eine siebenbändige

Geschichte des Zweiten Weltkrieges, in der über 1.000 hochdekorierte Soldaten der Wehrmacht zu Wort kommen sollen. Sudholt, der im Sommer 1991 sein Amt als Vorsitzender der rechtsextremen „Gesellschaft für Freie Publizistik" aufgab, bemühte sich in den letzten Jahren um eine Imageverbesserung. In das Verlagsprogramm fanden Titel Aufnahme, die sich von der bis dahin dominierenden apologetischen Literatur abhoben. Beispiele sind die Bände „Heimat wider Willen" von Elfi Hartenstein (mit Interviews deutscher Emigranten in den USA) und die Studie von Karl-Heinz Schnibbe über „Jugendliche gegen Hitler". In einem Leserbrief an die „Zeit" begründete Sudholt das Erscheinen der beiden Titel mit dem Bemühen, sich „von allen rechtsradikalen Bestrebungen und jedweder NS-Apologetik" zu distanzieren.[184] Diese Bekundungen entsprangen wohl eher dem Bemühen um stärkere Akzeptanz im Buchhandel als einem prinzipiellen Gesinnungswandel. Während eines zehnwöchigen Haftaufenthaltes in Landsberg, den Sudholt nach seiner Verurteilung wegen Volksverhetzung und Verunglimpfung des Andenkens Verstorbener im Juli 1993 angetreten hatte, verfaßte er die Schrift „In Haft. Landsberg 1993. Persönliches und politisches Tagebuch eines deutschen Verlegers". Darin ergreift Sudholt Partei für führende ehemalige NS-Aktivisten, klagt über „Siegerwillkür" und „Rachejustiz" und gelangt zu dem historischen Urteil: „Wer die Bombenleger des 20. Juli 1944 verherrlicht, braucht sich nicht wundern, wenn sich 1993 erneut Bombenwerfer lautstark um Aufmerksamkeit bemühen. Ein altes Sprichwort lautet: Wer Wind sät, wird Sturm ernten."[185]

3.6.4. Verlag Diagnosen

Der von Ekkehard Franke-Gricksch (Jahrgang 1933) geleitete Diagnosen-Verlag trat seit 1974 zunächst mit der Zeitschrift „Gesunde Medizin" als ökologisch-alternativ angehauchtes Unternehmen an die Öffentlichkeit.[186] Ein deutlicher Kurswechsel zeichnete sich Ende der siebziger Jahre ab, als das Organ in „Diagnosen. Das zeitkritische Magazin" umbenannt wurde und sich verstärkt politischen Themen zuwandte. In seinen

Artikeln machte Franke-Gricksch Freimaurer und Juden für die meisten Übel dieser Welt verantwortlich. 1987 wurde das Periodikum erneut umbenannt. Seither erscheint es unter dem Titel „Code“ mit wechselnden Untertiteln – zuletzt: „Exklusives aus Politik und Wirtschaft“. Äußerlich ist die Zeitschrift nicht als rechtsextremes Organ erkennbar. Die Redaktion präsentiert sich dem Leser als „weder antiamerikanisch noch antisemitisch, weder rechts noch links, auch nicht rot, schwarz, grün oder braun. Dadurch paßt dieses Nachrichtenmagazin auch nicht in das Schablonendenken der im Auftrage des Bonner Staates tätigen ‚Aufsichtsbeamten'“. Der konspirationstheoretische Rahmen blieb bestehen, trat jedoch nicht mehr so auffällig in Erscheinung. Viele Artikel zur Weltpolitik sind in ihren Wertungen im Vergleich zu anderen rechtsextremen Organen eher zurückhaltend. Deutlich ist die Stoßrichtung gegen „linke“ Tendenzen in Politik und Kultur. In zahlreichen Beiträgen unterstützt die Redaktion „revisionistische“ Sichtweisen der NS-Geschichte, die in wesentlichen Punkten auf eine historische Entlastung hinauslaufen. Nachdrückliche Unterstützung finden die Aktivitäten der Gruppe um den amerikanischen „Gaskammerexperten“ Fred Leuchter, die das historische Faktum der Massenvergasungen in Auschwitz leugnet.

„Code“ arbeitet redaktionell eng mit dem rechtsextremen amerikanischen Nachrichtenorgan „The Spotlight“ zusammen. Außerdem liefert der Nachrichtendienst „New American View“ Beiträge. Beide Unternehmen vertreten ähnliche verschwörungstheoretische Vorstellungen wie „Code“. Ein Kooperationsvertrag besteht auch mit der „revisionistischen“ Zeitschrift „Journal of Historical Review“, dem Organ des in Kalifornien ansässigen „Institute for Historical Review“. Ende 1992 erschien die Monatszeitschrift nach eigenen (überhöhten) Angaben mit einer Auflage von 30.000 Exemplaren. „Code“ war lange Zeit an den meisten Kiosken erhältlich. Erst seit Ende 1992 wurde der Verkauf – offenbar aufgrund von Absatzproblemen – auf Abonnement-Vertrieb umgestellt. Dennoch dürfte die personell sparsam besetzte Redaktion weitgehend kostendeckend arbeiten.

3.6.5. Europa Vorn

Die Zeitschrift „Europa Vorn" (EV) erscheint seit 1987 in Köln. Sie wird von dem ehemaligen Jurastudenten Manfred Rouhs (Jahrgang 1965) herausgegeben, der seine politische Laufbahn bei der NPD-Jugendorganisation JN begann. Bei den Kommunalwahlen von 1989 kandidierte Rouhs auf der Liste der REP erfolgreich für den Kölner Stadtrat. Im Zuge der innerparteilichen Machtkämpfe bei den REP orientierte sich Rouhs an der Gruppe um Neubauer. Anfang 1991 schloß er sich der DA/DL an, für die er sich seither – gemeinsam mit Markus Beisicht – im Kölner Stadtrat engagierte. Da Rouhs der von ihm herausgegebenen Zeitschrift seinen Stempel aufdrückt, folgte die redaktionelle Linie dessen politischen Wandlungen. So unterstützte EV zeitweilig die REP und steht heute der DL nahe.

Erschien das Organ anfangs noch unregelmäßig, stabilisierte sich seine Situation in der Folgezeit. Im Oktober 1991 kam es zu einer einschneidenden redaktionellen Veränderung. Seither erscheint EV in zwei Ausgaben mit einer Auflage von nominell 3.000 Exemplaren: „Europa Vorn aktuell" kommt alle 14 Tage heraus, widmet sich der Tagespolitik, kommentiert aktuelles Zeitgeschehen und bekennt politisch Farbe; „Europa Vorn spezial" erscheint viermal im Jahr und betreibt ideologische Grundlagenarbeit im Sinne der Neuen Rechten, deren kulturrevolutionäre Strategie als erfolgsträchtiges Rezept gilt. Dementsprechend wird der Liberalismus entschieden abgelehnt und die multikulturelle Gesellschaft verteufelt. Leitbild ist die sich ihrer historisch-kulturellen Eigenart bewußt werdende deutsche Nation.

3.6.6. Freundeskreis Unabhängige Nachrichten

Der „Freundeskreis Unabhängige Nachrichten" entstand zu Beginn der siebziger Jahre, als sich infolge der Öffnung der „Aktionsgemeinschaft Unabhängiger Deutscher" (AUD) gegenüber links-alternativen Ideen eine nationalistische Gruppe abspaltete, der ehemalige SRP- und DFP-Aktivisten angehörten (Werner Gebhardt, Franz Miers, Martin Voigt). Sie gründeten „Unabhängige Freundeskreise", die sich um eine Zeitschrift mit dem Titel „Unabhängige Nachrichten" (UN) gruppierten.[187] Die UN unterstützten zu Beginn der siebziger Jahre die Initiativen Manfred Roeders gegen die angebliche „Porno-Welle" in der Bundesrepublik und beteiligten sich seit Mitte der siebziger Jahre an revisionistischen Kampagnen gegen die „Kriegsschuld-" und „Auschwitz-Lüge". Bei einer Polizeirazzia gegen die „Freundeskreise" im Jahre 1978 wurden umfangreiche Bestände neonationalsozialistischen Propagandamaterials sichergestellt. Gegenwärtig existiert noch ein „Freundeskreis Unabhängige Nachrichten" in Bochum, dem Redaktionsort der Zeitschrift. Zum „Freundeskreis Freiheit für Deutschland" (FFD) bestehen enge Verbindungen.

3.6.7. Gesellschaft für Freie Publizistik

Die „Gesellschaft für Freie Publizistik" (GFP) wurde 1960 in Frankfurt am Main von Ehemaligen der NSDAP und SS als publizistisches Forum des „nationalen Lagers" gegründet. Sie wendet sich vor allem gegen „entstellende" Darstellungen zur deutschen Geschichte, fordert eine Revision der „herrschenden Lehre" über die Ursachen des Zweiten Weltkriegs und bietet auf ihren jährlichen Kongressen NS-Apologeten eine öffentliche Tribüne. 1990 fand ein erster „Gesamtdeutscher Kongreß" statt. Im Juli 1991 trat der langjährige Vorsitzende der GFP, Dr. Gert Sudholt (Jahrgang 1943), zugleich Inhaber mehrerer rechtsextremer Verlage, von seinem Amt zurück. Die kommissarische Leitung übernahm der frühere NPD-Ideologe Rolf Kosiek (Jahrgang 1933).

Tabelle 34: Mitglieder der GFP, 1981-1993

1981	mehrere hundert
1982	mehrere hundert
1983	mehrere hundert
1984	mehrere hundert
1985	mehrere hundert
1986	mehrere hundert
1987	400

1988	400
1989	400
1990	430
1991	420
1992	400
1993	400

Quelle: Verfassungsschutzbehörden; Interview.

Publikationen
Das freie Forum (seit 1987, dreimonatlich, Aufl. 600/700).

3.6.8. Grabert-Verlag

Der Grabert Verlag wurde 1952 von Herbert Grabert (geb. 1901) als „Verlag der deutschen Hochschullehrer-Zeitung" gegründet. Grabert hatte ein Studium der Ethnologie, Psychologie, Sozial- und Religionswissenschaft 1928 mit der Promotion abgeschlossen. Zeitweilig fungierte er als Mitarbeiter des Religionshistorikers und Indologen Wilhelm Hauer, der 1933 die „Deutsche Glaubensbewegung" ins Leben rief. Grabert habilitierte sich 1941 und war während des Krieges als Dozent an der Universität Würzburg tätig. Nach 1945 erhielt Grabert Lehrverbot und wurde nicht in den Hochschuldienst übernommen. Später engagierte er sich als Vorsitzender des Verbandes „amtsverdrängter Hochschullehrer". Sein Verlag ging aus Graberts Tätigkeit für die wegen schwerer NS-Belastung von der Lehrtätigkeit ausgeschlossenen Hochschullehrer hervor. Die von ihm ins Leben gerufene „Deutsche Hochschullehrer-Zeitung" wurde 1972 in „Deutschland in Geschichte und Gegenwart" (DGG) umbenannt. Grabert verfaßte eine Reihe apologetischer Schriften, die teilweise in seinem Verlag erschienen: „Hochschullehrer klagen an. Von der Demontage deutscher Wissenschaft" (1952), „Friedrich Grimm. Ein Leben für das Recht. Tatsachen und Dokumente zur Erinnerung an das Wirken eines großen Anwalts und Patrioten" (1961), „Sieger und Besiegte. Der deutsche Nationalismus nach 1945" (1966), „Das Geschichtsbuch als Umerziehung. Eine Untersuchung deutscher Schulbücher"

(1967). Wegen des Buches „Volk ohne Führung. Deutschlands Ringen um Einheit und Bestand", das bereits zu Beginn der 50er Jahre unter dem Pseudonym „Hugo C. Backhaus" in der „Göttinger Verlagsanstalt" erschienen war, wurde Grabert 1960 zu einer Gefängnisstrafe auf Bewährung verurteilt.

Nach dem Tod Herbert Graberts 1978 übernahm dessen Sohn Wigbert Grabert die Verlagsleitung. War der Verlagsschwerpunkt bis dahin dem zeitgeschichtlichen Revisionismus gewidmet – u.a. erschienen David L. Hoggans „Der erzwungene Krieg" (1961) und Wilhelm Stäglichs „Der Auschwitz-Mythos" (1979) –, öffnete der junge Verleger nun sein Haus Autoren der Neuen Rechten. In einer neuen Reihe „Thule-Forum" erschienen u.a. Bücher von Alain de Benoist („Die entscheidenden Jahre. Zur Erkennung des Hauptfeindes", 1982) und Pierre Krebs („Die europäische Wiedergeburt. Aufruf zur Selbstbestimmung", 1982), die sich nicht mehr der Bewältigung der ersten Hälfte des 20. Jahrhunderts widmeten, sondern einen neuen Kulturkampf gegen alle „gleichmacherischen" Tendenzen ankündigten. Die Zusammenarbeit neu-rechter Autoren mit dem Grabert-Verlag wurde jedoch von Anfang an durch die eindeutige politische Vorbelastung erschwert, die einer sich von der Alten Rechten emanzipierenden neuen Strömung hinderlich erscheinen mußte. Eine Lösung bot sich Mitte der achtziger Jahre mit dem „Hohenrain-Verlag" an, einem eigens ins Leben gerufenen Tochterunternehmen. Die Reihe des „Thule-Seminars" wurde in den „Hohenrain-Verlag" überführt. Hier erschien bereits 1986 die Streitschrift Alain de Benoists „Demokratie. Das Problem", in der dem demokratischen Verfassungsstaat liberaler Prägung der Kampf angesagt wird. Größere Resonanz erregte das von dem Bochumer Politikwissenschaftler Bernard Willms herausgegebene „Handbuch zur Deutschen Nation", das in drei aufeinanderfolgenden Bänden in den Jahren 1986 bis 1988 auf den Markt kam. Es bietet eine umfassende Neuformulierung nationalistischer Geschichts- und Politikbetrachtung. 1991 brachte der Verlag Texte des faschistischen Ideologen der Zwischenkriegszeit, Julius Evola, heraus: „Menschen inmitten von Ruinen".

3.6.9. Verlag Hohe Warte

Der in Pähl/Oberbayern ansässige „Verlag Hohe Warte" ist eng mit dem „Bund für Gotterkenntnis" verbunden, einer von Mathilde Ludendorff ins Leben gerufenen esoterisch-antisemitischen Sekte. Mathilde Spieß wurde 1877 in Wiesbaden als Tochter des evangelischen Geistlichen Dr. Bernhard Spieß geboren. Nach einer Lehrerausbildung studierte sie Medizin in Freiburg im Brsg. und München. Während des Studiums lernte sie den Zoologen Gustav Adolf von Kemnitz kennen. Das Paar heiratete 1904. Sie setzte ihr Medizinstudium fort und promovierte 1913 („Der asthenische Infantilismus des Weibes in seinen Beziehungen zur Fortpflanzung und geistigen Betätigung"). Zunächst assistierte sie in einer psychiatrischen Klinik, bis sie im April 1914 eine Praxis in der Münchener Ludwigstraße eröffnete. Wegen finanzieller Schwierigkeiten arbeitete sie in den folgenden Jahren aber auch in einem Genesungsheim in Garmisch. Ende 1916 kam der Ehemann bei einem Lawinenunglück ums Leben. Nach Kriegsende engagierte sich Mathilde von Kemnitz in der völkischen Bewegung, hielt Vorträge über Frauenfragen und widmete sich der Arbeit an esoterischen Schriften. Die Ehe mit einem Major Kleine wurde wieder geschieden, nachdem sie den Generalquartiermeister des Ersten Weltkrieges, Erich Ludendorff, kennengelernt hatte. Sie heiratete ihn im September 1926 in Tutzing. Durch diese Ehe, schrieb später der General, „gewann mein Leben einen neuen Inhalt und mein Ringen erst allmählich die weltanschauliche Grundlage, die ihm bisher fehlte".[188] Das Paar führte mit dem 1925 gegründeten „Tannenbergbund" und der Vereinigung „Deutsch-Volk e.V." einen unermüdlichen (geistigen) Kampf gegen die verschwörerischen Aktivitäten von Juden, Jesuiten, Freimaurern und Marxisten. Diese Aktivitäten nahmen einen ausgesprochen sektiererischen Charakter an, so daß General Ludendorff seine in der ersten Hälfte der 20er Jahre bedeutende Rolle in der rechtsextremen „Szene" nahezu völlig einbüßte und zu einer Randfigur herabsank.

Trotz der weltanschaulichen Nähe zum Nationalsozialismus blieb auch die Ludendorff-Gemeinde nach der „Machtergreifung" nicht von Organisationsverboten verschont. Erst nach einer Aussprache Hitlers mit Ludendorff im März 1937 konnte der Verein „Deutsche Gotterkenntnis (L)“ gegründet und das „Ringen für die Festigung des totalen völkischen Staates“[189] fortgesetzt werden. Als der General im Dezember des gleichen Jahres starb, wurde die Betätigungserlaubnis nicht wieder aufgehoben. Nach 1945 erfuhr die Sekte der Mathilde Ludendorff zunächst ein höheres Maß an Duldung, als es angesichts ihres ausgeprägt antisemitischen Charakters zu erwarten gewesen wäre. Die „Seherin“ konnte bereits vor Gründung der Bundesrepublik wieder öffentlich auftreten[190], und 1949 wurde der „Verlag Hohe Warte“ von deren Schwiegersohn Franz Freiherr Karg zu Bebenburg ins Leben gerufen, der den Verlag bis heute leitet. Seit 1951 bildete der „Bund für Gotterkenntnis (L)“ das organisatorische Rückgrat. Erst im politischen Klima nach der antisemitischen Schmierwelle von 1959/60 wurde die Vereinigung im Mai 1961 in einer konzertierten Aktion der Bundesländer verboten und aufgelöst. Langwierige Prozesse schlossen sich an. Anstelle der verbotenen Zeitschrift „Der Quell“ erschien bald das Blättchen „Mensch und Maß“.[191] Mathilde Ludendorff verstarb 1966. Sie hinterließ eine Fülle esoterischer Schriften, die einer gläubigen Gemeinde als weltanschauliche Grundlage dien(t)en: „Triumph des Unsterblichkeitswillens“ (1921), „Der Seele Ursprung und Wesen“ (3 Bde., 1923-1927), „Der Seele Ursprung und Gestalten“ (3 Bde., 1930-1935), „Aus der Gotterkenntnis meiner Werke. Philosophische Grundfragen“ (1935), „Der Siegeszug der Physik – ein Triumph der Gotterkenntnis meiner Werke“ (1941), „Wunder der Biologie im Lichte der Gotterkenntnis meiner Werke“ (2 Bde., 1950-1954), „Das Jenseitsgut der Menschenseele“ (3 Bde., 1960-1962). Neben der Herausgabe von Werken Mathilde Ludendorffs widmet sich der Verlag heute der Herausgabe der Hauspostille „Mensch und Maß“, die zweimal monatlich mit einer Auflage von ca. 1.500 Exemplaren erscheint.

3.6.10. Junge Freiheit

Die „Junge Freiheit“ (JF) erscheint seit 1986. Redaktionsort war in den ersten Jahren Stegen/Freiburg. Die Zeitschrift wurde von Schülern und Studenten im Umfeld der REP-Abspaltung „Freiheitliche Volkspartei" gegründet. Nachdem sich die FVP als Totgeburt entpuppt hatte, folgte eine politische Umorientierung, die im Erfolgsjahr 1989 an die Seite der REP führte, zu denen die Redaktion allerdings eine kritische Nähe wahrte – eine Haltung, die trotz mancher Wendungen auch die heutige Linie umreißt. Zahlreiche Redakteure und Autoren des Blattes waren/sind REP-Mitglieder. Dies gilt auch für Chefredakteur Dieter Stein (Jahrgang 1967), der dem erfolglosen „Republikanischen Hochschulverband" (RHV) angehörte. Die junge Redaktion hat sich die links-alternative Berliner „taz" zum Vorbild genommen, als deren rechtes Gegenstück man sich etablieren möchte. 1992 soll eine Auflage von 35.000 Exemplaren erreicht worden sein.[192] Ganz im Sinne der Neuen Rechten will die Redaktion an kulturellem Terrain gewinnen und in breite Leserschichten einbrechen. Ihre deutschlandweiten Ambitionen unterstrichen die jungen Journalisten durch den Wechsel des Redaktionsortes vom Badischen in die „preußische Muttererde" – nach Potsdam. Zudem erscheint das Blatt seit dem Januar 1994 wöchentlich. Der kapitalintensive Sprung auf den Markt der Wochenzeitungen dürfte mit hohen Risiken behaftet sein. Der Ehrgeiz der Redaktion findet seinen Ausdruck in einer nominellen Auflage von 100.000. Ob sich diese Zahl jedoch verkaufen läßt, erscheint derzeit offen.

In den Spalten der JF kommen christlich-konservative Positionen ebenso zu Wort wie nationalrevolutionäre. Das intellektuelle Niveau ist für Zeitschriften am rechten Rand überdurchschnittlich. Die Autoren geben überwiegend der ironischen, süffisanten, polemischen oder kämpferischen Kommentierung den Vorzug vor der nüchtern-differenzierenden Analyse. Feind Nr. 1 ist – ganz im Sinne der französischen „Nouvelle Droite" – neben der Linken vor allem der Liberalismus in allen seinen Erscheinungsformen – politisch, kulturell, ökonomisch. Ein gutes Beispiel bietet ein Artikel des JF-Autors Hans-Ulrich Kopp, der in der Januar/Februar-Ausgabe 1992 hart mit dem sogenannten Liberal-Extremismus abgerechnet hat, wie er die derzeitige deutsche Politik bestimme. Er strebe die multikulturelle Gesellschaft an, unterminiere die „Identität des deutschen Volkes", hofiere „asoziale und kriminelle Minderheiten" (gemeint sind die Linksterroristen), dränge die „Mehrheit der Anständigen an den Rand", treibe Außenpolitik ohne Berücksichtigung des Völkerrechts und komme „Maximalforderungen unfreundlicher Nachbarstaaten hemmungslos entgegen, während die ostdeutschen Landsmannschaften und volksdeutschen Minderheiten kurzerhand übergangen"[193] würden. Kopp (Jahrgang 1962) hat sich nicht zum ersten Mal in diesem Sinne geäußert. Bereits während des Studiums in München (Allgemeine, Englische und Deutsche Sprachwissenschaft; Studienabschluß 1991) profilierte er sich mit politisch ähnlich gelagerten Äußerungen in der Burschenschaft „Danubia". In einem Artikel für die Zeitschrift „Zeitenwende" reklamierte er u.a. folgende Traditionselemente für die älteste Münchener Burschenschaft: „Der erste Sprecher geht wegen ‚Hochverrates' am Münchner Partikularistenkabinett in Gefangenschaft; 1919 rettet ein Danube dem Grafen Arco-Valley das Leben, als dieser beim Attentat auf den Bolschewistenführer Eisner eine Verletzung davonträgt; in den vermeintlichen ‚golden twenties', für die Deutschen eher die ‚eisernen Zwanziger', gehören mehrere Bundesbrüder dem in Thüringen stehenden Freikorps Epp an, andere stehen in Oberschlesien im bewaffneten Abwehrkampf gegen polnische Insurgenten, während die Reichsregierung versagt". In diesem Sinne fordert Kopp: „Der Dienst am Staat ist ehrenvoll, wann immer er der deutschen Nation zu Nutz und Frommen gereicht. Wo aber der Staat aufhört, Vaterland zu sein (etwa indem seine Repräsentanten ihre Verantwortung für die Gesamtnation leugnen oder sich mit fremden Mächten gegen das eigene Volk gemein machen), da ist Widerstand Verpflichtung."[194]

3.6.11. Kultur- und Zeitgeschichte – Archiv der Zeit

Das Institut „Kultur- und Zeitgeschichte" wurde am 2. Oktober 1985 unter maßgeblicher Regie des Verlegers Waldemar Schütz in Rosenheim gegründet. Schütz, geboren 1913 in Dausenau an der Lahn, übernahm nach dem Abschluß einer Lehre als Verlagskaufmann und Redakteur bei der „Lahn-Zeitung" 1934 eine Stelle als Gau-Pressereferent der NS-Freizeitorganisation „Kraft durch Freude". Zehn Jahre später stand er als Hauptsturmführer der Waffen-SS mit einer Panzerkompanie an der Ostfront. Nach Kriegsende engagierte er sich früh innerhalb der rechtsextremen „Szene". 1949 gründete er in Göttingen den „Plesse-Verlag", in dessen Produktion in der Folgezeit apologetische Werke von Autoren wie Hans Grimm („Erzbischofschrift"), Peter Kleist („Auch Du warst dabei") und Hans-Ulrich Rudel („Trotzdem") erschienen.[195] In einem Jubiläumsartikel Adolf von Thaddens zum 80. Geburtstag von Waldemar Schütz heißt es, dieser könne „für sich in Anspruch nehmen, den ersten Verlag des nationalen Lagers geschaffen zu haben, dem dann andere Verlagsgründungen folgten, deren gemeinsames Anliegen es war, die deutsche Position gegenüber den Siegern und deren deutschen Helfern zu vertreten und zu verteidigen".[196] Nachdem es auf der Frankfurter Buchmesse von 1956 erstmals zu einer Protestaktion von „Antifaschisten" gegen den Plesse-Verlag gekommen war, der soeben die „Letzten Aufzeichnungen" Alfred Rosenbergs herausgebracht hatte, wurde das Unternehmen in „K.W. Schütz-Verlag" umbenannt. Obwohl Störungen und öffentliche Angriffe auch in den folgenden Jahren nicht ausblieben, wurde der Name forthin beibehalten. 1992 fusionierte das Unternehmen mit dem Nation Europa Verlag in Coburg. Politisch engagierte sich Schütz in den fünfziger Jahren für die DRP, als deren Abgeordneter er von 1955 bis 1959 dem niedersächsischen Landtag angehörte. Die DRP-Zeitung „Reichsruf" betreute er verlegerisch ebenso wie die seit 1959 im „National-Verlag" erscheinende „Deutsche Wochenzeitung", die Ende 1985 den Besitzer wechselte und seither im DSZ-Verlag von Dr. Gerhard Frey erscheint. Seit 1967 war Schütz wiederum für eine Wahlperiode im niedersächsischen Landtag vertreten, diesmal als Abgeordneter der NPD.

Nachdem Schütz aus Altersgründen seine Tätigkeit als Buch- und Zeitungsverleger eingestellt hatte, gründete er 1985 das Institut „Kultur- und Zeitgeschichte" in Rosenheim. „Anlaß und Arbeitsziel war von Anfang an, mit dem Aufbau eines Archivs und einer politischen Fachbibliothek Material und Einrichtungen zu entwickeln und mit der Erarbeitung von Dokumentationsbänden Werke zu erstellen, die es nachfolgenden Generationen ermöglichen sollen, sich ein wahrheitsgerechtes Bild über die deutsche Geschichte in der ersten Hälfte des 20. Jahrhunderts zu machen."[197] Das revisionistischen Geschichtsdeutungen verpflichtete Institut klagt jene deutschen Historiker und Publizisten an, „die mit ihrem Tun das Geschäft der Gegner unseres Volkes betreiben". Das Institut hat inzwischen eine Reihe von Veröffentlichungen herausgegeben: eine Chronologie und ein Lexikon „Deutsche Geschichte im 20. Jahrhundert", Darstellungen über Adolf Hitler und Josef Stalin („Verwandler der Welt"), Roosevelt („Er wollte den großen Krieg") und Churchill („Verteidiger und Zerstörer des Empires"). Ein Band des revisionistischen Historikers Georg Franz-Willing setzt sich mit der „Kriegsschuldfrage der beiden Weltkriege" (1992) auseinander. Eine Broschüre des Instituts-Mitarbeiters Karl Hans Ertl behandelt „Die verfehlten Friedensordnungen von Versailles, Saint-Germain-en-Laye und Trianon" (1993).

Gegenwärtig gehören dem Vorstand des Instituts neben Waldemar Schütz Dr. Hans Karl Ertl, Dr. Wolfgang Huber und Klaus Christoph Marloh an. Im Aufbau befindlich sind ein Archiv und eine Fachbibliothek. Die Publikationen des Instituts wurden nach eigenen Angaben im Wert von ca. 250.000 DM an Bibliotheken, Historiker und Studenten der Geschichte kostenlos verschickt. Die Finanzierung liegt in den Händen eines Förderkreises von ca. 1.000 Personen.

3.6.12. Nation Europa

Die Coburger Monatsschrift „Nation Europa" (NE) versteht sich seit ihrer Gründung im Jahre 1950 als geistiges Forum der nationalen und europäischen Rechten. Bis in die Gegenwart ist sie eines der bedeutendsten Organe der rechtsextremen „Szene" geblieben. Ihr Gründer, Arthur Ehrhardt (Jahrgang 1896) war als Experte für Guerillakriegsführung und Partisanenbekämpfung während des Krieges bei der Waffen-SS im Rang eines Sturmbannführers tätig gewesen. Die Waffen-SS hatte zuletzt aus zahlreichen der unter deutscher Besatzung stehenden Länder Europas Truppeneinheiten „germanischen Blutes" zum „Kampf gegen den Bolschewismus" vereint. Dies war der Erlebnishorizont, der nach 1945 zu dem Gedanken führte, den herkömmlichen Deutsch-

Nationalismus durch einen Europa-Nationalismus unter Betonung des gemeinsamen kulturellen und rassischen Erbes des Abendlandes zu überwinden. Ehrhardt unterhielt zahlreiche internationale Kontakte und öffnete die Zeitschrift von Anfang an für bekannte (post-)faschistische Intellektuelle wie Maurice Bardèche, Julius Evola und Sir Oswald Mosley. Daneben schrieben in der NS-Zeit geschätzte Literaten wie Bruno Brehm, Hans Grimm, Erwin Guido Kolbenheyer, Gerhard Schumann, Will Vesper und Autoren, die während des „Dritten Reiches" bedeutendere öffentliche Positionen eingenommen hatten: Herbert Böhme, Herbert Grabert, Peter Kleist und Helmut Sündermann.

Ehrhardt förderte in seiner Zeitschrift aber auch junge Nachwuchskräfte als Autoren und redaktionelle Mitarbeiter. Einer von ihnen, Peter Dehoust (Jahrgang 1936; Pseudonym: Peter Degner) trug in der zweiten Hälfte der sechziger Jahre bald die Hauptlast der Arbeit und löste Ehrhardt nach dessen Tod 1971 auch offiziell als Herausgeber und „verantwortlicher Schriftleiter" ab. Dehoust kam vom „Bund Nationaler Studenten" (BNS), der an der Universität Heidelberg besonders aktiv gewesen war, und engagierte sich in verschiedenen Funktionen für die NPD. Seine NPD-Ämter ruhen, seitdem er sich für die im Januar 1991 gegründete „Deutsche Allianz" bzw. (seit Oktober 1991) „Deutsche Liga" engagiert. Auch in der Redaktion von NE hat sich ein Revirement vollzogen. Seit Januar 1992 fungiert Karl Richter als verantwortlicher Schriftleiter. Richter war in der Geschäftsführung der REP in der Münchener Sandstraße tätig, bis er 1990 die Partei verließ und sich der DA/DL anschloß. Dort fungierte er als Chefredakteur des – zum Jahresbeginn mit NE fusionierten – Mitteilungsblattes „Deutsche Rundschau" und seit September 1993 als stellvertretender DL-Landesvorsitzender von Bayern. Peter Dehoust ist bei NE ins zweite Glied zurückgetreten, jedoch noch Mitglied der „Redaktionsgemeinschaft". An seine Seite trat der langjährige NE-Autor Wolfgang Strauss. Auch die Editorenmannschaft hat sich verändert: Neben Peter Dehoust fungieren nun auch Harald Neubauer (ehedem REP, jetzt DL) und der seit den siebziger Jahren auf Teneriffa lebende langjährige NPD-Vorsitzende Adolf von Thadden als Herausgeber.

Ein beständiger Themenschwerpunkt von NE ist bereits

seit Jahren die „Ausländerfrage“. In zahlreichen Beiträgen wird die „Überfremdung“ Deutschlands mit dunklen Farben gemalt. In einer ständigen Rubrik „Neues von der Überfremdungsfront“ trägt die Redaktion zusammen, was im Laufe eines Monats an unerfreulichen Meldungen über Ausländer anfällt. Zusätzlich wird „Gewalt gegen Deutsche“ registriert – sofern Ausländer die Täter sind. Dem Leser soll durch diese einseitige Auswahl von Informationen ein drastisches Lagebild gezeichnet werden: „Multikultureller/Multikrimineller Alltag in Deutschland“. Neben grundsätzlichen Beiträgen bietet NE vielfältige Nachrichten über Personen und Organisationen des „nationalen Lagers“ in Deutschland wie im Ausland.

NE wird nicht über den Ladentisch, sondern ausschließlich mittels eines eigenen Vertriebsnetzes verkauft. Seit der Fusion mit der Zeitschrift „Deutsche Monatshefte“ im Januar 1990, deren Abonnentenstamm übernommen wurde, und im Aufwind nach der Wiedervereinigung konnte eine Steigerung der Auflage von 9.800 1990 auf 14.800 1992 erreicht werden.[198] Die verkaufte Auflage dürfte bei ca. 11.000 liegen. Dies ist der höchste Stand seit Bestehen der Zeitschrift. Rund 15 % der Produktion gehen an Abonnenten im Ausland – in erster Linie Auslandsdeutsche in Südafrika und Kanada. Trotz der gestiegenen Auflage wäre NE nach Angaben der Redaktion nicht lebensfähig ohne den Buchdienst, dessen Umsatz in den letzten Jahren um 25 % gestiegen ist. 20 % der Bücher werden an Käufer aus dem Ausland versandt. Seit Jahren erscheinen regelmäßig Sonderausgaben der Zeitschrift zu diversen politischen und zeitgeschichtlichen Themen. Aber erst seit kurzem betätigt sich der NE-Verlag auch in der Buchherstellung. Im Frühjahr 1992 wurde der seit 1955 bestehende K.W. Schütz-Verlag (Preußisch Oldendorf) erworben. Ein Teil der Schütz-Produktion wird seither weitergeführt. So kam 1992 eine Neuauflage des Buches „Wenn alle Brüder schweigen“ heraus, das laut Werbung des NE-Verlages den „Opfergang der 36 Divisionen der Waffen-SS an den Fronten des Zweiten Weltkrieges“ dokumentiert. In der Reihe „Revisionistische Zeitgeschichte“ werden zwei Titel von Georg Franz-Willing präsentiert: „Vergangenheitsbewältigung. Bundesrepublikanischer Nationalmasochismus“ und „Umerziehung. Die De-Nationalisierung besiegter Völker im 20. Jahrhundert“.

3.6.13. Patria-Versand und RVG-Verlag

Geschäftsführer der in Landshut ansässigen Patria-Versand GmbH und des RVG-Verlages ist Franz Glasauer (Jahrgang 1947). Glasauer gehörte zu den Gründern der „Deutschen Allianz"/„Deutschen Liga", als deren Generalsekretär und bayerischer Landesvorsitzender er fungiert. Im RVG-Verlag erschien seit dem September 1990 die DL-Monatsschrift „Deutsche Rundschau". Von Januar 1994 an hat der Nation Europa Verlag in Coburg Verlag und Vertrieb der „Deutschen Rundschau" übernommen. Deren Chefredakteur Karl Richter leitet seit längerem die Redaktion der Coburger Monatsschrift „Nation + Europa". Die Buchproduktion des RVG-Verlages ist daneben bescheiden geblieben. Erschienen ist – unter der Herausgeberschaft Karl Richters – eine kritische Abrechnung mit Schönhuber und den REP und ein Buch von Gustav Sichelschmidt: „Der ewige Deutschenhaß. Hintermänner und Nutznießer des Antigermanismus". Der Patria-Versand wirbt daher vorwiegend für Bücher anderer „patriotischer Verlage", darunter Arndt, Arun, DVG und Grabert. Besonders breit ist das Angebotssortiment an Aufklebern, Anstecknadeln, Aufnähern, Fahnen, Flaggen, Musik-, Videokassetten, Schallplatten und T-Shirts („T-Hemden"). Großer Beliebtheit erfreuen sich Aufkleber mit historischen Deutschlandkarten. Die karikaturistisch verzerrte Gestalt eines Afrikaners mit Kapuze und der Aufschrift „Asylbetrüger Raus" wird im Namen des „Fördervereins Vereinigte Rechte" angeboten. Die Reichskriegsflagge, bekanntes Symbol von Skinhead- und Neonazi-Aufmärschen, ist in der Größe 90 x 150 cm für 35,- DM erhältlich. Geworben wird für Schallplatten des „volkstreuen Liedermachers" Frank Rennicke („An Deutschland", „Sehnsucht nach Deutschland", „Mein Kamerad" etc.). Überdies sind die Langspielplatten der „Documentary Series" erhältlich – mit Titeln wie „Wunschkonzert für die Wehrmacht", „Aus dem Führerhauptquartier", „Die Waffen-SS im Einsatz an allen Fronten". Neben Filmen aus der NS-Zeit finden sich T-Shirts, wie sie von militanten rechtsextremen Schlägern bei öffentlichen Auftritten bevorzugt werden. Der Käufer hat u.a. die Wahl zwischen Hemden mit stilisierten Totenköpfen, der Aufschrift „Skinhead" oder „Kraft durch Froide", „Überall Polizisten – man fühlt sich so unsicher“, „Nix verstehen – ich Deutscher“, „German Hooligan“, diversen Dinosauriern, dem Alten Fritz oder einem schwarzgekleideten Kanzler Kohl mit Baseball-Schläger.

3.6.14. Staatsbriefe

Die „Staatsbriefe“ erscheinen seit 1990. Herausgeber ist der 1928 in Mecklenburg geborene Dr. Hans-Dietrich Sander. Sander war Autor von Criticón und Journalist der konservativen Tageszeitung „Die Welt“. In der Nummer 1/1994 der „Staatsbriefe“ rief Sander zum Wahlboykott des nationalen Lagers auf. Das „Bonner System“ sei „Schritt für Schritt zu delegitimieren“. Die Vertreter der Parteien am rechten Rand erklärte Sander für politikunfähig.

3.6.15. Thule-Seminar

Seit Beginn der achtziger Jahre hat sich spürbar der Einfluß der französischen „Nouvelle droite“ verstärkt. Der bereits seit mehr als einem Jahrzehnt bestehende „Groupement de Recherche et d'Etudes pour la Civilisation Européenne“ (GRECE) hatte in den französischen Medien für Aufsehen gesorgt, nachdem einer der „maître penseur“ der „Neuen Rechten“, Alain de Benoist, 1978 mit einem Literaturpreis der Académie française ausgezeichnet worden war und das renommierte „Figaro Magazine“ Vertretern dieser „société de pensée“ ihre Spalten geöffnet hatte. Ein Artikel Thierry Pfisters in „Le Monde“ schlug im Juni 1979 Alarm, löste eine Pressekampagne aus und beförderte eine bloße Realität zum politischen Phänomen.[199] Auch jenseits des Rheins wurde die französische „Neue Rechte“ nun verstärkt zur Kenntnis genommen. Verlage wie „Sinus“ und „Grabert“ veröffentlichten mehrere Bücher de Benoists in deutscher Sprache.[200] In einer Anthologie aus dem Jahre 1981 trug der französische Chefdenker seine Ideen neben deutschen rechtsradikalen Intellektuellen wie Rolf Kosiek, Armin Mohler und Jürgen Rieger vor.[201]

Der Herausgeber der im Tübinger Grabert-Verlag erschienenen Sammlung, Pierre Krebs (geb. 1947), hatte seit Ende 1979 in der Zeitschrift „Deutschland in Geschichte und Gegenwart“ (aus demselben Verlag) eine Rubrik unter der – bei der deutschen extremen Rechten traditionsreichen – Bezeichnung „Thule-Seminar" eröffnet.[202] Eine Institution gleichen Namens, gewissermaßen eine Dependance der „Nouvelle droite", wurde Ende 1980 in Kassel gegründet. Das „Thule-Seminar" sollte als geistiges Zentrum den angestrebten Prozeß kulturrevolutionärer Transformation voranbringen. Notwendig sei eine Rückkehr zu den indogermanischen Quellen und der rücksichtslose Kampf gegen den Egalitarismus in seinen Hauptformen Liberalismus und Bolschewismus. In der 1986 gegründeten Zeitschrift „Elemente" – das deutschsprachige Pendant zum „Nouvelle droite"-Organ „Eléments" – formulierte Krebs die politische Zielsetzung seines Theoriezirkels wie folgt: „Kulturelle Wiedergeburt Europas; Unabhängigkeit seiner Politik, Diplomatie und Wirtschaft; Ausrichtung auf die blockfreien Länder; Kulturkrieg gegen sämtliche Entwurzelungskräfte (der Hauptfeind heißt American way of life); Bündnis mit allen Kräften der Dritten Welt, die gegen die amerikanisch-sowjetische Zange ankämpfen; Festlegung neuer historischer Entwürfe – kurz: Gründung einer dritten Kraft, eines dritten Weges, Gründung des Neuen Europäischen Imperiums".[203]

Doch vorläufig blieben dies nur Worte. „Fünf Jahre eines schonungslosen Kampfes", die Krebs 1986 bilanzierte, spielten sich auf (geduldigem) Papier und in den Versammlungsräumen von Sympathisantenzirkeln ab. Zwar entstand ein Netz von Zeitschriftenprojekten in verschiedenen europäischen Demokratien; aber in Deutschland florierte das Unternehmen nicht so, wie man es sich erhofft hatte. Darauf deutet jedenfalls das unregelmäßige Erscheinen der professionell aufgemachten Zeitschrift „Elemente" hin, die es bis 1990 lediglich auf vier Ausgaben brachte. Insofern klang der Rückblick von 1986 allzu hoffnungsvoll: Die Erwartungen seien „weit übertroffen" worden, „weil diese weltanschauliche Partei ihre erste bedeutende Schlacht bereits gewonnen hat: nämlich die Verankerung des Grundsteins, auf dem die Neue Kultur in Deutschland entstehen soll".[204] Ob der Theoriezirkel vom Aufwind der extremen Rechten profitieren kann, erscheint derzeit offen. 1990 und 1991 hat das Thule-Seminar in Thüringen und Sachsen Schulungskurse angeboten.

3.7. Zeitgeschichtlicher Revisionismus

Die Geschichtswissenschaft ist eine „revisionistische" Wissenschaft insofern, als sie überlieferte Sichtweisen von historischen Abläufen immer wieder mit dem zur Verfügung stehenden Quellenmaterial konfrontiert und auf diese Weise zu ständigen Korrekturen am bis dato gültigen Bild von vergangenen Ereignissen gezwungen ist. Der Begriff des Revisionismus wird im folgenden viel enger gefaßt. Einem verbreiteten Sprachgebrauch gemäß, soll er jene Doktrin bezeichnen, wonach der von den Nationalsozialisten an Juden (und anderen Minderheiten) verübte Genozid nie stattgefunden und nur als Mythos, Erfindung, ja Hochstapelei zu gelten hat.

Revisionistische Autoren meldeten sich schon wenige Jahre nach dem Ende des Zweiten Weltkrieges zu Wort. Nicht etwa ein Deutscher, sondern ein Franzose, Paul Rassinier, begann bereits im Jahre 1950 mit der Veröffentlichung von Schriften, in denen der Genozid an den europäischen Juden in Abrede gestellt wird. Rassinier fand Anhänger und Nachahmer in vielen Ländern. In Frankreich führte Robert Faurisson das „Werk" Rassiniers nach dessen Tod fort. In Österreich veröffentlichte Franz Scheidl 1967 eine „Geschichte der Verfemung der Deutschen" in drei Bänden, in denen die Gaskammern von Auschwitz als Produkt der alliierten Kriegspropaganda erscheinen. In Deutschland stammen revisionistische „Klassiker" von Thies Christophersen („Die Auschwitz-Lüge") und Wilhelm Stäglich („Der Auschwitz-Mythos"). In den Vereinigten Staaten veröffentlichte Arthur R. Butz 1976 sein Buch „Der Jahrhundertbetrug". Er gehört auch zu den Mitarbeitern des 1979 in Kalifornien ins Leben gerufenen „Institute for Historical Review", das sich der Verbreitung revisionistischer Schriften widmet und die Zeitschrift „The Journal of Historical Review" herausgibt.

In den vergangenen Jahren hat sich vor allem der US-Amerikaner Fred Leuchter einen Namen als Verfasser wissenschaftlicher Gutachten einen Namen gemacht, in denen die Existenz von Gaskammern in Auschwitz-Birkenau in Abrede gestellt wird. Leuchter, Experte für die Konstruktion von Hinrichtungseinrichtungen in amerikanischen Gefängnissen, wurde von dem

Deutsch-Kanadier Ernst Zündel als Gutachter gewonnen, als dieser sich vor dem District Court in Toronto wegen Leugnung der nationalsozialistischen Judenvernichtung zu verantworten hatte. Leuchter, der kaum über historische Vorkenntnisse verfügte, reiste nach Polen zu den Gedenkstätten Auschwitz und Majdanek und entnahm an den Gebäuden heimlich Proben, die er auf ihren Blausäuregehalt hin untersuchte. Selbst wenn Leuchter diese Proben an geeigneten Stellen entnommen hätte, wäre ihr wissenschaftlicher Wert aufgrund der jahrzehntelangen Einwirkungen durch Wind und Wetter gering gewesen. In seinem Bericht, der 1988 in zwei Versionen in Deutschland verbreitet wurde, ging Leuchter zudem von falschen Voraussetzungen aus, nahm er doch an, es müßten von der SS ähnliche Vorsichtsmaßnahmen getroffen worden sein, wie sie in den Vereinigten Staaten für die Durchführung von Hinrichtungen gelten. Seine Untersuchungsergebnisse wurden vor Gericht nicht als Beweismittel anerkannt. Dennoch kursieren sie seither in der rechtsextremen „Szene" und werden dort vielfach als unumstößliche Beweise dafür angesehen, daß es Massenvergasungen in Auschwitz nicht gegeben habe.[205]

Die meisten Revisionisten dürften durch harte Fakten und Erkenntnisse nicht zu beeinflussen sein. Vermutlich stehen in der „Szene" Gläubige, deren Weltbild gegen jede Form der Wirklichkeitswahrnehmung immunisiert ist, neben Überzeugungstätern, denen es um die Verbreitung ideologischer Wahrheiten geht und die zu diesem Zweck auch Verfälschungen und Lügen in Kauf nehmen. In diese Richtung deutet eine Aussage von Thies Christophersen, dem Verfasser der Schrift „Die Auschwitz-Lüge", gegenüber dem Journalisten Michael Schmidt: „Ich will uns entlasten und verteidigen, dann kann ich das nicht mit dem, was wir tatsächlich getan haben. Ich leugne das nicht. Aber jeder Verteidiger, der was zu verteidigen hat, der wird doch nicht das Belastende aufführen."[206] Aufgrund der Strafbarkeit der Leugnung der nationalsozialistischen Judenvernichtung in Deutschland hat sich der Schwerpunkt revisionistischer Aktivitäten in andere Länder verlagert. In den Vereinigten Staaten und Kanada herrscht die Auffassung vor, revisionistische Geschichtsinterpretationen seien durch das Recht auf freie Meinungsäußerung gedeckt. So hob der Oberste Gerichtshof Kanadas am 27. August 1992 die 1988 erfolgte Verurteilung des Deutsch-Kanadiers Ernst Zündel wegen der Leugnung der nationalsozialistischen Judenvernichtung wieder auf. Der Artikel des Strafgesetzbuches, aufgrund dessen Zündel verurteilt worden war, sei nicht mit dem in der kanadischen Verfassung verankerten Recht auf freie Meinungsäußerung vereinbar. Der internationale Revisionismus hat durch dieses Urteil Auftrieb erhalten.

Um die strengeren gesetzlichen Bestimmungen in Deutschland zu umgehen, werden Propagandaschriften vielfach im Ausland hergestellt und in Deutschland verbreitet. Dies gilt für die Zeitschrift „Die Bauernschaft“ des in Dänemark lebenden Journalisten Thies Christophersen, das Nachrichtenblatt „Germania“ von Ernst Zündel, die Zeitschrift „Halt“ des Österreichers Gerd Honsik, die gegenwärtig über eine Postfachadresse in Barcelona vertrieben wird, die Zeitschrift „Sieg“ des Vorarlberger Neonationalsozialisten Walter Ochensberger und das Blatt „Eidgenoss“ des Schweizers Dr. Max Wahl. Zu den führenden Verbreitern revisionistischer Geschichtsinterpretationen gehört auch der britische Historiker David Irving, dessen Bücher in den siebziger Jahren Anstoß für wissenschaftliche Diskussionen boten. Seit einigen Jahren haben sich Irvings Auffassungen deutlich radikalisiert. Im Gegensatz zu früheren Verlautbarungen unterstützt er seit Erscheinen des „Leuchter-Gutachtens“ die Propagandisten der „Auschwitz-Lüge“. Obwohl gegen Irving ein Einreiseverbot in die Bundesrepublik Deutschland besteht, gelangte er immer wieder unbemerkt in das Bundesgebiet. Nach einem Vortrag im Münchener Löwenbräukeller am 21. April 1990 marschierte er mit ca. 200 seiner Zuhörer zur Feldherrnhalle. Er wurde vorübergehend festgenommen und zu einer Geldstrafe verurteilt. Der Schweizer Dr. Max Wahl wurde am 10. Oktober 1991 wegen der Versendung seiner Zeitschrift „Eidgenoss“ durch das Amtsgericht München zu einer hohen Geldstrafe verurteilt. Am 9. Dezember 1991 erging das Urteil des Landgerichts Feldkirch gegen Walter Ochensberger (Jahrgang 1942) wegen „Wiederbetätigung im nationalsozialistischen Sinne“. Ochensberger wurde zu einer Freiheitsstrafe von drei Jahren ohne Bewährung verurteilt. 1992 flüchtete er ins Ausland, wurde aber 1993 beim versuchten Grenzübertritt von Litauen nach Deutschland verhaftet und nach Österreich ausgeliefert. Nach wie vor in Deutschland hergestellt und verbreitet wird die Zeitschrift „Historische Tatsachen“ des Diplompolitologen und ehemaligen NPD-Funktionärs Udo Walendy (Jahrgang 1927), die sich in ihrer Nr. 50/1991 mit dem „Wirbel um den Leuchter-Bericht“ beschäftigte.

Das „Leuchter-Gutachten“ war in den letzten Jahren Gegenstand einer propagandistischen Offensive der Revisionisten. Für den 23. März 1991 hatte man in München einen internationalen Kongreß geplant. Initiator war Zündel, Organisator vor Ort der Neonationalsozialist Ewald Althans. Auf der Veranstaltung sollten die führenden Vertreter des internationalen Revisionismus zu Wort kommen: der US-Amerikaner Fred Leuchter, der englische Historiker David Irving, der französische Literaturwissenschaftler Robert Faurisson, der französische Revisionist Henri Roques und der Österreicher Gerd Honsik. Die Stadt München verbot den Kongreß mit Verweis auf das Offizialdelikt der „Auschwitz-Lüge“. Ein von den Organisatoren eingeleitetes Verwaltungsgerichtsverfahren blieb erfolglos. Daraufhin hielten die angereisten Revisionisten eine „Mahnwache“ vor dem Deutschen Museum ab, an der sich ca. 350 Personen beteiligten.[207] Faurisson, Irving, Leuchter, Roques u.a. hielten kurze Ansprachen. Ernst Zündel war bereits am Vortag in München festgenommen worden. Gegen ihn lag ein Haftbefehl des Amtsgerichts München wegen der Propagierung der „Auschwitz-Lüge“ vor. Am 28. März 1991 wurde Zündel wieder auf freien Fuß gesetzt, nachdem er einen Strafbefehl über 31.500 DM in Empfang genommen hatte – u.a. wegen Verunglimpfung des Andenkens Verstorbener und Aufstachelung zum Rassenhaß. Am 16. Dezember 1991 wurde Zündel erneut durch das Amtsgericht München verurteilt. Er hatte zuvor versucht, den Prozeß zu einer propagandistischen Veranstaltung im Sinne seiner revisionistischen Auffassungen umzufunktionieren.

Am 10. November 1991 hielt Leuchter auf Einladung des NPD-Bundesvorsitzenden Günter Deckert einen Vortrag in Weinheim an der Bergstraße. Vor ca. 120 Zuhörern berichtete er über seine „Forschungsergebnisse“. Er erklärte, es habe weder in Auschwitz-Birkenau noch in Majdanek Anlagen zur Massenvergasung von Menschen gegeben. Die Kapazität der Krematorien sei für Massenverbrennungen nicht ausreichend gewesen. Die Staatsanwaltschaft beim Landgericht Mannheim leitete Ermittlungen gegen Leuchter ein. Deckert, der als Übersetzer fungiert hatte, wurde am 13. November 1992 wegen Volksverhetzung, Beleidigung und übler Nachrede zu einer Freiheitsstrafe von einem Jahr auf Bewährung und einer Geldbuße von 10.000 DM verurteilt. Mitte März 1994 hob der Bundesgerichtshof das Urteil auf und verwies den Fall an das Landgericht zur erneuten Entscheidung zurück. Dieses habe in seinem Urteil die Gründe für die Verurteilung wegen Volksverhetzung nicht ausreichend dargelegt. Die Verletzung der persönlichen Ehre sei für die Erfüllung dieses Tatbestandes nicht ausreichend, vielmehr müsse ein „Angriff auf die Menschenwürde" vorliegen. Dies könne beispielsweise durch die Identifizierung mit der NS-Rassenideologie geschehen. Dagegen reiche das „bloße Bestreiten der Gaskammermorde" nicht aus. Der Spruch des Bundesgerichtshofes löste heftige öffentliche Kritik aus. Anläßlich der schriftlichen Vorlage des Urteilstextes erklärte der Bundesgerichtshof, seine Entscheidung stelle keineswegs einen Freibrief für die sogenannte „Auschwitz-Lüge" dar.

Ein Auschwitz-„Gutachten" wurde 1992 auch dem Landgericht Schweinfurt im Prozeß gegen den Generalmajor a.D. Otto Ernst Remer vorgelegt. Verfasser der Schrift über „Die Bildung und Nachweisbarkeit von Cyanid-Verbindungen in den ‚Gaskammern' von Auschwitz" war der junge Diplom-Chemiker Germar Rudolf, der mit einem Zeitvertrag als Doktorand beim Max-Planck-Institut für Festkörperforschung in Stuttgart arbeitete. Rudolf hatte nach eigenen Angaben auf dem Gelände des ehemaligen Konzentrationslagers Auschwitz-Birkenau Gaskammer-Gemäuerproben entnommen und sie unter Verwendung von Briefbögen der Max-Planck-Gesellschaft dem chemischen Institut Fresenius im hessischen Taunusstein zur Untersuchung übersandt. Über die Herkunft der Proben hatte Rudolf keine Angaben gemacht. In seinem Gutachten führte er aus, das chemische Institut habe in den Proben keine Cyanidspuren gefunden, woraus zu schlußfolgern sei, daß es Massenvergasungen in dem von Zeugen vor Gericht beschriebenen Sinne nicht gegeben haben könne. Nach Bekanntwerden des Vorgangs kündigte die Max-Planck-Gesellschaft ihrem Mitarbeiter fristlos. In einem Arbeitsgerichtsprozeß wurde die Rechtmäßigkeit der Kündigung bestätigt. In der revisionistischen „Szene" avancierte der junge Chemiker zu einem neuen Kronzeugen zur Untermauerung der „Auschwitz-Lüge". Sein „Gutachten" wurde von dem Londoner Verlag „Cromwell Press" (unter der Leitung des Revisionisten Anthony Hancock) veröffentlicht und in hoher Stückzahl in Deutschland verbreitet. Unter der Herausgeberschaft von Rüdiger Kammerer und Armin Solms erschien zugleich eine „Besprechung" des „Rudolf-Gutachtens", in der die Untersuchungsergebnisse des jungen Chemikers in das Gesamtbild der revisionistischen „Forschungen" eingeordnet werden. Die „Besprechung" kommt zu dem Ergebnis: „Wenn auch in nächster Zeit der Holocaust, verstanden als gezielte Massenvernichtung jüdischer Menschen durch das Dritte Reich, zu den Akten gelegt werden sollte, so bleibt, und das gilt es im Auge zu behalten, die menschen- und völkerrechtswidrige Enteignung, Entrechtung, Verschleppung und Einpferchung einer großen Minderheit unter menschenunwürdigen Bedingungen, die durch Seuchen, Überarbeitung und vor allem gegen Kriegsende durch mangelhafte Versorgung große Verluste an Menschenleben zu verzeichnen hatte. Aber derartige Maßnahmen hat es zu Kriegszeiten immer schon gegeben."[208] Eine glorifizierende Schrift zum „Rudolf-Gutachten" hat auch Udo Walendy in der Reihe „Historische Tatsachen" veröffentlicht.[209]

4. Ursachen

Eine aktuelle Bilanz zur Lage des Rechtsextremismus in Deutschland[210] kommt um die Feststellung wachsender Potentiale im militanten Spektrum, im Bereich der Wahlbewegungen und auf dem Gebiet einer intellektuellen „Aufrüstung" der extremen Rechten nicht herum. Manch einer, der die unverhoffte Vereinigung der deutschen Staaten nicht ohne Widerwillen quittierte, sieht die Gelegenheit gekommen, auf die Triftigkeit früherer Bedenken zu verweisen. Formen des Selbst- und des Fremdenhasses scheinen sich zu ergänzen. Manche lassen kein angemessenes Verhältnis zur eigenen Nation erkennen.[211] Zuweilen mag das rechtsradikale Treiben auf den Straßen geradezu willkommen sein, wird doch nachträglich eine Rechtfertigung für die Verachtung und das Mißtrauen gegenüber der eigenen Nation geliefert.[212] Aus dieser Sicht war die DDR zumindest als antifaschistisches Bollwerk unverzichtbar, bedeutet die Vereinigung ein Wiederanknüpfen an überwunden geglaubte nationalistische Traditionen. Doch wer die Vereinigung als zentrale Ursache für das Erstarken der extremen Rechten bestimmt, argumentiert zumindest einseitig:

1. Nationalistische Parteien befanden sich im westlichen Deutschland bereits seit Mitte der achtziger Jahre im Aufwind. Die spektakulären Wahlerfolge der REP in Berlin und bei der Europawahl 1989 ereigneten sich zu einem Zeitpunkt, als noch keiner der professionellen Beobachter die Vereinigung der beiden deutschen Staaten vorherzusagen wagte. 1990 wurden die REP gar vom Zug zur deutschen Einheit überrollt: Die Bundesregierung kanalisierte nationale Emotionen, und diejenigen, die am lautstärksten nach der Wiedervereinigung gerufen hatten, erzielten bei den Landtagswahlen in den neuen Bundesländern eher magere Ergebnisse. Die REP schnitten bei der ersten ge-

samtdeutschen Wahl besser im Wahlgebiet West (2,3 %) als im Wahlgebiet Ost (1,3 %) ab. Erst nach einer gewissen Normalisierung der politischen Agenda deutete sich 1991 eine Rückkehr zur „Großwetterlage“ vor der Vereinigung an.

2. Rechtsextreme Militanz gab es lange vor der Vereinigung – im westlichen wie im östlichen Deutschland. Nur wer an die These vom unauflösbaren Zusammenhang zwischen Kapitalismus und Faschismus glaubte, mußte die Existenz einer rechtsextremen Jugendszene in der ehemaligen DDR mit ungläubiger Verwunderung zur Kenntnis nehmen. In Wirklichkeit hatte der Antifaschismus des SED-Regimes den Rechtsextremismus nicht ausgerottet, sondern in manchen Fällen – im Sinne eines trotzigen Jetzt-erst-recht – gar stimuliert. Freilich blieben die Ausdehnungsbemühungen westlicher rechtsextremer Vereinigungen nach dem Fall der Mauer nicht ohne Erfolg, und der Zusammenbruch der politischen, ökonomischen und sozialen Ordnung verschaffte extremen politischen Betätigungsformen einen fruchtbaren Nährboden.

3. Die Vereinigung resultierte aus dem Scheitern des „real existierenden Sozialismus“. Der Niedergang der kommunistischen Regime Mittel- und Osteuropas samt ihrer westlichen Satellitenparteien hat dem Nationalismus weit mehr Auftrieb verschafft als die vielzitierte nationale Hochstimmung im neuen Deutschland, die in Wirklichkeit auf kleine Teile der Bevölkerung beschränkt blieb. Das Scheitern des bolschewistischen Jahrhundertexperiments verbreitete Katerstimmung bei der Linken – auch bei denen, die nur wenige Identifikationsmomente in den Staaten jenseits des Eisernen Vorhangs hatten finden können. Die vielfach empfundene Krise der Linken kam indirekt der Rechten zugute, stärkte ihr relatives Gewicht – auch wenn es die liberalen Ideen des Rechtsstaates und der Marktwirtschaft waren, die im Osten triumphierten.

4. Die Folgelasten des Zusammenbruchs der politischen, sozialen und ökonomischen Ordnung in der (ehemaligen) DDR bilden eine wesentliche Ursache für die Eskalation rechtsextremer Gewalt. Die neuen Bundesländer halten in der Statistik xenophober Militanz einen deutlich überproportionalen Anteil. Die Ereignisse in Rostock und Hoyerswerda – samt ihrer breiten

Darstellung in den Medien – strahlten auf das ganze Bundesgebiet aus und bewirkten einen Motivationsschub in der militanten rechtsextremen „Szene". Aber auch hier kann nicht in erster Linie der Vereinigungsprozeß als Ursache gelten. Die Probleme in den neuen Bundesländern sind die drückende Erblast von 40 Jahren SED-Herrschaft.

Eine Analyse der wesentlichen Ursachen für das Erstarken der extremen Rechten darf den Vereinigungsprozeß und seine Folgen nicht außer acht lassen. Darüber hinaus sind jedoch Faktoren von Bedeutung, die (a) unabhängig von der Deutschland-Problematik sind und (b) zum Teil auf Entwicklungen verweisen, die nicht nur in Deutschland, sondern in der ganzen (westlichen) Welt in mehr oder minder starker Ausprägung zutage treten. Eine isolierte Betrachtung der politischen Verhältnisse in Deutschland kann die Komplexität des Ursachenbündels nicht erfassen.

4.1. Deutsch-nationalistische und national-populistische Wahlbewegungen

1. Der Aufwind deutsch-nationalistischer und national-populistischer Parteien läßt sich nicht losgelöst von der politischen Kräftekonstellation auf der Bundesebene betrachten. Seit dem Herbst 1982 regiert eine christlich-liberale Koalition in Bonn. Die Union vermag als Regierungspartei nach rechts keine volle Integrationskraft zu entfalten, zumal sie in eine Koalition eingebunden ist. Als weitgefächerte Volkspartei muß sie zudem unterschiedlichen Strömungen (wirtschaftsliberalen, national-konservativen, christlich-sozialen) Rechnung tragen. Profilierungsversuche nach rechts werden zumeist durch gegenteilige Äußerungen der Parteilinken konterkariert. Galionsfiguren der Rechten, wie sie früher durch Persönlichkeiten wie Franz Josef Strauß oder Alfred Dregger verkörpert wurden, fehlen heute. Die christlich-liberale Koalition bewahrte in vielen Politikbereichen (Deutschlandpolitik, Sozialpolitik, Wirtschaftspolitik) Kontinuität zur sozial-liberalen Vorgängerin, so daß sich entschiedene

Befürworter der – zuvor proklamierten – „Wende“ enttäuscht sahen. Die CDU/CSU könnte ihre Integrationsfähigkeit nach rechts nur als eine auf Bundesebene aus der Regierungsverantwortung gedrängte, im Stil kompetitiver Opposition agierende Kraft voll ausschöpfen.

2. Eine seit Anfang der achtziger Jahre nicht abreißende Kette von Skandalen und Affären (Parteienfinanzierung, Abgeordnetendiäten, Fall Barschel, Korruption) hat wesentlich zu einer sich ausbreitenden Politik- und Parteienverdrossenheit beigetragen. Teilweise sind problematische Einstellungsmuster (Politik als „schmutziges Geschäft“) dadurch wiederbelebt worden. Vor allem das Vertrauen in das hochgradig professionalisierte, über mangelnde Berufserfahrung verfügende, nicht selten dem Alltagsleben entfremdete politische Personal ist geschwunden. Hierzu beigetragen hat auch die Ausbreitung „postmaterieller“ (Ronald Inglehart) Orientierungen. An die Stelle von Pflicht- und Akzeptanzwerten sind Selbstentfaltungswerte (Helmut Klages) getreten. Besonders eine stark gesinnungsethisch argumentierende jüngere Generation geht mit (zu) hohen Maßstäben an die Beurteilung der Politik heran. Enttäuschung ist programmiert. Eine spezifische Doppelmoral ist weit verbreitet: Es fehlt die Bereitschaft, das eigene private Tun (Stichworte: mißbräuchliche Inanspruchnahme von Sozialleistungen, Schwarzarbeit, Wirtschaftskriminalität, Steuerhinterziehung) ebenso strengen Kriterien zu unterwerfen wie das der politisch Handelnden. Nicht immer entspricht der oft harten Kritik an überkommenen Formen der politischen Beteiligung (z.B. in Parteien und Verbänden) die Bereitschaft zu eigenem Engagement. Nicht wenige neigen dazu, die Politik als Dienstleistungsgewerbe zu interpretieren, das (gefälligst) alle Wünsche und Bedürfnisse des Bürgers zu befriedigen hat.

3. Der Vereinigungsprozeß in Deutschland hat Frustrationen in Teilen der Bevölkerung verstärkt. Läßt man einmal die Frage beiseite, ob in den neuen Bundesländern genügend getan worden ist, um persönliche Härten infolge des Zusammenbruchs abzufedern, waren Enttäuschungen programmiert. Der entscheidende Fehler der Bundesregierung, deren energisches Handeln angesichts der unverhofften Chance zur Vereinigung

selbst bei politischen Gegnern mit Bewunderung kommentiert wurde, bestand in der mangelnden psychologischen Vorbereitung der Deutschen in Ost und West auf die ökonomischen Folgen der Einheit. Selbst nachdem realistische Daten über die zu tragenden Vereinigungslasten vorlagen, wurde nicht Klartext gesprochen. Mobilisierende Gesten und moralische Appelle an die Opferbereitschaft der Bevölkerung blieben aus. So mußte der Eindruck entstehen, als werde alles so weitergehen wie bisher. Das Eingeständnis relativen (gemessen am europäischen Standard) Wohlstandsverlusts in den alten Bundesländern in den neunziger Jahren glaubten die politisch Verantwortlichen der Bevölkerung offenbar nicht zumuten zu können. Sie trugen damit zur Unterminierung der eigenen Glaubwürdigkeit bei.

4. Nicht außer acht bleiben darf die Wirkung der Vermittler von Meinungen, Einstellungen und Werthaltungen. Sie transportieren keineswegs nur Informationen von den Produzenten zu den Konsumenten, sondern verarbeiten diese in spezifischer Weise. Durch Selektion und Bewertung können Medien geistige Einflüsse abschwächen oder verstärken, ja im Extremfall die Wirklichkeit völlig verzerrt wiedergeben. Da vor allem der Nachrichtenwert negativer Erscheinungen geschätzt wird, fördern Medien bis zu einem gewissen Grad Politikverdrossenheit und tragen zur Entfremdung des Bürgers von den politischen Repräsentanten bei.

5. Die abnehmende Bindekraft der „etablierten" Parteien, das Schrumpfen der Parteiidentifikation korrespondiert mit langfristigen Wandlungsprozessen der sozialen und ökonomischen Verhältnisse, die in allen westlichen Gesellschaften[213] mehr oder minder stark festzustellen sind: abnehmende Kirchenbindung, Säkularisierung, Auflösung traditionsreicher sozial-kultureller Milieus (Arbeitermilieu, dörflich-bäuerliche Lebenswelt), Trend zur Individualisierung von Lebensstilen, Erhöhung der horizontalen Mobilität, Verlust sozialer Bindungen, Ausbreitung egozentrischer Mentalitäten, Verlust an Solidarität, Vereinzelung und Vereinsamung der Menschen gerade dort, wo sie in Massen auftreten (Ballungsräume). Überkommene Konfliktstrukturen der Parteiensysteme (Schichtzugehörigkeit, Kapital – Arbeit, Kirchen-, Gewerkschaftsbindung)

verlieren an Bedeutung. Dies verstärkt den politischen Wettbewerb. Die größer gewordene Zahl der Wechselwähler erhöht die Chancen politischer Neulinge, läßt das politische Pendel bei Wahlen weiter ausschlagen. Seit Ende der siebziger Jahre (Einzug grüner und alternativer Listen in die Parlamente) zeichnet sich ein Dekonzentrationsprozeß des (west-)deutschen Parteiensystems ab.

6. Die sozialökonomische Basis des Parteiensystems hat sich verändert. Nicht nur in Deutschland, sondern auch in anderen hochentwickelten Industriestaaten lassen sich folgende Entwicklungstrends feststellen: Verdrängung des Systems standardisierter industrieller Massenproduktion („Fordismus") durch flexiblere Herstellungs- und Arbeitsformen infolge der Einführung informationsgestützter Technologien (Computerisierung); beschleunigtes Anwachsen des Dienstleistungssektors (Bildung, Erziehung, Kultur, Freizeit, Gesundheit, Soziales) und neuer Beschäftigungsbereiche (Wissenschaft, Forschung, Innovation, Marketing, Consulting) bei gleichzeitigem Schrumpfen des industriellen Sektors – und als Subphänomen die Ausdehnung der Staatsaufgaben und des öffentlichen Dienstes. Die Konsequenzen für den Arbeitsmarkt lassen sich folgendermaßen beschreiben: „Ein zentraler Arbeitsmarkt mit sicheren, relativ konjunkturunabhängigen Arbeitsplätzen, deren Inhaber über gute Bildung, Ausbildung sowie Weiterbildungsmöglichkeiten, Aufstiegschancen und eine großzügige soziale Absicherung verfügen, steht einem peripheren Arbeitsmarkt mit unsicheren, wenn nicht auf Dauer gefährdeten Arbeitsplätzen gegenüber, deren Inhaber zum großen Teil über wenig formale Bildung und Ausbildung verfügen."[214] Die These von den „Modernisierungsverlierern"[215] bedeutet nicht notwendigerweise, sozial Benachteiligte, Randgruppen und Arbeitslose bildeten eine wesentliche Klientel neuer rechter Protestparteien. Ein solcher Zusammenhang läßt sich nicht nachweisen. Wohl aber erscheint die Annahme von Wahlforschern plausibel, Parteien wie die REP profitierten von sozialen Gruppen, die in ihren Statuserwartungen verunsichert seien („Statusinkonsistenz", „relative Deprivation"). Das Aufwachsen in bedrückenden Lebensumständen erzeugt eher Apathie. Abweichendes politisches Verhalten entsteht

demgegenüber infolge der Enttäuschung von Lebenserwartungen. Frustration erzeugt Aggression.

7. Mehr als in jedem anderen Land des westlichen Europa war die (extreme) Rechte in der Bundesrepublik nach 1945 stigmatisiert und politisch ausgegrenzt. Mit wachsendem politischen Abstand vom Untergang des NS-Regimes sinkt die politische Hemmschwelle, verblassen die Schatten der Vergangenheit, treten Einstellungen und Meinungen an die Oberfläche, die in den Jahrzehnten zuvor tabuisiert waren und nicht in dieser Offenheit artikuliert wurden. Dies bedeutet eine „Normalisierung" der politischen Landschaft – gleichgültig, wie auch immer man diese Entwicklung beurteilt. Bislang verwaiste oder nur schwach vertretene nationalistische Positionen werden zurückerobert und erweitern das Kräftefeld nach rechts. Deutschland wird auf diese Weise seinen westlichen Nachbarn ähnlicher[216], waren doch beispielsweise in Frankreich oder Italien offen nationalistische Strömungen in den Nachkriegsjahrzehnten deutlicher vernehmbar und auf der parlamentarischen Bühne präsent.[217] Das politische Gravitationszentrum der Unionsparteien lag beständig links von dem der Gaullisten. Und in Italien markierte eine seit 1948 ununterbrochen im Parlament vertretene neofaschistische Partei den rechten Rand des politischen Spektrums.

8. Außerordentliche Erfolge nationalistischer Protestparteien in den europäischen Nachbarländern (der „Vlaams Blok" in Belgien, die „Centrumdemokraten" in den Niederlanden, der „Front National" in Frankreich, der „Movimento Sociale Italiano" und die „Lega Nord" in Italien, die „Freiheitliche Partei Österreichs", die „Autopartei" und die „Lega Ticinese" in der Schweiz, die „Fortschrittsparteien" in Dänemark und Norwegen, die „Neue Demokratie" in Schweden, nationalistische Parteien in den Ländern Mittel- und Osteuropas) haben einen gewissen Motivationsschub bewirkt. Das Ziel einer Etablierung auf der parlamentarischen Bühne rückt in den Augen der einstigen „Zwerge am rechten Rand"[218] in erreichbare Nähe – auch wenn dies wohl nur einem von ihnen gelingen kann.

9. Die nationalistischen Parteien sprechen in ihrer Programmatik Themen an, die von den großen demokratischen Parteien aus der Sicht von Teilen der Bevölkerung vernachläs-

sigt worden sind. Als mobilisationsfähige „issues", die Befürchtungen auslösen und zum Ruf nach der „Notbremse" herausfordern, eignen sich: Die „Amerikanisierung" der Städte durch wachsende Kriminalität, die Entstehung mafioser Strukturen und die Ausbreitung des Drogenhandels. Anwachsende, zu wenig kontrollierte und die Kommunen überfordernde Einwanderungsströme aus dem östlichen Europa und Staaten der sogenannten Dritten Welt, begleitet von gravierenden Problemen der sozialen Integration. Der fortschreitende europäische Einigungsprozeß mit folgenden Gefahren: bürokratische Zentralisierung, ökonomische Destabilisierung (Angst vor dem Verlust der harten DM), Sozialabbau durch Angleichung auf niedrigem Niveau. Befürchtungen in den genannten Bereichen sind nicht von der Hand zu weisen – zumal dann, wenn sich die großen demokratischen Parteien als zu wenig handlungsfähig erweisen.

10. Die nationalistischen Parteien beuten rassistische Einstellungen, Vorurteile und Ressentiments aus. In allen Staaten Europas findet sich ein Bodensatz von Xenophobie und Antisemitismus in der Bevölkerung. Angst und Abwehrhaltung gegenüber dem Fremden, Andersartigen sind tief in der menschlichen Natur verwurzelt und finden sich in allen Kulturen. Je nach politischer Konstellation kann dieses Potential von nationalistischen Wahlbewegungen angezapft werden.

4.2. Militante Gruppierungen

1. Die militante „Szene" zumeist jugendlicher Neonationalsozialisten entstand im westlichen Deutschland seit Ende der sechziger Jahre. Angesichts des Niedergangs der NPD, die zwischen 1966 und 1968 in zahlreiche Länderparlamente eingezogen war, bei der Bundestagswahl von 1969 jedoch an der Fünfprozenthürde scheiterte, suchten manche ihr politisches Heil im Aktionismus. Provokative öffentliche Auftritte lehnten sich in der Handlungsweise nicht selten an Vorbilder aus der linken „Szene" an (z.B. die „Deutsche Bürgerinitiative" von Manfred Roeder).

2. Die „Führer“ der diversen Gruppierungen stammten zu einem Teil aus der Generation der „wiedererweckten Hitlerjungen“ (z.B. Friedhelm Busse, Kurt und Ursula Müller, Manfred Roeder): Kindheitserlebnisse in Jugendorganisationen des NS-Regimes, prägende erzieherische Einflüsse aus der Kindheit, selektive Erinnerungen an glückliche Jugendjahre bildeten nicht selten die emotionale Basis für die persönliche „Wiederentdekkung“ vermeintlich großer Ideen und Ideale.

3. In nicht wenigen Fällen sorg(t)en familiäre Traditionen in der rechtsextremen „Szene“ für die Nachwuchsrekrutierung. Pfadfinderähnliche Jugendvereinigungen wie BHJ und WJ nehmen bereits 12/13jährige auf, die mit Erlaubnis oder gar durch die Initiative der Eltern Anschluß finden. Beide Gruppierungen fungierten in der „Szene“ vielfach als „Durchlauferhitzer“: Sie sind die Vorstufe für das spätere Engagement in „härteren“ Zusammenschlüssen. Bei einem Teil der neonationalsozialistischen Aktivisten läßt sich der Brückenschlag von der Großvater- zur Enkelgeneration feststellen. Der Enkel solidarisiert sich gegen den Willen der Eltern mit dem Großvater und dessen politischen Erfahrungen und Prägungen vor 1945. Folgendes Ablauf-Schema der Generationen ist in einem Teil der „Szene“ wirksam: Die Kinder der „68er“ rebellieren mit rechtsextremen Formen und Formeln in ähnlicher Weise gegen ihre Eltern, wie diese sich zwanzig Jahre zuvor von ihren eigenen, NS-belasteten Eltern distanziert hatten.

4. Es ist schwerlich zu übersehen, daß manche jugendlichen Rechtsextremisten den radikalen Flügel einer in der jüngeren Generation verbreiteten Anti-„68er“-Strömung bilden. Hatten die „68er“ die mangelnde Vergangenheitsbewältigung zu einem der zentralen Themen erhoben, zeigt sich bei einem Teil der nachgewachsenen Generation der Überdruß angesichts einer vielfach moralisierenden Auseinandersetzung mit der NS-Vergangenheit. Die Verwendung von NS-Symbolen als Provokationsmittel erfährt vor diesem Hintergrund eine zusätzliche Bedeutungsnuance: Bei linken Lehrern, die sich als Studenten für den Abbau von (z.B. sexuellen) Tabus stark gemacht hatten, wirkt die Verwendung von NS-Symbolen als hochwirksames Schockmittel.

5. Reaktionen auf Wandlungen des Zeitgeistes dürfen in der rechtsextremen Jugendszene allerdings nicht allzu hoch eingestuft werden. Rechtsextreme Jugendliche sind im Durchschnitt weniger intelligent und gebildet als ihre linksextremen Kontrahenten. Gymnasiasten und Abiturienten bilden die Ausnahme, nicht die Regel. Doch gibt es in allen Gruppen Anführer, die ihrer Gefolgschaft überlegen sind und als Autoritäten akzeptiert werden. Sie spielen eine wesentliche Rolle bei der Vermittlung politisch-historischer Argumente und Sichtweisen.

6. Nicht-intellektuelle Motivationen spielen für den Anschluß an rechtsextreme Gruppierungen oft eine zentrale Rolle: Langeweile und Abenteuerlust von Jugendlichen, die in monotonen großstädtischen Wohnquartieren aufwachsen; die Suche nach Kameradschaft und Geborgenheit in Gruppen Gleichaltriger („peer groups"); das Bedürfnis nach völliger Hingabe an „große Ideen" und Ideale (fehlgeleiteter Idealismus), die Orientierungsgewißheit und Handlungssicherheit vermitteln. Der Anschluß an rechtsextreme Gruppen kann aus ähnlichen Motiven erfolgen wie der Eintritt in eine Jugendsekte oder die Betätigung in einer militanten „Antifa"-Einheit. Das Leiden an der mangelnden Sinnstiftung in pluralistischen, säkularisierten Gesellschaften wird besonders von Jugendlichen schmerzhaft erfahren, die sich auf dem schwierigen Weg zum Erwachsenwerden befinden. Als zusätzliche Belastungsfaktoren können der Mangel an Bindungen infolge hochgradiger sozialer Mobilität und fortschreitender Vermassung, Individualisierung und Vereinzelung in der modernen Gesellschaft wirken.

7. Konkurrenz um knappe Arbeitsplätze, Ellbogenmentalität, Atomisierung, Solidaritätsverlust sind Schattenseiten der liberalen Gesellschaft. Mit ihnen wurden die Jugendlichen in den neuen Bundesländern unvorbereitet konfrontiert. Der Zusammenbruch der politischen, sozialen und ökonomischen Ordnung wird nicht nur als Befreiung, sondern auch als Last empfunden. Pessimistische Einschätzungen bei Teilen der Bevölkerung, die noch keinen „Silberstreif am Horizont" sehen und innerliche Aversionen bei sozialen Gruppen, die durch den Zusammenbruch gewisser Privilegien beraubt wurden (z.B. in der Lehrerschaft, die als eine Stütze des Regimes fungierte), hinter-

lassen ihre Spuren bei den Heranwachsenden. Sie erfahren durch Elternhaus und Schule vielfach nicht die erforderliche psychologische Unterstützung, um im Alltag den neuen, ungewohnten Anforderungen gewachsen zu sein.

8. In der DDR-Gesellschaft gab es trotz aller ideologischen Überhöhung und innerer Distanz von Teilen der Bevölkerung gegenüber Partei und Staat einen verbreiteten Stolz auf manche „Errungenschaften des Sozialismus". Den Vergleich zu den übrigen Comecon-Staaten brauchte die DDR nicht zu scheuen. Sie galt vielfach als sozialistischer Musterstaat, der Versorgungsprobleme im Bereich des Grundbedarfs an Lebensmitteln und Gebrauchsgütern im Gegensatz etwa zur Sowjetunion nicht kannte. DDR-Waren galten in den sozialistischen Nachbarstaaten als qualitativ gut. Ein Teil der Produktion erfüllte gar die Qualitätsansprüche westlicher Verbraucher. Überdies bot die Gesellschaft der DDR bei aller politischen Unfreiheit ein hohes Maß existentieller Sicherheit auf bescheidenem Niveau – wenn auch nur für diejenigen, die sich mehr oder weniger systemkonform verhielten. Nach der „Wende" brach über die Bevölkerung eine neue, bislang unbekannte Welt herein. Der vielgeschmähte „Kapitalismus" eröffnete neue Möglichkeiten des Konsums, zerstörte jedoch mit der Erhöhung des Konkurrenzdrucks auf den einzelnen auch gewachsene Bindungen und Sicherheiten. Zudem erwiesen sich die ökonomischen Leistungen des alten Systems gegenüber dem Westen auf nahezu allen Gebieten als unterlegen. Das arrogante Auftreten vieler „Wessis" förderte noch die daraus erwachsende Demoralisierung. Minderwertigkeitsgefühle einer ganzen Generation von Erwachsenen übertrugen sich auf einen Teil der Jugendlichen. Auf der Suche nach ideologischer Kompensation erwiesen sich – angesichts des Bedeutungsverlustes linker Ideen – nationalistische Deutungsmodelle als hilfreich. Der „Stolz auf Deutschland" entschädigt gleichsam für eigenes Versagen. Die starke Identifikation mit einer Eigengruppe geschieht jedoch stets auf Kosten von Fremdgruppen. „Wir-Gefühl" stimuliert aggressives Verhalten gegenüber „Fremden" und dieses wiederum die Gruppenidentität – ein circulus vitiosus.

9. Das Ende der SED-Herrschaft war mit dem Zusammenbruch der systemeigenen Freizeitkultur (FDJ) verbunden, die

der ideologischen Erfassung der jungen Generation gedient, aber auch zahlreiche Dienstleistungen geboten hatte. Treffpunktlokale, Musikkeller, Sportclubs usw. schlossen ihre Tore. An die Stelle des Kahlschlags im Jugendfreizeitbereich traten infolge verbreiteter Mittelknappheit viel zu wenige neue Projekte und Einrichtungen. Jugendliche wurden und werden in ihrer Freizeit zu sehr sich selbst überlassen. „Auf der Straße", ohne sozialpädagogische Hilfestellungen, sind manche eine leichte Beute rechtsextremer Rattenfänger.

10. Eine zum Teil demoralisierte, schlecht ausgerüstete, im Umgang mit rechten Gewalttätern wenig erfahrene und sich umstrukturierende (Neuaufbau auf Länderebene) Polizei hat nicht selten den Eindruck eines schwachen oder abwehrunwilligen Staates vermittelt (Paradebeispiel: Rostock). Bei manchen entstand sogar der Eindruck, man erfreue sich einer gewissen Akzeptanz und Duldung. Die Gewalt-„Szene" wurde dadurch innerlich gestärkt und motiviert. Eine nicht abreißende Kette von Ausschreitungen war die Folge.

11. Ein Teil der Massenmedien wirkt auf die Entstehung von Gewalt in doppelter Weise ein: Zum einen ruft die ständige Berieselung mit gewalttätigen Szenen bei Jugendlichen die Vorstellung von einer gewalttätigen Gesellschaft hervor, in der man sich der Gewalt auch selbst nicht entziehen kann. Gewaltanwendung mag so als notwendiges Mittel zur Selbstbehauptung erscheinen. Zum anderen wird durch extensive Berichterstattung über gewalttätige Ausschreitungen ein gewisser Werbeeffekt im Sinne militanter Gruppierungen erzielt. Aktivisten der „Szene" berichten von regelmäßigen Mitgliederneuzugängen nach „effektvollen" Inszenierungen in Fernsehsendungen. Es ist kein Geheimnis, daß auf Sensationen erpichte Journalisten für reißerische Berichte und Bilder Honorare an ihre neonationalsozialistische „Klientel" auszahlen. Die Anführer diverser Gruppierungen wissen um die Bedürfnisse ihres „Publikums". Schokkierende Aktionen, Symbole und Parolen bewirken, daß einflußlose Sektierer in den Mittelpunkt einer breiten Medienöffentlichkeit treten.

5. Gegenmaßnahmen

Keine offene Gesellschaft ohne extremistische Gruppierungen. Diese Feststellung resultiert aus dem Vergleich der demokratischen Verfassungsstaaten in Vergangenheit und Gegenwart. Die in ihnen herrschenden Freiheiten bieten auch abweichenden politischen Einstellungs- und Verhaltensformen Entfaltungsräume. Ein Bodensatz autoritärer, xenophober, rassistischer, antisemitischer Einstellungen läßt sich in allen Demokratien nachweisen – in mehr oder minder starker Ausprägung. Dieses Potential wird sich bei realistischer Betrachtung nie ganz beseitigen lassen. Demokratische Systeme können und müssen damit leben.

Dennoch sollte die Existenz extremistischer Gruppierungen nicht auf die leichte Schulter genommen werden. Sie sind Geschwüre im Fleisch der demokratischen Gesellschaft. Sie können gutartig sein und sogar nützliche Funktionen erfüllen, wenn sie auf Schwächen und Mängel im demokratischen „Organismus" verweisen. Wachsen und wuchern sie hingegen, können existenzbedrohende Krisen die Folge sein. Wachsamkeit ist also angezeigt! Die demokratischen Kräfte stehen dem politischen Extremismus nicht hilflos gegenüber. Allerdings können sie ihn nicht mit seinen eigenen Methoden bekämpfen, ohne sich selbst dem Antipoden anzunähern. Die Formel „Der Zweck heiligt die Mittel" ist schwerlich mit den Grundwerten demokratischer Verfassungsstaaten vereinbar. Im folgenden werden Gegenmaßnahmen vorgestellt, die einer offenen Gesellschaft zuträglich sind.

5.1. Deutsch-nationalistische und national-populistische Wahlbewegungen

1. Demokratische Parteien, die einen Teil ihrer angestammten Klientel verlieren, können nicht tatenlos zusehen, wie wichtige Streitthemen von einer rechtsextremen Konkurrenzpartei okkupiert werden. Sie müssen sich intensiv um ein für die betreffenden Wählergruppen attraktives und zugleich mit demokratischen Grundsätzen vereinbares Programm bemühen. Freilich kann dies nicht bedeuten, eine radikale Partei an Radikalität zu übertreffen. Blanker Populismus gerät in die Gefahr, grundlegende ethische Normen zu verletzen. Die Menschenrechte bilden eine Grenzlinie, die keine demokratische Partei in ihrer politischen Programmatik und Praxis überschreiten darf, würde doch ansonsten dem demokratischen Verfassungsstaat ein Bärendienst erwiesen.

2. Die nationalistischen Parteien mobilisieren Ressentiments und warten mit scheinbar einfachen Lösungen für schwierige Probleme auf. Demokratische Politik muß Ängsten und Befürchtungen von Teilen der Bevölkerung so gut als möglich Rechnung tragen, die „rationalen Kerne“ rechtsextremer Politikangebote aufgreifen und ihnen auf diese Weise den Boden entziehen. In der Ausländer- und Asylpolitik ist mit der Beschwörung hehrer humanistischer Ideale nichts getan. An eine unkontrollierte Einwanderung knüpfen sich nicht nur irrationale Ängste, sondern auch berechtigte Befürchtungen. Abgesehen vom Problem der administrativen Bewältigung muß verantwortliche Politik in der Lage sein, den Einwandernden möglichst umfassende Hilfen für die Integration (nicht: Assimilation) in die Gesellschaft zu bieten und die einheimische Bevölkerung zugleich vor unbilligen Belastungen zu bewahren. Diese beiden Ziele sind nur durch eine kontrollierte Aufnahme von Ausländern und Asylbewerbern zu bewältigen. Ein sprunghaftes Ansteigen der Zahlen von Asylsuchenden, wie dies in den Jahren 1989 bis 1992 zu verzeichnen war, provoziert geradezu soziale Konflikte und leistet der Ausbreitung von Fremdenhaß und Rassismus Vorschub. Die Unfähigkeit der um Konsens mit der Opposition ringenden Regierungsparteien zu raschem Handeln, ideo-

logisch hochaufgeladene Auseinandersetzungen, die Blockade pragmatischer Lösungen hat in nicht geringem Maße zum Aufschwung nationalistischer Parteien beigetragen.

3. Die nationalistischen Parteien profitieren von (zum Teil übertriebenen) Ängsten angesichts einer besorgniserregenden Entwicklung der Kriminalität. Der Ruf nach „Ruhe und Ordnung" gewinnt an Dringlichkeit, wenn der Staat das Sicherheitsbedürfnis der Bürger nicht angemessen befriedigen kann. Vertreter nationalistischer Parteien stoßen auf Resonanz mit Forderungen nach Aufstellung einer „Bürgerwehr". In einigen Großstädten (Berlin, Frankfurt am Main, Hamburg) ist die Furcht vor „amerikanischen Verhältnissen" nicht von der Hand zu weisen. Die Sicherheitsprobleme sind nur von einer gut ausgebildeten, motivierten und ausgerüsteten Polizei zu bewältigen. Ein grundsätzliches Problem besteht in der mangelhaften finanziellen Vergütung von Polizisten. Mangelnde Motivation ist die Folge. Neue Herausforderungen bringt das Problem der Entstehung mafioser Strukturen mit sich. Dies erfordert verstärkte internationale Zusammenarbeit und die Bereitstellung fahndungstechnischer Mittel für eine effiziente Verbrechensbekämpfung in diesem Bereich.

4. Der europäische Integrationsprozeß fordert eine nationalistische Abwehrbewegung geradezu heraus. Nach dem Niedergang des „real existierenden Sozialismus" könnte Europa eine ähnliche Funktion für nationalistische Kräfte zuwachsen, wie sie der Kommunismus zuvor erfüllt hatte. Die demokratischen Kräfte müssen der Kritik an Europa den Wind aus den Segeln nehmen. Dies erscheint am leichtesten möglich angesichts der Befürchtungen vor einem „zentralistischen Moloch" in Brüssel. Der Einbindung der in Deutschland historisch fest verankerten Regionen in das Institutionengefüge der Gemeinschaft kommt daher eine zentrale Bedeutung zu. Dem DM-Nationalismus sollte mit dem Hinweis auf den rigiden Kriterienkatalog begegnet werden, der Voraussetzung für die Aufnahme in eine künftige Europäische Währungsunion ist. Würde der Kriterienkatalog „aufgeweicht", wäre gerade in Deutschland, wo der Stolz auf eine harte Währung besonders stark in der Bevölkerung verankert ist, mit einem Anwachsen des politischen Protests zu rechnen.

5. Gegenüber legal operierenden extremistischen Sammlungsparteien dürften administrative Maßnahmen wie Partei- und Vereinigungsverbote (Art. 21 Abs. 3 und Art. 9 Abs. 2 GG) und Grundrechtsentzug (Art. 18 GG) fehl am Platze sein. Mögliche Vorteile (Störung des Organisationsaufbaus, deutliche Stigmatisierung, Signalwirkung in der Öffentlichkeit) werden durch die Nachteile bei weitem aufgewogen: (a) Der demokratische Verfassungsstaat büßt an Glaubwürdigkeit ein, wird gegen das Ideal vom „free market-place of political ideas" verstoßen. (b) Argumente und Meinungen, die bei aller Radikalität und Einseitigkeit impulsgebend wirken könnten, verschwinden aus der öffentlichen Diskussion. (c) Sich offen artikulierende Strömungen werden unsichtbar und sind daher auch schlechter zu bekämpfen. (d) Ein Teil der Aktivisten geht möglicherweise in den Untergrund; kriminelle, gewaltorientierte Aktivitäten könnten die Folge sein. (e) Die Beobachtung organisierter Strukturen im Untergrund dürfte weit größere Probleme aufwerfen als die Sammlung von Informationen über legal operierende Vereinigungen.

6. Das Prinzip der Treuepflicht für die Angehörigen des öffentlichen Dienstes (Art. 33 GG) bedarf einer politisch-praktischen Wiederbelebung. Der öffentliche Dienst ist ein tragender Pfeiler des demokratischen Staates und sollte von extremistischen Einflüssen so weit wie möglich freigehalten werden. Insbesondere sollten rechtsextreme Sozialkunde- und Geschichtslehrer der wachsamen demokratischen Öffentlichkeit ein Dorn im Auge sein.

7. „Streitbare Demokratie" erweist sich nicht in erster Linie anhand exzessiver administrativer Maßnahmen, sondern in der öffentlichen Hervorkehrung der elementaren Werte (Menschenrechte) und Spielregeln (Pluralismus, Rechtsstaat, freie Wahlen, Parlamentarismus, Gewaltenteilung) des demokratischen Verfassungsstaates. Schon die öffentliche Identifikation, Benennung, Beobachtung und Beschreibung extremistischer Kräfte trägt wesentlich zur Stärkung der demokratischen Ordnung bei. Der in die Breite wirkenden geistig-politischen Auseinandersetzung kommt daher eine herausragende Bedeutung zu.

8. Institutionen der politischen Bildung, ob in staatlicher (Schulen, Hochschulen, Universitäten, Bildungseinrichtungen,

Zentralen für politische Bildung) oder privater Trägerschaft (engagierte Bürger, Parteien, Interessenvereinigungen, Initiativen vor Ort), können wertvolle Beiträge zur Bekämpfung des Rechtsextremismus leisten. Die geistig-politische Auseinandersetzung ist zudem das der freiheitlichen Demokratie angemessenste Instrument. Politische Bildung kann Menschen von Irrwegen abbringen oder denen, die in ihren Orientierungen noch schwankend sind, Hilfestellungen geben. Träger politischer Bildung sollten sich von folgenden Maximen leiten lassen: (a) Trotz der Notwendigkeit zur pädagogischen Vereinfachung so differenziert wie möglich informieren! Dies gilt zum einen für den demokratischen Verfassungsstaat selbst. Er darf unter keinen Umständen als Idealstaat – der er nicht ist, nicht sein kann – erscheinen. Schattenseiten sollten deutlich benannt werden. Es muß klar werden, daß Konfliktfreiheit kein auf Erden erreichbarer Zustand ist, Interessengegensätze und Meinungsdivergenzen nicht zu beseitigen sind. Politische Bildung sollte eher der Churchill-Formel folgen, um nicht Enttäuschung zu programmieren: Demokratie als schlechteste aller Staatsformen, abgesehen von allen anderen. (b) Idealisierung oder selektive Information kann auch bei der notwendigen Auseinandersetzung mit den Streitthemen der extremen Rechten mehr Schaden als Nutzen stiften. So sollte etwa beim Thema Ausländer und Asyl nichts beschönigt werden. Probleme der Integration, der öffentlichen Haushalte, des Asylmißbrauchs, des Imports von Fundamentalismen sollten ebenso angesprochen werden wie die Existenz von Vorurteilen und Ressentiments in der Bevölkerung. (c) Weder banalisieren noch horrifizieren! Beides mindert die Glaubwürdigkeit. (d) Die politische Bildung muß um Verständnis für die Lebenssituation der Menschen werben, die nach Deutschland kommen. Dies geschieht am besten an konkreten Beispielen. Die hinter der Anonymität abstrakter Zahlen sich verbergenden Schicksale müssen lebendig vor Augen treten. Auf diese Weise kann ein (bescheidener) Beitrag zum Abbau von Vorurteilen geleistet werden. Die politische Bildung sollte aber auch politischen Handlungsbedarf benennen und realistische Lösungen aufzeigen. (e) Propagandistische Tricks entlarven: Übertreibung, Dramatisierung, Verzerrung, Einseitigkeit, selektive Sichtweisen, perspektivische Verkürzungen, Ausbeutung von Ressentiments, Appell an die niederen Instinkte, Schüren von Ängsten gehören zum Handwerkszeug der extremen Rechten. (f) Keine Klischeebilder über „den Faschismus“ verbreiten! Das Umfeld der „Szene“ läßt sich nicht ansprechen, wenn jede Bereitschaft fehlt, sich auf das Gegenüber und dessen Motive einzulassen. (g) Auch im Rechtsextremisten das Gute suchen! Wer Mitglieder rechtsextremer Gruppierungen nur als charakterlich Minderwertige wahrzunehmen in der Lage ist, wird zu Ausmerzungsstrategien neigen. Zu Recht hat Daniel Cohn-Bendit den „Nazis raus“-Rufern die Frage entgegengestellt: „Wohin mit ihnen?“ (h) Emotionalisierende polemische Kraftausdrücke wie „Nazis“ oder „braune Ratten“, wie sie in der „Antifa-Szene“ kursieren, sind zu vermeiden! In der Auseinandersetzung mit dem Rechtsextremismus ist Nüchternheit und Besonnenheit gefragt. (i) Bei aller Aufmerksamkeit für die extreme Rechte die extreme Linke nicht vergessen! Trotz aller Gegensätze: „Les extrêmes se touchent.“ Die militanten „Antifas“ gleichen ihren Kontrohenten mehr, als ihnen bewußt ist. (j) Dosierter Einsatz der Moralinsäure! Der erhobene Zeigefinger führt oft zu Trotzreaktionen, Abschottung und Dialogverweigerung. Zum einen muß den Motiven einfühlsam nachgegangen werden, zum anderen sollten demokratietheoretische Prinzipien deutlich zum Ausdruck kommen.

9. Die Bereitschaft zum Dialog mit Vertretern der extremen Rechten und zur sachlichen Auseinandersetzung mit ihren Thesen und Themen bedeutet keinen Freifahrschein für Kungelei. Demokratische Kräfte sollten eine klare Grenzlinie zu politischen Gruppierungen ziehen, deren demokratische Zuverlässigkeit mehr als zweifelhaft ist. Eine „Erosion der Abgrenzung“ (Wolfgang Rudzio) nach rechts (z.B. Veröffentlichung von Artikeln in rechtsextremen Organen, Auftritte vor rechtsextremen Gruppierungen, Wahlabsprachen oder gar Koalitionen) unterhöhlt die demokratische Glaubwürdigkeit, wertet den temporären Partner auf und macht ihn auf Dauer salonfähig. Rechtsextreme Ideen können auf diese Weise in die Mehrheitskultur eindringen. Ein politischer Terraingewinn der extremen Rechten wäre die Folge.

5.2. Militante Gruppierungen

1. Der Staat muß verstärkte Anstrengungen unternehmen, um das Gewaltmonopol gegenüber rechtsextremen Gewalttätern zur vollen Anwendung zu bringen. Sich häufende Übergriffe auf gesellschaftliche Minoritäten können nicht hingenommen werden. Forcierter Einsatz von Sicherheitskräften ist daher notwendig. Der Rechtsstaat muß mit allen ihm zur Verfügung stehenden Mitteln gegen Gesetzesbrüche rechtsextremer Gewalttäter vorgehen. Vollzugsdefizite wirken in der „Szene" ermutigend. Verstärkte Schulung und verbesserte Ausrüstung der Polizei können – besonders in den neuen Bundesländern – zur Eindämmung des Gewaltpotentials beitragen.

2. Der Ruf nach der Härte des Gesetzes darf jedoch nicht den Aspekt der Resozialisierung überdecken, zumal es sich bei den rechtsextremen Gewalttätern überwiegend um junge Leute unter 25 Jahre handelt. Vielfach fallen die Täter unter das Jugendstrafrecht. Bei den schwer straffällig Gewordenen sind in den Haftanstalten verstärkte Anstrengungen zur Wiedereingliederung in die Gesellschaft notwendig. Neben sozialpädagogischer Betreuung muß insbesondere praktische Lebenshilfe (Ausbildung, Vorbereitung auf spätere berufliche Tätigkeit) geboten werden.

3. Vielfältige Maßnahmen sind erforderlich, um einen möglichst großen Teil derer, die in der militanten „Szene" und deren Umfeld aktiv sind, von ihrem Weg abzubringen. Es ist evident, daß gerade in den neuen Bundesländern im Hinblick auf das Freizeitangebot für Jugendliche vieles im argen liegt. „Vor Ort" sind vielfältige Initiativen zu fördern – sei es in staatlicher, sei es in freier Trägerschaft –, um Jugendliche „von der Straße" wegzuholen und in ihrer Freizeit sinnvoll zu beschäftigen. „Kopflastige" Projekte dürften angesichts des bescheidenen intellektuellen Niveaus der „Szene" geringere Erfolgschancen haben als Initiativen, die Bewegungsdrang, Erlebnishunger und Abenteuerlust befriedigen.

4. Bei nicht wenigen Pädagogen besteht – aus verständlichen Gründen – eine innere Hemmschwelle, sich auf jugendliche Rechtsextremisten einzulassen, zumal diese nicht selten

aggressiv auftreten. Aber nur durch Gespräche, bei denen vieles „geschluckt" werden muß, läßt sich ein gewisses Vertrauensverhältnis herstellen – die unerläßliche Voraussetzung, um einen mäßigenden und sozial integrierenden Einfluß auszuüben. In der Regel dürften Einzelgespräche oder Unterhaltungen im kleinen Kreis Gruppendiskussionen vorzuziehen sein, da gruppendynamische Zwänge nur auf diese Weise zu unterlaufen sind. Die Strukturen rechtsextremer Cliquen lassen sich nur durch geduldige Ansprache bei den einzelnen Mitgliedern langsam aufbrechen.

5. Die verbreitete Klage, an den Schulen werde im Geschichtsunterricht vieles versäumt, geht nicht selten von falschen Voraussetzungen aus. Die Masse rechtsextremer Jugendlicher rekrutiert sich aus der Gruppe der weniger intelligenten Schüler und wird daher auch nicht in erster Linie durch intellektuelle Erlebnisse für die „Szene" gewonnen. Eine Intensivierung des Geschichtsunterrichts würde an der falschen Stelle ansetzen. Vielmehr muß es um die Befriedigung von Bedürfnissen gehen, die bei der Rekrutierung vielfach im Vordergrund stehen: Ausleben von Aggressionen, Aufbau von Gruppenidentitäten, Suche nach Kameradschaft, Abenteuerlust. Konzepte der Erlebnispädagogik könnten möglicherweise erfolgreich zur Anwendung kommen.

6. Verstärkte Wachsamkeit ist dort vonnöten, wo offen Menschenverachtung und Rassenhaß stimuliert oder zur Gewaltanwendung aufgefordert wird. Bleiben energische Maßnahmen aus, kann gerade bei Kindern und Jugendlichen der Eindruck entstehen, es handele sich um tolerierbare Vorgänge. Videos, CDs, Musikkassetten, Schallplatten, Zeitschriften und Computerprogramme mit Inhalten, die auf Rassenhaß, Gewalt und Menschenverachtung zielen, sollten, sofern sie unter Kindern und Jugendlichen Verbreitung finden, an den Schulen zum Gegenstand offener Auseinandersetzung gemacht werden. Auf diese Weise wird die Neugier gegenüber dem Unbekannten, Infamen, Verbotenen befriedigt und zugleich ein aufklärerischer Effekt erzielt. Angesichts der Leichtigkeit der Vervielfältigung von Informationsträgern dürfte eine Verbreitung bei Kindern und Jugendlichen allenfalls einzudämmen, nicht aber völlig zu unterbinden sein.

7. Für die Beschränkung der Verbreitung derartiger In-

formationsträger kommt der Bundesprüfstelle für jugendgefährdende Schriften eine herausragende Bedeutung zu. Sie prüft und indiziert neben pornographischen Produkten auch solche mit gewaltverherrlichendem und verrohendem Inhalt. Eine Indizierung verbindet sich mit Verbreitungsbeschränkungen, die den Zugang für Kinder und Jugendliche wenn nicht ganz verhindern, so doch erschweren sollen. Die Bundesprüfstelle wird auf Antrag tätig. Antragsberechtigt sind das Bundesministerium für Frauen und Jugend, die Landesjugendbehörden, Landesjugendämter und kommunalen Jugendämter. Alle diese staatlichen Stellen sind überfordert, wenn sie keine Unterstützung von engagierten Bürgern und organisierten gesellschaftlichen Gruppen erfahren. Eltern, Pädagogen, antiextremistische Initiativen sollten die zuständigen staatlichen Stellen verstärkt auf neue Medien hinweisen, die auf schwer kontrollierbaren Kanälen und in unterschiedlichster Form (z.B. Comics, Musik, Computerspiele) zu Kindern und Jugendlichen vordringen.

8. Die Hersteller rassistischer Comics und Computerspiele und die Texter und Musiker mancher Skinhead-Bands verletzen in vielen Fällen Strafgesetze. Die Staatsanwaltschaft ist aufgefordert, in diesem Bereich erhöhte Wachsamkeit an den Tag zu legen. In Frage kommen Straftatbestände wie Verbreitung von NS-Propagandamitteln (§ 86 StGB), Volksverhetzung (§ 130 StGB), Aufstachelung zum Rassenhaß (§ 131 StGB) und öffentliche Aufforderung zu Straftaten (§ 111 StGB). Die Einleitung gerichtlicher Schritte gegen Skinhead-Gruppen wie „Radikahl“ und „Störkraft“ und den Hersteller „Rock-O-Rama“ in Brühl belegen die verstärkte, wenn auch späte, Aufmerksamkeit der Behörden in diesem Bereich.

9. Über die Wirkung von massierten Gewaltszenen im Fernsehen bestehen in der Wissenschaft unterschiedliche Auffassungen. Unbestritten ist jedoch, daß Kinder und Jugendliche, die andauernd mit brutalen Gewaltszenen konfrontiert werden, seelische Schäden davontragen können. Die Forderung des Mainzer Publizistikwissenschaftlers Hans Mathias Kepplinger, der die Schaffung eines „Medienrates“ angeregt hat, verdient nachdrückliche Unterstützung. Ein solches Gremium würde – analog zum bereits bestehenden Deutschen Presserat – Fehlent-

wicklungen und Auswüchse der Berichterstattung in Rundfunk und Fernsehen transparent machen und öffentlich anprangern. Zu denken ist an die Darstellung brutaler, verrohender Gewalt ebenso wie an dubiose journalistische Praktiken bei der Beschaffung von Informationen (z.B. in der rechtsextremen „Szene“). Als kritische Instanz über den Parteien könnte der Medienrat sich zu einer Autorität entwickeln, deren Empfehlungen zwar keine rechtliche, wohl aber eine moralische Bindewirkung zukäme.[219]

Anmerkungen

Kapitel 1

[1] Vgl. zur These vom „Extremismus der Mitte“: Seymour M. Lipset, Der „Faschismus“, die Linke, die Rechte und die Mitte, in: Kölner Zeitschrift für Soziologie und Sozialpsychologie 11 (1959), S. 401-444; Wolf-Dieter Narr, Der Extremismus der Mitte, in: Vorgänge 31 (1992), H. 6, S. 4-7.

[2] Vgl. Uwe Backes/Eckhard Jesse, Politischer Extremismus in der Bundesrepublik Deutschland, Bonn 1993, Kap. II.

[3] Siehe hierzu das Standardwerk von Kurt Sontheimer, Antidemokratisches Denken in der Weimarer Republik. Die politischen Ideen des deutschen Nationalismus zwischen 1918 und 1933 (1962), 2. Aufl., München 1983.

[4] Dieser Terminus stammt von: Albert Memmi, Rassismus, Frankfurt a.M. 1987 (1982).

[5] Wolfgang Benz, Die Opfer und die Täter. Rechtsextremismus in der Bundesrepublik, in: Ders. (Hrsg.), Rechtsextremismus in der Bundesrepublik. Voraussetzungen, Zusammenhänge, Wirkungen, akt. Neuausgabe, Frankfurt a.M. 1989, S. 12.

Kapitel 2

[6] Vgl. dazu besonders die materialreiche Studie von: Kurt P. Tauber, Beyond Eagle and Swastika. German Nationalism Since 1945, Bd. 1, Middletown/Conn. 1967, S. 47-116. Auf neuestem Stand: Patrick Moreau, Les héritiers du IIIe Reich. L'extrême droite allemande de 1945 à nos jours, Paris 1994.

[7] Vgl. zur Politik der Entnazifizierung vor allem: Justus Fürstenau, Entnazifizierung. Ein Kapitel deutscher Nachkriegspolitik, Neuwied/Berlin 1969; Klaus-Dietmar Henke, Politische Säuberung unter französischer Besatzung. Die Entnazifizierung in Württemberg-Hohenzollern, Stuttgart 1981; Wolfgang Krüger, Entnazifiziert! Zur Praxis der politischen Säuberung in Nordrhein-Westfalen, Wuppertal 1982; Lutz Niethammer, Entnazifizierung in Bayern. Säuberungen und Rehabilitation unter amerikanischer Besatzung, Frankfurt a.M. 1972.

[8] Vgl. zur DKP-DRP: Horst W. Schmollinger, Die Deutsche Konservative Partei–Deutsche Rechtspartei, in: Richard Stöss (Hrsg.), Parteien-Handbuch. Die Parteien der Bundesrepublik Deutschland 1945-1980, Bd. I: AUD bis EFP, Opladen 1983, S. 982-1024.

[9] Aktionsprogramm der SRP, in: Ossip K. Flechtheim (Hrsg.), Dokumente zur parteipolitischen Entwicklung in Deutschland seit 1945, 2. Bd.: Programmatik der deutschen Parteien, 1. Teil, Berlin 1963, S. 489-493.

[10] Vgl. dazu: Rudolf Wassermann, Zur Auseinandersetzung um den 20. Juli 1944. Der Remer-Prozeß als Meilenstein der Nachkriegsgeschichte, in: Ders., Recht, Gewalt, Widerstand. Vorträge und Aufsätze, Berlin 1985, S. 36-64. Remer selbst hat 1951 und aus der Distanz von mehreren Jahrzehnten zu den Vorgängen von 1944 und seinen späteren SRP-Aktivitäten in aufschlußreicher Weise Stellung genommen: Otto Ernst Remer, 20. Juli 1944, Hamburg/Neuhaus-Oste 1951; ders., Verschwörung und Verrat um Hitler. Urteil des Frontsoldaten, Preußisch-Oldendorf 1981.

[11] Vgl. zur SRP die nach wie vor unverzichtbare Studie von: Otto Büsch/Peter Furth, Rechtsradikalismus im Nachkriegsdeutschland. Studien über die „Sozialistische Reichspartei" (SRP). Erste Studie: Geschichte und Gestalt der SRP (Otto Büsch). Zweite Studie: Ideologie und Propaganda der SRP (Peter Furth), Neuausgabe, Köln/Opladen 1967 (1957). Diese frühen Studien stützten sich insbesondere auf ein umfangreiches Material, das im Zusammenhang mit dem Verbotsverfahren gegen die SRP polizeilich beschlagnahmt worden war.

[12] Vgl. zur Analyse der SRP-Wahlergebnisse: Horst W. Schmollinger, Die Sozialistische Reichspartei, in: Stöss (FN 8), Bd. II, S. 2274-2336, 231; Büsch/Furth (FN 11), S. 95-104 („Die soziale Herkunft der Mitglieder und Wähler der SRP").

[13] Vgl. die Angaben bei: Alfred M. de Zayas, Die Anglo-Amerikaner und die Vertreibung der Deutschen. Vorgeschichte, Verlauf, Folgen, München 1980 (1977), S. 24 und Manfred Jenke, Verschwörung von rechts? Ein Bericht über den Rechtsradikalismus in Deutschland nach 1945, Berlin 1961, S. 46 f.

[14] Vgl. Büsch/Furth (FN 11), S. 30.

[15] Zur Entwicklung der Bundesrepublik in den fünfziger und sechziger Jahren siehe besonders: Hans-Peter Schwarz, Die Ära Adenauer. Gründerjahre der Republik, 1949-1957, Stuttgart/Wiesbaden 1981; ders., Die Ära Adenauer. Epochenwechsel, 1957-1963, Stuttgart/Wiesbaden 1983; Klaus Hildebrand, Von Erhard zur Großen Koalition, 1963-1969, Stuttgart/Wiesbaden 1984.

[16] Vgl. zu diesem Konzept: Eckhard Jesse, Streitbare Demokratie. Theorie, Praxis und Herausforderungen in der Bundesrepublik Deutschland, Berlin 1981².

[17] Diese Sichtweise wird eingehend begründet in der Studie von: Peter Dudek/Hans-Gerd Jaschke, Entstehung und Entwicklung des Rechtsextremismus in der Bundesrepublik, 2 Bde., Opladen 1984.

[18] Die in der Literatur vorzufindende dichotomische Unterscheidung zwischen „Altem" und „Neuem Nationalismus" stützt sich zu sehr auf das Selbstverständnis einer „Neuen Rechten" und blendet wichtige Elemente der rechtsextremen Tradition aus. Siehe Richard Stöss, Väter und Enkel: Alter und Neuer Nationalismus in der Bundesrepublik, in: Ästhetik und Kommunikation 9 (1978), S. 35-57; ders., Einleitung. Struktur und Entwicklung des Parteiensystems der Bundesrepublik – Eine Theorie, in: Ders. (FN 8), S. 17-309, 241-245.

[19] Für das okkulte und esoterische Wirken der Mathilde Ludendorff

immer noch höchst aufschlußreich: Winfried Martini, Die Legende vom Hause Ludendorff, Rosenheim 1949.

20 Vgl. zur DG besonders: Richard Stöss, Vom Nationalismus zum Umweltschutz. Die Deutsche Gemeinschaft/Aktionsgemeinschaft Unabhängiger Deutscher im Parteiensystem der Bundesrepublik, Opladen 1980; ders., Die Deutsche Gemeinschaft, in: Ders. (FN 8), S. 877-900.

21 Vgl. auch zum folgenden: Dudek/Jaschke (FN 17), Bd. 1.

22 Vgl. zu den rechtsextremen Verlagsgründungen: Jenke (FN 13), S. 342-395. Zur Auseinandersetzung mit ersten apologetischen Schriften siehe insbesondere: Hans-Helmuth Knütter, Ideologien des Rechtsradikalismus im Nachkriegsdeutschland. Eine Studie über die Nachwirkungen des Nationalsozialismus, Bonn 1961; ders., Demokratische Institutionen in der Sicht rechtsradikaler Kreise der Bundesrepublik, in: Politische Vierteljahresschrift 7 (1966), S. 189-207.

23 Die Wahlergebnisse der NPD werden dokumentiert und kommentiert bei: Horst W. Schmollinger, Die Nationaldemokratische Partei Deutschlands, in: Stöss (FN 8), S. 1922-1994. Aus der Fülle an Literatur zur Erfolgsphase der NPD siehe insbesondere folgende beiden Studien, die heute noch von Interesse sind: Lutz Niethammer, Angepaßter Faschismus. Politische Praxis der NPD, Frankfurt a.M. 1969; Reinhard Kühnl/Rainer Rilling/Christine Sager, Die NPD. Struktur, Ideologie und Funktion einer neofaschistischen Partei, Neuausgabe, Frankfurt a.M. 1969 (1967).

24 Als pars pro toto sei folgende Schrift genannt: Kurt Hirsch, Kommen die Nazis wieder? Gefahren für die Bunderepublik, München 1967.

25 Diese These wird überzeugend begründet bei: Dudek/Jaschke (FN 17), Bd. 1, S. 280-355.

26 Zum politischen Werdegang führender NPD-Aktivisten vgl. besonders: Niethammer (FN 23), S. 230-259, 273-283.

27 Vgl. etwa Klaus Liepelt, Anhänger der neuen Rechtspartei. Ein Beitrag zur Diskussion über das Wählerreservoir der NPD, in: Politische Vierteljahresschrift 8 (1967), S. 237-271; Hans D. Klingemann, Politische und soziale Bedingungen der Wählerbewegungen zur NPD. Fallstudie Baden-Württemberg, in: Sozialwissenschaftliches Jahrbuch für Politik 2 (1971), S. 563-601; Jürgen W. Falter, Wählerwanderungen vom Liberalismus zu (rechts-)extremen Parteien. Ein Forschungsbericht am Beispiel des NSDAP-Aufstiegs 1928-1933 und der NPD-Erfolge 1966-1970, in: Lothar Albertin (Hrsg.), Politischer Liberalismus in der Bundesrepublik, Göttingen 1980, S. 92-124.

28 Vgl. die an den Berichten der Verfassungsschutzämter orientierte Mitgliederstatistik bei: Franz Greß/Hans-Gerd Jaschke, Rechtsextremismus in der Bundesrepublik nach 1960. Dokumentation und Analyse von Verfassungsschutzberichten, München 1982, S. 20.

29 Vgl. dazu vor allem die Pionierarbeit von: Günter Bartsch, Revolution von rechts? Ideologie und Organisation der Neuen Rechten, Freiburg im Breisgau 1975, S. 145-153. Ferner: Margret Feit, Die „Neue Rechte" in der Bundesrepublik. Organisation – Ideologie – Strategie, Frankfurt a.M./New York 1987, S. 42-47; Karl-Heinz Pröhuber, Die na-

tionalrevolutionäre Bewegung in Westdeutschland, Hamburg 1980, S. 26-30; Klaus Schönekäs, Bundesrepublik Deutschland, in: Franz Greß/Hans-Gerd Jaschke/Klaus Schönekäs, Neue Rechte und Rechtsextremismus in Europa. Bundesrepublik, Frankreich, Großbritannien, Opladen 1990, S. 218-347.

[30] Vgl. dazu etwa den Beitrag von: Patrick Moreau, Die neue Religion der Rasse. Der Biologismus und die kollektive Ethik der Neuen Rechten in Frankreich und Deutschland, in: Iring Fetscher (Hrsg.), Neokonservative und „Neue Rechte". Der Angriff gegen Sozialstaat und liberale Demokratie in den Vereinigten Staaten, Westeuropa und der Bundesrepublik, München 1983, S. 117-162.

[31] Laut Verfassungsschutzbericht 1987, hrsg. vom Bundesminister des Innern, Bonn 1988, S. 117, 133.

[32] Vgl. eine der sachlicheren inmitten zahlreicher polemischer Studien zu diesem Thema: Hartmut Herb, Die westdeutsche NS-Szene, in: Ders./Jan Peters/Mathias Thesen, Der neue Rechtsextremismus. Fakten und Trends, Lohra-Rodenhausen 1980, S. 10-128.

[33] Vgl. das Interview mit Karl Heinz Hoffmann, in: Karl-Klaus Rabe (Hrsg.), Rechtsextreme Jugendliche. Gespräche mit Verführern und Verführten, Bornheim-Merten 1980, S. 193-218. Aufschlußreich ist ein im Gefängnis verfaßter Roman: Ders., Verrat und Treue. Ein an Tatsachen orientierter Roman, Neunkirchen 1988.

[34] Vgl. zur VSBD/PdA die Studie von: Peter Dudek, Jugendliche Rechtsextremisten. Zwischen Hakenkreuz und Odalsrune 1945 bis heute, Köln 1985, S. 153-181.

[35] Vgl. dazu ebd.

[36] Briefe aus der Haft: 8. Mai 1977 - 8. Mai 1987. Zehn Jahre Kampf für Deutschland. Bilanz und Perspektive unserer Gemeinschaft, in: Die Neue Front 5 (1987), Nr. 43, S. 3-8, 3, 8.

[37] Näheres zu den REP in einem der folgenden Abschnitte.

[38] REPUBLIKANER in der DDR?, in: Der Republikaner 1990, Nr. 1.

[39] Vgl. „Aktivitäten von Rechtsextremisten nach den Veränderungen in der DDR", in: Innere Sicherheit Nr. 1 vom 23. März 1990, S. 10-12, 11.

[40] Vgl. Eckhard Jesse, Wahlen 1990, in: Uwe Backes/ders. (Hrsg.), Jahrbuch Extremismus & Demokratie, Bd. 3, Bonn 1991, S. 97-112.

[41] Vgl. „Ernüchterndes Wahlergebnis für die NPD bei der Bundestagswahl am 2. Dezember 1990", in: Innere Sicherheit Nr. 1 vom 15. Febr. 1991, S. 3 f.

[42] So die Grußbotschaft von Redaktion und Verlag: Deutsche Rundschau, Nr. 12 vom November 1990, S. 1.

[43] Eine chronique scandaleuse enthält folgende Studie: Norbert Lepszy/Hans-Joachim Veen in Zusammenarbeit mit Stefan Beil, „Republikaner" und DVU in kommunalen und Landesparlamenten sowie im Europaparlament, = Interne Studien und Berichte Nr. 63/1993-1994, hrsg. von der Konrad-Adenauer-Stiftung/Bereich Forschung und Beratung, Sankt Augustin 1994.

[44] Vgl. Loni Niederländer, Zu den Ursachen rechtsradikaler Tenden-

zen in der DDR, in: Neue Justiz 44 (1990), H. 1, S. 16-18.
45 Vgl. „Das Gewaltpotential der Skinheads", in: Innere Sicherheit Nr. 1 vom 15. Februar 1991, S. 4 f.
46 „Aktionen von Rechtsextremisten an der deutsch-polnischen Grenze", in: Innere Sicherheit Nr. 1 vom 15. Februar 1991, S. 5.
47 Vgl. Bernd Siegler, Auferstanden aus Ruinen. Rechtsextremismus in der DDR, Berlin 1991, S. 45-60.
48 Vgl. Helmut Willems/Stefanie Würtz/Roland Eckert, Fremdenfeindliche Gewalt: Eine Analyse von Täterstrukturen und Eskalationsprozessen. Forschungsbericht, Trier, Juni 1993 (Ms.).

Kapitel 3

49 Vgl. Heinrich Sippel, Aktuelles Lagebild des Rechtsextremismus im vereinten Deutschland, in: Bundesministerium des Innern (Hrsg.), Extremismus und Fremdenfeindlichkeit, Bd. 1, Bonn 1992, S. 17.
50 Vgl. die Ergänzenden Organisationsdaten am Schluß des Abschnitts.
51 Vgl. Die Welt vom 13. Jan. 1993.
52 „Schwaben-NPD ohne Geld", in: Der Spiegel Nr. 4 vom 24. Jan. 1994.
53 Vgl. Dudek/Jaschke (FN 17), S. 296.
54 Günter Deckert, Ausländerstop. Handbuch gegen Überfremdung, Kiel 1981.
55 Das Zitat stammt aus einem Interview mit Deckert in: Deutsche Stimme 1991, Nr. 7/8, S. 9. Stellungnahme von Günter Deckert (Februar 1993): „Das Selbstverständnis einer deutschnationalen, sozialen Volkspartei, wie sie die NPD in meinen Augen darstellen sollte, ruht auf den nachfolgenden Grundüberlegungen:
1) Das deutsche Volk ist Mittelpunkt und Ziel jeder nationalen Politik. Das deutsche Volk hat ein Recht auf seine **völkische**, nationale Eigenständigkeit. Damit stellt sich die Frage des Deutschseins, des Deutschtums oder, neudeutsch, die Frage nach der deutschen Identität. Aus dieser Haltung und Grundüberlegung ergeben sich die Fragen nach einer Einwanderung in gleich welcher Form – über EG, über Asyl usw. – Für mich, für uns ist und bleibt Deutschland das Land der Deutschen, das nicht zu Exoten-Land verkommen darf.
2) Aus der Grundüberlegung 1) ergibt sich die Forderung nach der Selbstbestimmung der Deutschen, also die Frage der **Souveränität**, in deren Rahmen sich dann Fragen nach der Nato, der EG, nach der Einwanderung stellen. Wir lehnen Nato und EG als Instrumente der internationalen Disziplinierung und Fremdbestimmung der Deutschen ab. Wir sind gegen eine Politik der „offenen Grenzen". Wir wollen in jeder Hinsicht und auf jeder Ebene **selbst** bestimmen. Wir wollen echt souverän werden und es auch bleiben.
3) Das Herausstellen des Nationalen geht einher mit einer sozialgerechten Ordnung für die Deutschen in Deutschland, weil nur eine gerech-

te Sozialordnung für einen Ausgleich und ein Wir-Bewußtsein im Innern wie nach außen sorgen kann. Wir sind ein Volk, wollen ein Volk bleiben und nicht zu einer EG, UNO- oder Sonstwas-Gesellschaft werden.
4) Wer das Volk, die Nation will, will auch eine Umwelt, in der sich nationales Leben gesund entfalten kann. Schutz der Natur, des organisch gewachsenen Um-Raumes, sowie Schutz des Lebens, vor allem innerhalb der Familie, und gerade dem werdenden Leben gegenüber, genießen den gleichen Stellenwert wie 1) bis 3).
5) Die Wirtschaft muß national bleiben, trotz internationaler Zusammenarbeit. Also keine ausländische Kapitalbevormundung auf gleich welcher Ebene und in gleich welchem Umfang. Kein Ausverkauf deutscher Industrie oder deutschen Landes an das Ausland. Unser Ziel: die sozial kontrollierte Marktwirtschaft nach dem Grundsatz „So viel Freiheit wie möglich und so viel Staat wie nötig" zum Schutz des einzelnen wie des Ganzen, des Volkes, gegen Ausbeutung, Bevormundung und Unterdrückung.
6) Ein Volk, das gesund ist/werden will, muß wissen, woher es kommt. Es muß wissen, was war, wie es, objektiv, gewesen ist, um zu verhindern, daß über den Weg/Umweg der Geschichtsschreibung/Umerziehung eine Entfremdung zum eigenen Volk, ja sogar ein Haß auf das eigene Volk eintritt. Insofern unterstütze ich alle Bestrebungen des wissenschaftlichen Revisionismus und bemühe mich, meinen Beitrag, vor allem durch Übersetzungen, dazu zu leisten. Ein Buch „Beiträge zum Revisionismus", das mich vor allem als Herausgeber wie Übersetzer sehen wird, ist in der Planung. In diesem Zusammenhang ist es nur der Vollständigkeit halber, wenn ich klarstelle, daß Deutschland für mich mehr ist als „alt-brd + neu-brd". Deutschland ist für mich das Deutschland in seinen geschichtlich gewachsenen **völkischen** Grenzen. Die alte JN/NPD-Kurzformel der 70er Jahre, von mir maßgeblich geprägt, lautet: „Nationale Solidarität – Soziale Gerechtigkeit!" Diese Botschaft, ergänzt durch Souveränität und deutsche Identität, hat Zukunft, nicht nur in Mitteldeutschland, das nicht Ostdeutschland ist. Europa ist für mich nicht die EG. Europa ist Heimat der Europäer, denen wir uns in Partnerschaft verbunden fühlen. Einen EG-Kunststaat lehnen wir ab. Eine Internationale der Nationen, der Vaterländer, die in Partnerschaft verbunden sind, ist ein erstrebenswertes und zudem machbares Ziel."

[56] Vgl. Peter M. Wagner, Die NPD nach der Spaltung, in: Uwe Bakkes/Eckhard Jesse (Hrsg.), Jahrbuch Extremismus & Demokratie, Bd. 4, Bonn 1992, S. 157-167; ders., Die NPD in der Kommunalpolitik. Ursachen der Erfolge einer rechtsextremistischen Partei in Villingen-Schwenningen, Freiburg/Brsg. 1992.

[57] Stand: Februar 1993.

[58] Es handelt sich mit Ausnahme von „Zündstoff" um interne Mitteilungsblätter.

[59] Zitiert nach Verfassungsschutzbericht 1993, hrsg. vom Bundesministerium des Innern, Bonn 1994 (hektographierte Fassung, gelber Teil), S. 51.

[60] Zitiert nach Wagner (FN 56), S. 4.

[61] Vgl. Wilhelm Bürklin/Stephan Layritz, Die schleswig-holsteinische Landtagswahl vom 5. April 1992: Knappe SPD-Mehrheit bei fortdauernder Schwäche der CDU, in: ZParl 23 (1992), S. 618-620; Reinhold Roth, Die Bremer Bürgerschaftswahl vom 29. September 1991: Ende der SPD-Alleinherrschaft durch eine Ampelkoalition, in: Zeitschrift für Parlamentsfragen 23 (1992), S. 281.

[62] Vgl. Art. „Gerhard Frey", in: Munzinger-Archiv/Internationales Biographisches Archiv vom 15. Febr. 1975 – Lieferung 7/75 - P - 11159, Lieferung 47/87 - P - 011159-5; Backes/Jesse (FN 2), Kap. Biographien.

[63] Vgl. „Neues Verfahren gegen Dr. Frey", in: Deutsche National-Zeitung vom 3. August 1990, S. 8.

[64] Vgl. Inge Günther, Von der Wohnungsnot profitiert Frey doppelt, in: Frankfurter Rundschau vom 23. Mai 1992; „Mieten hochtreiben und Angststimmen sammeln", in: taz vom 11. Mai 1992.

[65] Vgl. auch zum folgenden: Jochen Grabler, Ein Jahr DVU-Fraktion in der Bremischen Bürgerschaft: Mißbrauch des Parlaments. Studie im Auftrag der Bürgerschaftsfraktion DIE GRÜNEN, Oktober 1992, 15 S.

[66] Zitiert nach ebd., S. 12.

[67] Cornelia Bolesch, Hauptsache, die Kasse stimmt, in: Süddeutsche Zeitung vom 22. Januar 1994.

[68] Ebd.

[69] Zitiert nach ebd.

[70] „Schönhubers Nein", in: Deutsche National-Zeitung vom 15. April 1994, S. 10.

[71] Pitt von Bebenburg, Eine Ausländerfeindin im Namen des Volkes, in: Frankfurter Rundschau vom 9. Januar 1993.

[72] Seit dem Berliner Wahlerfolg (Januar 1989) ist eine Fülle an Veröffentlichungen auf den Markt gekommen, von denen viele „mit heißer Nadel gestrickt" sind. Zu den besseren Werken gehören: Hans-Gerd Jaschke, Die „Republikaner". Profile einer Rechtsaußen-Partei, Bonn/Berlin 1990; Claus Leggewie, Die Republikaner. Phantombild der Neuen Rechten, Berlin 1990[4]; ders., Die Republikaner. Ein Phantom nimmt Gestalt an, völlig überarb. und erw. Neuausgabe, Berlin 1990; Michael Stiller, Die Republikaner. Franz Schönhuber und seine rechtsradikale Partei, München 1989.

[73] Vgl. Franz Schönhuber, Ich war dabei, Taschenbuchausgabe, Frankfurt a.M./Berlin 1988 (1981). Weitere Veröffentlichungen: Freunde in der Not, München/Wien 1983; Trotz allem Deutschland, München/Wien 1987; Die Türken. Geschichte und Gegenwart, München 1989.

[74] Programm der Republikaner 1987, S. 1.

[75] Deutsche Interessen haben Vorrang. Die Dinkelsbühler Erklärung der REPUBLIKANER zur Europawahl.

[76] Programm der Republikaner in der Fassung vom 24. Juni 1988, S. 3.

[77] Vgl. Eckhard Jesse, Wahlen 1989, in: Uwe Backes/ders. (Hrsg.), Jahrbuch Extremismus & Demokratie, Bd. 2, Bonn 1990, S. 133-142.

[78] Vgl. Uwe Backes, The West German Republikaner: Profile of a Nationalist, Populist Party of Protest, in: Patterns of Prejudice 24 (1990), H. 1, S. 3-18.

[79] Vgl. Eckhard Jesse, Wahlen 1990, in: Uwe Backes/ders. (Hrsg.), Jahrbuch Extremismus & Demokratie, Bd. 3, Bonn 1991, S. 97-112.

[80] Der Verlauf des innerparteilichen Machtkampfes ist dokumentiert bei: Gabriele Nandlinger, Zur Geschichte der Partei „Die Republikaner", in: Klaus-Henning Rosen (Hrsg.), Die Republikaner - Aspekte einer rechten Partei. Daten – Fakten – Hintergründe, Bonn 1991, S. 7-18.

[81] Siehe zu dieser Diskussion: Roland Sturm, Die baden-württembergische Landtagswahl vom 5. April 1992, in: Zeitschrift für Parlamentsfragen 23 (1992), S. 622-639; Ursula Feist, Rechtsruck in Baden-Württemberg und Schleswig-Holstein, in: Karl Starzacher u.a. (Hrsg.), Protestwähler und Wahlverweigerer. Krise der Demokratie, Köln 1992, S. 69-76.

[82] Die Parteiführung hatte geschulte Juristen damit beauftragt, die Parteiprogrammatik auf „anstößige" Stellen hin zu durchforsten. Vgl. Johann Mühlberger, REP. Kommentar zu den Satzungen und Programmen der Partei DIE REPUBLIKANER, 2. Aufl., Kirchseeon 1992.

[83] Vgl. „Dickes Bündel. Halbweltler und Ex-Knackis haben bei den Republikanern wichtige Parteiämter besetzt", in: Der Spiegel Nr. 32 vom 3. August 1992, S. 43-47.

[84] Siehe etwa Roland Kirbach, Hetze hinter den Kulissen, in: Die Zeit vom 15. Januar 1993, S. 13.

[85] Zitiert nach Innenministerium des Landes Nordrhein-Westfalen, Verfassungsschutzbericht des Landes Nordrhein-Westfalen 1992, Düsseldorf 1993, S. 52.

[86] Zitiert nach Erwin Teufel, Sie kennen nur ein Thema, in: Die Zeit vom 12. November 1993, S. 88.

[87] Vgl. zur Person und zur Arbeit der baden-württembergischen REP-Landtagsfraktion: Lepszy/Veen (FN 43), S. 61-73.

[88] Zitiert nach: „Düsseldorf muß ‚Schönhuber-Stiftung' genehmigen", in: Frankfurter Rundschau vom 26. März 1994.

[89] Stand: 18. März 1993.

[90] Vgl. Dudek/Jaschke (FN 17), S. 389-435.

[91] Vgl. Wagner (FN 56), S. 157-167.

[92] Vgl. zur Person: Stiller (FN 72), S. 90-102.

[93] Vgl. Michael Schmidt, Heute gehört uns die Straße ... Der Inside-Report aus der Neonazi-Szene, Düsseldorf u.a. 1993, S. 335-337.

[94] „An der Seite eines Egomanen. Karl Richter im Gespräch mit Harald Neubauer", in: Karl Richter (Hrsg.), Franz Schönhuber. Wer ist dieser Mann? Weggefährten berichten, Landshut 1992, S. 14-18, 14.

[95] Ebd., S. 15.

[96] Zitiert nach Stiller (FN 72), S. 97.

[97] Vgl. „Wahlergebnisse rechtsextremistischer Parteien bei den Landtagswahlen am 5. April in Schleswig-Holstein und Baden-Württemberg, in: Innere Sicherheit (1992), 2, S. 3-5.

[98] Stand: 18. Dezember 1993.
[99] So der Bericht des Moskau-Korrespondenten Horst Bacia, in: Frankfurter Allgemeine Zeitung vom 5. April 1994, S. 1.
[100] Wladimir Schirinowskij, Was darf man glauben?, in: Deutsche National-Zeitung vom 15. April 1994, S. 3.
[101] Vgl. Enrico Franceschini, „Bombardiamo l'Italia". Lo show di Zhirinovskij, in: La Repubblica vom 12. April 1994, S. 2.
[102] Vgl. zur Person Hans-Gerd Jaschke, Biographisches Porträt: Michael Kühnen, in: Uwe Backes/Eckhard Jesse (Hrsg.), Jahrbuch Extremismus & Demokratie, Bd. 4, Bonn 1992, S. 168-180.
[103] Vgl. Burkhard Schröder, „Deutsche Alternative" jetzt unter ostdeutscher Führung, in: blick nach rechts 8 (1991), Nr. 23; ders., Rechte Kerle. Skinheads, Faschos, Hooligans, Reinbek bei Hamburg 1992, S. 62-90. Küssel wurde am 29. September 1993 vom Wiener Landesgericht wegen nationalsozialistischer Wiederbetätigung zu einer Freiheitsstrafe von zehn Jahren verurteilt.
[104] Vgl. zur Person Schröder, Rechte Kerle (FN 103), S. 62 f.
[105] Ebd., S. 79.
[106] Stand: 14. Mai 1992.
[107] Laura Benedict, Die Nationale Alternative – Geschichte einer Rechtspartei, in: Rolf Richter (Hrsg.), Rechtsextremismus und Neonazismus unter Jugendlichen Ostberlins. Beiträge zur Analyse und Vorschläge zu Gegenmaßnahmen. Ein Projekt, gefördert vom Bundesministerium für Jugend und Sport der Bundesrepublik Deutschland, Berlin 1991, S. 152-170, 163. Über fragwürdige Praktiken von Journalisten informiert auch: Giovanni di Lorenzo, Wer, bitte, ist Michael Kühnen? Beschreibung eines Phänomens, in: Wolfgang Benz (Hrsg.), Rechtsextremismus in der Bundesrepublik. Voraussetzungen, Zusammenhänge, Wirkungen, Frankfurt a.M. 1989, S. 232-247. Siehe ferner: Rainer Erb, Machen die Medien den Extremismus erst „salonfähig"?, in: Das Parlament vom 11. Dezember 1992, S. 13.
[108] Stand: 21. April 1992.
[109] Vgl. „Schwatzhaftes Volk", in: Der Spiegel Nr. 14 vom 4. April 1994.
[110] Stand: 19. Juli 1993.
[111] Stand: 3. Januar 1993.
[112] Vgl. Anne-Katrin Henkel, Die neonazistische Unterwanderung der FAP, in: Vorgänge 26 (1987), Nr. 90, S. 20-27.
[113] Martin Pape, Rechtskampf, in: Deutscher Standpunkt 1989, Nr. 11. Vgl. zur Unterwanderung der FAP auch: Georg Christians, „Die Reihen fest geschlossen". Die FAP – Zu Anatomie und Umfeld einer militant-neofaschistischen Partei in den 80er Jahren, Marburg 1990.
[114] Vgl. Verfassungsschutzbericht Baden-Württemberg 1990, hrsg. vom Innenministerium Baden-Württemberg, Stuttgart 1991, S. 69.
[115] Vgl. Verfassungsschutzbericht 1986, hrsg. vom Bundesministerium des Inneren, Bonn 1987, S. 161-165; Hitlers Enkel und die FAP. Ein zweiter „Fall Röhm" spaltet die Neonazi-Szene, hrsg. vom Deutschen Informationsdienst, Bonn 1986.

[116] Interview mit Friedhelm Busse am 4. Dezember 1992 in München.
[117] Interview mit Friedhelm Busse, in: Die Volkssozialistische Bewegung Deutschlands – Sammelbecken militanter Rechtsradikaler, = PDI-Sonderheft 17, München 1981, S. 70.
[118] Vgl. Verfassungsschutzbericht 1991, hrsg. vom Bundesministerium des Innern, Bonn 1992, S. 97.
[119] Vgl. Bayerisches Landesamt für Verfassungsschutz (Hrsg.), Aufhellung des rechtsextremistischen Hintergrundes der Skinhead-Szene, München 1992, S. 3 f.
[120] Quelle Busse mit Einsicht in die Kartei. Kartei Nr. 1 = Martin Pape. Seit der Gründung: 1.638 Mitglieder: Letzte Aufnahme (Laut Satzung sechsmonatige Kandidatur: 1.11.92; Mitglied seit 1.03. 1993). Aktives/ Passives Mitglied: 518 Aktive (stimmberechtigt am Parteitag), 478 Passive, Total: 996 Mitglieder (642 Austritte, Streichungen, Ausschluß; 15 Abgänge durch Tod).
[121] „Polizei zählt Täter zur rechtsradikalen Szene", in: Bonner Generalanzeiger vom 1. Februar 1994.
[122] Stand: 10. Juni 1993
[123] Vgl. Michael Sauckel, Ist Michael Swierczek ein VS-Agent?, in: Neue Nation 1991, Nr. 4/5 (Aug./Sept.).
[124] Stand: 1. November 1992.
[125] Markus Wallenberg, Dienel, der neue „Führer" aus dem Osten, in: Neues Deutschland vom 22. September 1992.
[126] Zitiert nach Thüringer Landesamt für Verfassungsschutz, Verfassungsschutzbericht 1992, Erfurt 1993, S. 34.
[127] Vgl. „Dienel wegen Volksverhetzung verurteilt"; „Antrag gegen zwei Rechtsextremisten", in: Frankfurter Allgemeine Zeitung vom 10. Dez. 1992, S. 4. Ein gleichlautender Antrag wurde gegen den hessischen Neonationalsozialisten Heinz Reisz gestellt.
[128] Stand: 1. September 1992.
[128b] Berlin-Brandenburger Zeitung der Nationalen, April/Mai 1994, S. 6
[129] Vgl. Ulrike R. Kreutzer, Aktionsfront will Partei werden, in: blick nach rechts vom 6. April 1993.
[130] Stand: 26. August 1993.
[131] Interview mit Thorsten de Vries: „Verbote haben uns geeint", in: Die Woche vom 21. April 1994.
[132] Ebd.
[133] Ebd.
[134] Zitiert nach Verfassungsschutzbericht 1991, hrsg. vom Bundesministerium des Innern, Bonn 1992, S. 99.
[135] Verfassungsschutzbericht, hrsg. vom Bundesministerium des Inneren, Bonn 1988, S. 107.
[136] Verfassungsschutzbericht, hrsg. vom Bundesministerium des Inneren, Bonn 1989, S. 125.
[137] Vgl. Satzung und Aktionsprogramm der NF (Stand: 30. Nov. 1987).
[138] Vgl. Verfassungsschutzbericht 1991, hrsg. vom Bundesministe-

rium des Innern, Bonn 1992, S. 100-102.

139 Zitiert nach Stefan Jacoby, „Nationalistische Front" gründet terroristische Organisation, in: blick nach rechts 9 (1992), Nr. 1.

140 Vgl. Bayerisches Landesamt für Verfassungsschutz (Hrsg.), Aufhellung des rechtsextremistischen Hintergrundes in der Skinhead-Szene, München o.J. (1992), S. 3.

141 Stand: 8. August 1992.

142 So Michael Kühnen, nach eigenen Angaben seit 1976 Mitglied der NSDAP-AO, in einem Rückblick: Neugründungsversuche und der Erfolg der NSDAP/AO 1970-1977, in: Die Neue Front 8 (1990), Nr. 70, S. 7 f.

143 Siehe zu Lauck und der NSDAP-AO auch den Abschnitt „Internationale Kontakte".

144 Zur Person: Peter Dudek, Jugendliche Rechtsextremisten. Zwischen Hakenkreuz und Odalsrune 1945 bis heute, Köln 1985, 186-189.

145 „Ex-Nazi Manfred Roeder: Anti-Terrorgesetze schaden", in: Pflasterstrand Nr. 254 vom 24. Januar 1987, S. 28 f.

146 Vgl. Bernd Siegler, Top-Terrorist bei REP-Mann engagiert, in: taz vom 8. August 1992.

147 Verfassungsschutzbericht 1991, hrsg. vom Bundesministerium des Innern, Bonn 1992, S. 103.

148 Vgl. zur Person Jenke (FN 13), S. 199; J. Willbrand, ... und nichts dazugelernt?, in: Kristall 1960, Nr. 12.

149 Wolfgang Mischnick, Von Dresden nach Bonn. Erlebnisse – jetzt aufgeschrieben, Stuttgart 1991, S. 196.

150 Vgl. „Neonazi Remer zu Freiheitsstrafe verurteilt", in: Innere Sicherheit vom 15. Februar 1993, S. 4.

151 Halt Nr. 71, März 1994, S. 1.

152 Michael Kneissler, Ferngesteuert, in: Süddeutsche Zeitung-Magazin vom 4. März 1994.

153 Vgl. dazu auch den Abschnitt „Zeitgeschichtlicher Revisionismus" in diesem Band.

154 Zitiert nach „Wir sind wieder da!" Die neo-nazistische Propaganda aus dem Ausland nach Deutschland, Deutsche Welle-Dokumentation vom 25. Februar 1994, hrsg. von Günter Ingo Bill, S. 10 f.

155 Ebd., S. 11.

156 Vgl. „Einen Nachruf für meine Mutter", in: Die Bauernschaft 11 (1980), H. 2, S. 8 f.

157 „Die Engländer wären noch Herren der Welt – wenn es Churchill nicht gegeben hätte". Interview mit Thies Christophersen, in: Die Bauernschaft 11 (1980), H. 1, S. 19-25, 22 f.

158 Ebd., S. 23.

159 Ebd., S. 20.

160 Vgl. „FAP veranstaltete unbemerkt Parteitag", in: taz vom 14. April 1994.

161 Vgl. Landesamt für Verfassungsschutz Baden-Württemberg (Hrsg.), Skinheads, Stuttgart 1991; Monika Reimitz, Skinheads; Hans-Jürgen Wirth, Sich fühlen wie der letzte Dreck. Zur Sozialpsychologie der Skinheads, beide in: Marlene Bock u.a., Zwischen Resignation und

Gewalt. Jugendprotest in den achtziger Jahren, Opladen 1989, S. 183-186, 187-202.

162 Vgl. Bayerisches Landesamt für Verfassungsschutz (Hrsg.), Aufhellung des rechtsextremistischen Hintergrundes in der Skinhead-Szene: Skinhead-Musik und Skinhead-Bands, München 1991.

163 Vgl. Bayerisches Landesamt für Verfassungsschutz (Hrsg.), Aufhellung des rechtsextremistischen Hintergrundes in der Skinhead-Szene: Spezial Fanzines, München 1992.

164 „These lyrics reflect my hopes for the white race in the future. Until the white people throughout the world awaken, these lyrics will remain as lyrics, and hopes, but eventually I believe that the situations forced upon white people, will bring about an awakening, the likes of which has never been seen before. Our people have been used as pawns by the capitalists, and put false hopes in the commmunists, for far too long. I believe that the white man will arise and take back all that has been taken away from him. Taken, not by force, but by typical semitic deception. No longer will weaklings rule the white man by lies and decay, but the warrior will make his comeback, and rule by strength, honesty and love for his race. It is up to you to make these lyrics come true. For all too long it has been the few, fighting for the survival of the white race. We have to become a mass movement to smash the twin tyrannies of Capitalism and Communism. Go out and join a Nationalist party in whatever country you come from and help bring about the White National Revolution. White Man Awake."

165 Vgl. Bernd Siegler, Geldstrafe für Hakenkreuz-Song, in: taz vom 31. März 1993, S. 4.

166 Zitiert nach Lutz Neitzert, Jugendmusik im Dunstkreis rassistischer Ideologien und Gewaltphantasien, in: Magazin für die Polizei 1994, Nr. 215, S. 4-10, 4.

167 „Mit Musik zum Rassenhaß angestachelt", in: Stuttgarter Nachrichten vom 5. Februar 1994.

168 Vgl. Verfassungsschutzbericht 1993, hrsg. vom Bundesministerium des Innern, Bonn 1994 (hektographierte Fassung, gelber Teil), S. 8 f.

169 Vgl. Verfassungsschutzbericht 1991, hrsg. vom Bundesministerium des Innern, Bonn 1992, S. 83 f.

170 Vgl. Bundesamt für Verfassungsschutz (Hrsg.), Gewalttaten mit erwiesener oder zu vermutender rechtsextremistischer Motivation, Köln 1993.

171 Vgl. Erwin K. Scheuch, Niemand will gern zur Minderheit gehören. Rechtsradikalismus und Fremdenhaß, zwei deutsche Chimären, Frankfurter Allgemeine Zeitung vom 10. Februar 1993, S. 29.

172 Vgl. Verfassungsschutzbericht Berlin 1991, Berlin 1992, S. 63.

173 Zitiert nach „Wehrhafte Demokratie", in: blick nach rechts 10 (1993), Nr. 3.

174 Zitiert nach Jürgen Grewen, Neu-Gruppierung „Förderkreis Freies Deutschland" (FFD), in: blick nach rechts 9 (1992), Nr. 26.

175 Vgl. Stephan Meisel, Rechtsextrem und fremdenfeindlich, in:

Rheinische Post vom 28. Dezember 1992; „Man hat schon mal solche Gefühle", in: Rheinische Post vom 2. Februar 1993.

176 Vgl. Matthias Roscher, Rechtsextreme an der Schwelle zum Aktionsbündnis?, in: Rheinische Post vom 4. Februar 1993.

177 Zitiert nach Anton Maegerle, Rassismus vom Schreibtisch, in: blick nach rechts 10 (1993), Nr. 3, S. 5.

178 Innenministerium des Landes Nordrhein-Westfalen, Verfassungsschutzbericht des Landes Nordrhein-Westfalen 1991, Düsseldorf 1992, S. 44.

179 Vgl. Niedersächsisches Innenministerium (Hrsg.), Verfassungsschutzbericht 1992 Niedersachsen, Hannover 1993, S. 39.

180 Ministerium des Innern des Landes Brandenburg, Rechtsextremismus in Brandenburg – gegenwärtiger Stand, Typoskript, Potsdam, 23. August 1993, S. 22.

181 Siehe dazu: Ingo Hasselbach/Winfried Bonengel, Die Abrechnung. Ein Neonazi steigt aus, Berlin/Weimar 1993.

182 Vgl. Burkhard Schröder, Einblick in die Terrorliste der Neonazis, in: Der Tagesspiegel vom 30. Januar 1994.

183 Vgl. blick nach rechts 9 (1992), Nr. 26.

184 Zitat in ebd.

185 Stand: 21. Juli 1993.

186 Wikinger 1992, Nr. 2.

187 Zitiert nach Robert Esser, Ein Extremist als Richter, in: Aachener Volkszeitung vom 29. März 1994.

188 Vgl. auch zum folgenden Armin Pfahl-Traughber, Rechtsextremismus. Eine kritische Bestandsaufnahme nach der Wiedervereinigung, Bonn 1993, S. 123 f.

189 Leserbrief in: Die Zeit vom 15. November 1991. Vgl. Thomas Assheuer/Hans Sarkowicz, Rechtsradikale in Deutschland. Die alte und die neue Rechte, 2. akt. Aufl., München 1992, S. 73 f.

190 Gert Sudholt, In Haft. Landsberg 1993. Persönliches und politisches Tagebuch eines deutschen Verlegers, Leoni am Starnberger See 1993, S. 28.

191 Vgl. ebd., S. 118-120.

192 Vgl. Richard Stöss, Die Aktionsgemeinschaft Unabhängiger Deutscher, in: Ders. (FN 8), S. 322.

193 Erich Ludendorff, Meine Lebenserinnerungen, Bd. 2, o.O. 1941, S. 48.

194 So Erich Ludendorff nach der Unterredung mit Hitler. Zitiert nach Fritz Tobias, Ludendorff, Hindenburg, Hitler. Das Phantasieprodukt des Ludendorff-Briefes vom 30. Januar 1933, in: Uwe Backes/Eckhard Jesse/Rainer Zitelmann, Die Schatten der Vergangenheit. Impulse zur Historisierung des Nationalsozialismus, Frankfurt a.M./Berlin 1992, S. 319-343, 331.

195 Dies nahm zum Anlaß für eine kritische Auseinandersetzung: Martini (FN 19). An der Legende strickt dagegen: Hans Kopp, Geschichte der Ludendorff-Bewegung, 1. Band: Die Jahre 1913-1939, o.O. 1975.

196 Vgl. Jenke (FN 13), S. 160 f.

[197] Vgl. Bernd Siegler, Eine „rechte taz“?, in: taz vom 25. Mai 1992. Nach internen Quellen war diese Angabe überhöht. Realistischerweise dürfte man für 1992 von einer verkauften Auflage in Höhe von ca. 20.000 Exemplaren ausgehen können.
[198] Hans-Ulrich Kopp, Die Begegnung der dritten Art: Liberal-Extremismus, in: Junge Freiheit, Jan./Febr. 1992, S. 2.
[199] Hans-Ulrich Kopp, „Wir woll'n das Wort nicht brechen ...“ Das revolutionäre Erbe der Burschenschaften am Beispiel der Münchener Danubia, in: Zeitenwende 5 (1990), H. 4, S. 13 f., 14.
[200] Siehe zur inhaltlichen Auseinandersetzung mit diesen und anderen Schriften: Knütter (FN 22).
[201] Adolf von Thadden, Waldemar Schütz 80, in: Nation + Europa 43 (1993), H. 9, S. 56-58, 56.
[202] Selbstdarstellung des Instituts 1993.
[203] Interview mit Peter Dehoust am 26. Juni 1992.
[204] So sinngemäß Julien Brunn, La Nouvelle Droite. Le dossier du „procès“, Paris 1979, S. 7.
[205] Alain de Benoist, Heide sein. Zu einem neuen Anfang. Die europäische Glaubensalternative, Tübingen 1981; Die entscheidenden Jahre, Tübingen 1982; Aus rechter Sicht. Eine kritische Anthologie zeitgenössischer Ideen, 2 Bde., Tübingen 1983/84; Kulturrevolution von rechts. Gramsci und die Nouvelle Droite, Krefeld 1985; Demokratie. Das Problem, Tübingen 1986.
[206] Pierre Krebs (Hrsg.), Das unvergängliche Erbe. Alternativen zum Prinzip der Gleichheit, Tübingen 1981.
[207] Vgl. Schönekäs (FN 29), S. 278-280; Armin Pfahl-Traughber, GRECE – Die Neue Rechte in Frankreich, in: Vorgänge 30 (1991), Nr. 113, S. 15-27.
[208] Pierre Krebs, Die erste Partei des Geistes, in: Elemente 1987, Nr. 2, S. 2.
[209] Pierre Krebs, Zu neuen Ufern, in: Elemente 1986, Nr. 1, S. 4.

Kapitel 4

[210] Siehe zur Auseinandersetzung mit dem leicht anfechtbaren „Bericht“ Leuchters: Dokumentationsarchiv des österreichischen Widerstandes (Hrsg.), Amoklauf gegen die Wirklichkeit. NS-Verbrechen und „revisionistische“ Geschichtsschreibung, Wien 1991; Werner Wegner, Keine Massenvergasungen in Auschwitz? Zur Kritik des Leuchter-Gutachtens, in: Backes/Jesse/Zitelmann (FN 195), S. 450-476; Georges Wellers, Der „Leuchter-Bericht“ über die Gaskammer von Auschwitz. Revisionistische Propaganda und Leugnung der Wahrheit, in: Dachauer Hefte 7 (1991), S. 230-241.
[211] Zitiert nach Schmidt (FN 93), S. 341 f.
[212] Vgl. „Revisionistenkongreß in München verhindert“, in: Innere Sicherheit Nr. 3 vom 12. Juli 1991, S. 9.
[213] Rüdiger Kammerer/Armin Solms (Hrsg.), Wissenschaftlicher

Erdrutsch durch das Rudolf Gutachten. Eine Besprechung des „Gutachtens über die Bildung und Nachweisbarkeit von Cyanidverbindungen in den ‚Gaskammern' von Auschwitz" sowie weiterer neuer Forschungsergebnisse um den „Holocaust", London 1993, S. 13.

214 Udo Walendy, Naturwissenschaft ergänzt Geschichtsforschung, Historische Tatsachen Nr. 60, Vlotho 1993.

215 Vgl. Uwe Backes, Gefahren von rechts: Nationalpopulistische Protestvoten – xenophobe Militanz – rechtsintellektuelle Modernisierung, in: liberal 35 (1993), H. 1.

216 Vgl. die treffenden Bemerkungen von Ana Maria Cortes-Kollert, Selbsthaß, Fremdenhaß. Anmerkungen zur deutschen Seelen-Lage, in: Frankfurter Allgemeine Zeitung vom 4. Februar 1993, S. 25.

217 Ein Paradebeispiel sind die zynisch-überdrehten Kommentare des konkret-Herausgebers Hermann L. Gremliza.

218 Vgl. zuletzt Hans-Georg Betz, Krise oder Wandel? Zur Zukunft der Politik in der postindustriellen Moderne, in: Aus Politik und Zeitgeschichte. Beilage zur Wochenzeitung „Das Parlament", B 11/93, S. 3-13.

219 Ebd., S. 5.

Kapitel 5

220 Siehe dazu Rainer-Olaf Schultze, Weder Protest noch Parteienverdrossenheit. Der Strukturwandel im deutschen Parteiensystem, in: Die Neue Gesellschaft/Frankfurter Hefte 39 (1992), S. 886-892.

221 Vgl. zu dieser These: Leggewie, Die Republikaner. Ein Phantom nimmt Gestalt an (FN 72), S. 54.

222 Vgl. Uwe Backes, Extremismus und Populismus von rechts. Ein Vergleich auf europäischer Ebene, in: Aus Politik und Zeitgeschichte. Beilage zur Wochenzeitung „Das Parlament", B 46-47/90, S. 3-14. Neuerdings dazu die Beiträge in folgendem Band: Paul Hainsworth (Hrsg.), The Extreme Right in Europe and the USA, London 1992.

223 Vgl. Claus Leggewie, Die Zwerge am rechten Rand. Zu den Chancen kleiner neuer Rechtsparteien in der Bundesrepublik Deutschland, in: PVS 28 (1987), S. 361-383.

224 Vgl. die Studie von Memmi (FN 4).

225 Vgl. Hans Mathias Kepplinger, Medieninhalte und Gewaltanwendung, in: Hans-Dieter Schwind u.a. (Hrsg.), Ursachen, Prävention und Kontrolle von Gewalt. Analysen und Vorschläge der Unabhängigen Regierungskommission zur Verhinderung und Bekämpfung von Gewalt (Gewaltkommission), Bd. III: Sondergutachten, Berlin 1990, S. 381-396.

Tabellenverzeichnis

Weiterführende Literatur

Assheuer, Thomas/Hans Sarkowicz, Rechtsradikale in Deutschland. Die alte und die neue Rechte, 2. akt. Aufl., München 1992.

Backes, Uwe, Politischer Extremismus in demokratischen Verfassungsstaaten. Elemente einer normativen Rahmentheorie, Opladen 1989.

Backes, Uwe/Eckhard Jesse, Politischer Extremismus in der Bundesrepublik Deutschland, 3. völlig überarb. und akt. Aufl., Berlin 1993.

Backes, Uwe/Eckhard Jesse (Hrsg.), Jahrbuch Extremismus & Demokratie, Bonn 1989 ff.

Benz, Wolfgang, Rechtsextremismus in der Bundesrepublik. Voraussetzungen, Zusammenhänge, Wirkungen, akt. Neuausgabe, Frankfurt a.M. 1989.

Billing, Werner/Andreas Barz/Stephan Wienk-Borgert (Hrsg.), Rechtsextremismus in der Bundesrepublik Deutschland, Baden-Baden 1993.

Dinse, Jürgen, Zum Rechtsextremismus in Bremen. Ursachen und Hintergründe der Erfolge rechtsextremer Parteien, Bremen 1992.

Dudek, Peter, Jugendliche Rechtsextremisten. Zwischen Hakenkreuz und Odalsrune 1945 bis heute, Köln 1985.

Dudek, Peter/Hans-Gerd Jaschke, Entstehung und Entwicklung des Rechtsextremismus in der Bundesrepublik. Zur Tradition einer besonderen politischen Kultur, 2 Bde., Opladen 1984.

Farin, Klaus/Eberhard Seidel-Pielen, Skinheads, München 1993.

Fromm, Rainer, Am rechten Rand. Lexikon des Rechtsradikalismus, Marburg/Berlin 1993.

Greß, Franz/Hans-Gerd Jaschke/Klaus Schönekäs, Neue Rechte und Rechtsextremismus in Europa. Bundesrepublik, Frankreich, Großbritannien, Opladen 1990.

Gessenharter, Wolfgang, Kippt die Republik? Die Neue Rechte und ihre Unterstützung durch Politik und Medien, München 1994.

Hainsworth, Paul (Hrsg.), The Extreme Right in Europe and the USA, London 1992.

Heinemann, Karl-Heinz / Wilfried Schubarth (Hrsg.), Der antifaschistische Staat entläßt seine Kinder. Jugend und Rechtsextremismus in Ostdeutschland, Köln 1992.

Heitmeyer, Wilhelm/Kurt Möller/Heinz Sünker (Hrsg.), Jugend – Staat – Gewalt. Politische Sozialisation von Jugendlichen, Jugendpolitik und politische Bildung, 2. Aufl., Weinheim/München 1992.

Hennig, Eike, Die Republikaner im Schatten Deutschlands. Zur Organisation der mentalen Provinz, Frankfurt a.M. 1991.

Institut für Sozialforschung (Hrsg.), Aspekte der Fremdenfeindlichkeit. Beiträge zur aktuellen Diskussion, Frankfurt a.M. 1992.

Jäger, Siegfried (Hrsg.), Rechtsdruck. Die Presse der Neuen Rechten, Bonn 1988.

Jaschke, Hans-Gerd, Die „Republikaner“. Profile einer Rechtsaußen-Partei, 2. akt. Aufl., Bonn 1993 (1990).

Jesse, Eckhard (Hrsg.), Politischer Extremismus in Deutschland und Europa, hrsg. von der Bayerischen Landeszentrale für Politische Bildungsarbeit, München 1993.

Klär, Karl-Heinz u. a. (Hrsg.), Die Wähler der extremen Rechten, 3 Bde., Bonn 1989.

Leggewie, Claus, Die Republikaner – Ein Phantom nimmt Gestalt an, Berlin 1990.

Leggewie, Claus, Druck von rechts. Wohin treibt die Bundesrepublik?, mit einem Beitrag von Horst Meier, München 1993.

Lepszy, Norbert/Hans-Joachim Veen, in Zusammenarbeit mit Stefan Beil, „Republikaner“ und DVU in kommunalen und Landesparlamenten sowie im Europaparlament, = Interne Studien und Berichte Nr. 63, hrsg. vom Bereich Forschung und Beratung der Konrad-Adenauer-Stiftung, St. Augustin 1994.

Mantino, Susanne, Die „Neue Rechte" in der „Grauzone" zwischen Rechtsextremismus und Konservatismus. Eine systematische Analyse des Phänomens „Neue Rechte", Frankfurt a.M. u.a. 1992.

Merkl, Peter H./Leonard Weinberg (Hrsg.), Encounters with the Contemporary Radical Right, Boulder/San Francisco/Oxford 1993.

Moreau, Patrick, Les héritiers du IIIe Reich. L'extrême droite allemande de 1945 à nos jours, Paris 1994.

Otto, Hans-Uwe/Roland Merten (Hrsg.), Rechtsradikale Gewalt im vereinigten Deutschland. Jugend im gesellschaftlichen Umbruch, Opladen 1993.

Paul, Gerhard, Hitlers Schatten verblaßt. Die Normalisierung des Rechtsextremismus, Bonn 1989.

Purtscheller, Wolfgang, Aufbruch der Völkischen. Das braune Netzwerk, Wien 1993.

Scherb, Armin/Karl-Heinz Röhlin (Hrsg.), Politischer Extremismus und Demokratie in Mittelfranken, Nürnberg/Scheinfeld 1994.

Schröder, Burkhard, Rechte Kerle. Skinheads, Faschos, Hooligans, Reinbek bei Hamburg 1992.

Siegler, Bernd, Auferstanden aus Ruinen ... Rechtsextremismus in der DDR, Berlin 1991.

Starzacher, Karl/Konrad Schacht/Bernd Friedrich/Thomas Leif (Hrsg.), Protestwähler und Wahlverweigerer. Krise der Demokratie?, Köln 1992.

Stiftung Dokumentationsarchiv des österreichischen Widerstandes (Hrsg.), Handbuch des österreichischen Rechtsextremismus, Wien 1993.

Stöss, Richard, Die extreme Rechte in der Bundesrepublik. Entwicklung – Ursachen – Gegenmaßnahmen, Opladen 1989.

Wagner, Peter M., Die NPD in der Kommunalpolitik. Ursachen der Erfolge einer rechtsextremistischen Partei in Villingen-Schwenningen, Freiburg im Brsg. 1992.

Über die Autoren

Uwe Backes, geb. 1960 in Greimerath/Kreis Trier-Saarburg, Studium der Politikwissenschaft, Geschichte und Germanistik an der Universität Trier; 1987 Promotion zum Dr. phil. mit einer Arbeit zur Theorie des politischen Extremismus; 1988-1994 Akademischer Rat a.Z. beim Lehrstuhl Politikwissenschaft der Universität Bayreuth; SS 1990 Lehrauftrag an der Universität Innsbruck, seit 1994 Lehrauftrag an der Universität Bayreuth. Veröffentlichungen u.a.: Politischer Extremismus in demokratischen Verfassungsstaaten. Elemente einer normativen Rahmentheorie, Opladen 1989; Bleierne Jahre. Baader-Meinhof und danach, Erlangen 1991; Politischer Extremismus in der Bundesrepublik Deutschland (mit Eckhard Jesse), akt. und erw. Neuausgabe, Frankfurt a.M./Berlin 1993. Seit 1989 Herausgeber (mit Eckhard Jesse) des Jahrbuches „Extremismus & Demokratie".

Patrick Moreau, geb. 1951 in Wetzlar, Studium der Philosophie und Geschichte an der Universität Paris I - Sorbonne. 1978 Promotion mit einer Arbeit über Ideologie und Aktivitäten der „Kampfgemeinschaft Revolutionärer Nationalsozialisten" in den Jahren 1930 bis 1935. Studium der Politikwissenschaft am Institut d'Etudes Politiques in Paris. 1984 Habilitation mit einer Arbeit über „Die Nationaldemokratische Partei Deutschlands im politischen Leben der Bundesrepublik Deutschland 1964-1976". Stipendiat der Alexander-von-Humboldt-Stiftung und der Deutschen Forschungsgemeinschaft. Seit 1985 als Wissenschaftler tätig am Centre National de la Recherche Scientifique (CNRS) und an der Universität Paris X Nanterre (Département de Sociologie). Veröffentlichungen u.a.: Nationalsozialismus von links, Stuttgart 1985; PDS. Anatomie einer postkommunistischen Partei, Bonn 1992; Les héritiers du IIIe Reich. L'extrême droite allemande de 1945 à nos jours, Paris 1994.

InAfrika

Der Bildband mit CD

Ein tanzender Spiegel Ostafrikas! Ein Panoptikum jenseits von Klischees und Katastrophenmeldungen. Bilder von atemberaubender Schönheit wechseln sich ab mit Alltagsaufnahmen und Menschenporträts, sanfte Balladen mit treibenden Rhythmen, und historische Hintergründe mit Impressionen aus dem Alltag eines wenig bekannten Kontinents. Afrika für

Mythos und Alltag Ostafrikas

Mit einer CD von Real World / Virgin Records

Fotos: Michael Martin · Text: Ilija Trojanow · Vorwort: Peter Gabriel

132 S., geb., Fadenheftung · Mit 125 farbigen und 50 s/w-Bildern
Großformat: 31 x 31 cm · ISBN 3-927527-56-4 · DM 128,-

MÜNCHENER BEITRÄGE ZUR AMERIKANISTIK

1. Matthäi H. – Die Rolle der Greifvögel, insbes. der Hapye und des Königsgeiers bei außerandinen Indianern Südamerikas. 1978, 323 pp., 16 Karten, 28.–
2. Plitek K.H. – Der Totenkult der Ge und Bororo. 1979, 262pp., 48.–
3. Neudecker A. – Archäologische Forschungen im Nazca-Gebiet. 1979, 425 pp., 48.–
4. Helbig J.W. – Religion und Medizinmannwesen bei den Cuna. 1982, 249 pp., 28.–
5. Gerhards E. – Mythen im Wandel. 1981, 332 pp., 32.–
6. Gareis I. – Llama und Alpaca in der Religion der rezenten Bewohner des zentralen und südlichen Andengebietes. 1982, 241 pp. 4 Ill., 3 Karten, 28.–
7. Zeller K. – Das Krokodil (Kaiman) in Vorstellungswelt und Darstellung südamerikanischer Indianer. 1983, 256 pp., 19 Karten, 48.–
8. Latocha H. – Die Rolle des Hundes bei südamerik. Indianern. 1982, 557 pp., 48.–
9. Soika C. – Das Gürteltier in Vorstellung südamerik. Indianer. 1982, 465 pp., 36.–
10. Faust F.X. – Medizinische Anschauungen und Praktiken der Landbevölkerung im andinen Kolumbien. 1983, 297 pp., 32.–
11. Rousselot J.L. – Die ausrüstung zur Seejagd bei den westlichen Eskimo, untersucht an ihrem kulturellen Kontext. 1983, 425 pp ill. 38.– (z. Zt. vergriffen)
12. Franz R. – Wirtschaft der Pueblo und Navajo. 1984, 338 pp., 42 Karten & Tab. 42.–
13. RAHMDOHR A.v. – Die rolle Mesoamerikas im nordamerikanischen Südwesten, untersucht am Kulturbild der Hohokam Snaketowns im Vergleich mit den Anasazi des Chaco Canyon. 1987, 254 pp., 33 Abb., 36.–
14. Matthäi H. – Greifvögel in Alt-Peru. 1985, 472 pp., 109 Abb., 48.–
15. Poeschel T.M. – Archäologie & Ethnohistorie im Umkreis der südlichen Sierra Madre occidental. 1985, 330 pp., ill., Karten, 48.
16. Romain M. – Ikonographie und Verwendung der klassischen und Post-lassischen Tonfiguren der Maya. 1985, 308 pp., 54 Abb. 34.–
17. Maressa J. – Maquiq, the Eskimo sweet Bath. 1986, 354 pp., 26 Ill. 48.–
18. Mehringer Jakob – Pajonal-Asheninka (Campa-Indianer) 1986, 258 pp., 53 Ill. 48.–
19. GAREIS I. – Religiöse Spezialisten des zentralen Andengebietes zur Zeit der Inka und während der spanischen Kolonialherrschaft. 1987, 517 pp., Karte, 48.–
20. GIESE Claudius C. – 'Curanderos', traditionelle Heiler in Nord-Peru. 1989, ca. 360 pp., ill., 48.–
21. GEBHART-SAYER A. – Die spitze des Bewußtseins. Untersuchungen zu Wektbild und Kunst der Shipibo-Conibo. 1987, 420 pp., ill., 48.–
22. HELL Christina – Hirsch, Mais und Peyote in der Konzeption der Huichol. Ursprung & Transformation eines Symbol.Komplexes. 1988, 286 pp., 9 Ill., 44.–
23. FISSER A. – Wirtschaftliche und soziale Beziehungen zwischen den Tukano und Maku Nordwest-Amazoniens. 1988, 124 pp., 32.–
24. LUKSCHANDERL I. – Die Kraft zum Überleben. Die ethnische Identität der Amuesha-Frauen im peruanischen Amazonas-Gebiet. 1989, ca. 260 pp., ill. ca. 42.–
25. HERZOG Gabriele – Patanoëtherie. Eine Dorfgemeinschaft der Yanomani im südl. Vnezuela. 1990, 124 pp., 4 Abb., 32.–

---

26. BREMEN Volker v. – Zwischen Anpassung und Aneignung. Zur Problematik von Wildbeuter-Gesellschaften im modernen Weltsystem am Beispiel der Ayoréode. 1991, 340 pp., Abb., Pläne, 52.–, ISBN 3-928112-56-2,
27. FAUST Franz X.– Kultur und Naturschutz im kolumbianischen Zentralmassiv. Landschaftsempfinden, Landschaftsgestaltung und Ressourcennutzung bei den Coconuco- und Yanaconindianern in Kolumbien. 1993, 264 pp., 16 Abb., 4 Faltkarten, 52.–, ISBN 3-929115-02-6
28. KAPFHAMMER Wolfgang – Der Yurupari-Komplex in Nordwest-Amazonien. 1993, 340 pp., 64.– ISBN 3-929115-10-7
29. DILTHEY Petra – Krankheit und Heilung im brasilianischen Spritismus.1993, 252 pp., 28 Abb., 78.–, ISBN 3-929115-36-0

CHRIFTEN DES INSTITUTS FÜR AFRIKANISCHE STUDIEN E.V.

NOOR Mohammed – Ursachen der Arbeitslosigkeit, Inflation und Marktspaltung und ihre Auswirkungen auf die somalische Wirtschaft. 1991, 336 pp., DM 48.–, ISBN 3-927527-35-1

LANGE Klaus (Hg.) – Perspektiven für Südafrika. Beiträge zur II. Deutsch-Russischen Tagung über Probleme des südlichen Afrika. 1992, 72 pp., DM 29.–, ISBN 3-927527-41-4

GRUBER Peter – Die politischen und wirtschaftlichen Außenabhängigkeiten Namibias. 1993, DM 64.–, ISBN 3-927527-09-3

eitere Titel zu Afrika im gleichen Verlag:

ASCHENBRENNER-WELLMANN Beate – Ethnizität in Tanzania. Untersuchungen zu den Wechselbeziehungen zwischen Ethnizität und Eliten- und Klassenbildung bzw. Staats- und Nationenbildung im Rahmen des gesellschaftlichen Wandels. 1992, 236 pp., DM 46.–, ISBN 3-928112-57-0

EISENHOFER Stefan – Höfische Elfenbeinschnitzerei im Reich Benin. Kontinuität oder Kontinuitätspostulat. 1993, 212 pp., 28 Abb., DM 48.–, ISBN 3-929115-34-4

GANESHA · SÜDASIEN SÜDOSTASIEN STUDIEN

1. KAMPFFMEYER Hanno – Die Langhäuser von Zentralkalimantan. Bericht einer Feldforschung. 1991, ca. 300 pp., Abb., Pläne, 42.– ISBN 3-928112-52-X
2. LAUBSCHER Matthias – Neue Ansätze zur Ethnologie Indiens. 1991/92, ISBN 3-928112-53-8
3. STRESEMANN Erwin – Tagebücher der II. Freiburger Molukken-Expedition 1910-1912. 1992, ISBN 3-928112-54-6
4. APPEL Michaela – Dewi Sri und die Kinder des Putut Jantaka. Beziehungen zwischen Mensch und Reis in Mythologie un Brauchtum auf Java und Bali. 1992, 150 pp., 15 Abb., 42 .–, ISBN 3-928115-55-4
5. HEIDEMANN Frank – Kanganies in Sri Lanka and Malaysia. 1992, 155 pp., 38.– , ISBN 3-928112-63-5
6. PENNARZ Johanna – Mazu, Macht und Marktwirtschaft. Die religiöse Organisation im ökonomischen Wandlungsprozeß der ländlichen Gesellschaft Taiwans. 1993, 204 pp., 42.– , ISBN 3-929115-03-4
7. KUHNT-SAPTODEWO Sri – Zum Seelengeleit bei den Ngaju am Kahayan. 1993, 400 pp., 30 Abb., mit umfangreichem Anhang, 78.– , ISBN 3-929115-06-9

MÜNCHENER ETHNOLOGISCHE ABHANDLUNGEN

1. MÜLLER Claudius C. – Untersuchungen zum „Erdalter" she im China der Chou- und Han-Zeit. 1980, 424 pp., 48.– ISBN 3-597-10173-9
2. HILDEBRAND Hartmut K. – Die Wildbeutergruppen Borneos. 1982, 374 pp., 49.–, ISBN 3-597-10294-8
3. FORKL Hermann – Die Beziehungen der zentralsudanesischen Reiche Bornu, Mandara und Bagirmi sowie der Kotoko-Staaten zu ihren südlichen Nachbarn. Unter besonderer Berücksichtigung des Sao-Problems. 1983, 661 pp., 59.–, ISBN 3-597-10426-6
4. GUNDERT Sibylle – Der historische Rahmen der wirtschaftlichen und politischen Entwicklung von Vanuatu. 1984, 275 pp., 44.– ISBN 3-597-10294-8
5. FORKL Hermann – Der Einfluß Bornus, Mandaras, Bagirmis, der Kotoko-Staaten und der Jukun-Konföderation auf die Kulturentwicklung ihrer Nachbarn südlich des Tschadsees. 1985, 505 pp., 58.–, ISBN 3-597-10570-X
6. LINK Hilde – Der Olofat-Zyklus in der Erzähltradition Mikronesiens. 1986, 457 pp., 52.–, ISBN 3-597-10605-6
7. HOCK-GUNDERT Sibylle – Mission und Wanderarbeit in Vanuatu. Eine Studie zum sozialen Wandel in Vanuatu. 1863–1915. 1986, 370 pp., 48.–, ISBN 3-597-10512-2
8. ÖHRIG Bruno – Bestattungsriten alttürkischer Aristokratie im Lichte der Inschriften. 1988, 370 pp., 56.–, ISBN 3-597-10649-8
9. GAREIS Sigrid – Exotik in München. Museumsethnologische Konzeptionen im historischen Wandel. 1991, 188 pp., 42., ISBN 3-928112-50-3
11. ASCHENBRENNER-WELLMANN Beate – Ethnizität in Tansania. 1991, 236 pp., 46.–, ISBN 3-928112-57-0
12. DREXLER Josef – Die Illusion des Opfers. Ein wissenschaftlicher Überblick über die wichtigsten Opfertheorien ausgehend vom deleuzianischen Polyperspektivismus-Modell. 1993, 350 pp., 64.–, ISBN 3-929115-13-1
13. EISENHOFER Stefan – Höfische Elfenbeinschnitzerei im Reich Benin. Kontinuität oder Kontinuitätspostulat? 1993, 212 pp., 48.–, ISBN 3-929115-34-4

Akademischer Verlag München

Theresienstraße 40 · 80333 München · Telefon 089/280 21 95 · FAX 089/280 20 97